9th edition

THE MCDONALDIZATION
OF SOCIETY
INTO THE DIGITAL AGE

社会的麦当劳化

第 9 版

[美] 乔治·瑞泽尔（George Ritzer） 著

姚伟 等 译

中国人民大学出版社
·北京·

献给我可爱的家庭新成员们：最新到来的曼德拉（Mandela），以及他的哥哥波蒂（Bodhi）和他的姐姐马莉（Marley）。

乔治·瑞泽尔（1940— ），美国马里兰大学"杰出大学教授""杰出学者型教师""杰出教师奖"获得者；美国社会学协会 2000 年"教学杰出贡献奖"获得者，美国东部社会学协会 2012—2013 年度 Robin M. Williams 教席主讲人；澳大利亚拉筹伯大学、英国牛津布鲁克斯大学名誉博士。因《社会的麦当劳化》（已被译成数十种文字出版）等著作蜚声学术界，其著作还包括《麦当劳化：读者（第 3 版）》《剖析美国：关于一个全球信用卡社会、一个被祛魅的迷乱世界的批评》《内容空洞的全球化》，以及《全球化：一个基础文本》；主编《社会理论百科全书》（2 卷本）、《社会学百科全书》（11 卷本）、《全球化百科全书》（5 卷本）；美国《消费文化杂志》的创刊者和主编。

目录

前言 *1*

第一章 导论 *9*

一、麦当劳化的基本原则 *13*

二、麦当劳化的优势 *17*

三、麦当劳化批判：理性的非理性 *19*

四、麦当劳：创造了"快餐工厂" *28*

五、麦当劳及其他实体消费场所 *32*

六、麦当劳化的"长臂" *43*

七、作为美国符号与全球符号的麦当劳快餐 *54*

八、本书内容安排 *59*

第二章 麦当劳化的过去与现在 *61*

一、实体世界的固体性、数字世界的流动性以及实体拓展的现实 *64*

二、麦当劳化的先驱 *77*

三、麦当劳化与今天的消费 *95*

四、麦当劳、沃尔玛与亚马逊之比较 *99*

第三章　针对消费者的高效率与可计算性　109

　　一、高效率：免下车与指间美食　113

　　二、可计算性：巨无霸、算法与大数据　153

第四章　针对消费者的可预测性与控制　177

　　一、可预测性：山上房子无水灾　179

　　二、控制：人与非人类机器人　203

第五章　针对麦当劳式工作岗位员工的高效率与

　　　　可计算性　227

　　一、麦式工作岗位与麦当劳化诸维度　229

　　二、高效率：它是个恋物癖　233

　　三、可计算性：对速度的追求　239

第六章　针对麦当劳式工作岗位员工的可预测性与

　　　　控制　259

　　一、可预测性：照章行事与控制雇员　261

　　二、控制：连飞行员都失去了控制权　272

第七章　理性的非理性：挤在"幸福大道"上　293

　　一、低效率：收款台排起了长龙　296

　　二、高费用：在家里更好　301

　　三、虚情假意："嗨，乔治"与表情符号　303

　　四、祛魅：魅力何在？　306

　　五、健康与环境风险：一顿快餐就摄入一天的热量　309

　　六、同质化：巴黎也没有区别　317

　　七、无人性化：在快餐店被蒙骗　320

目　录

八、无人性化的死亡：在医疗仪器和陌生人
之间死去　*337*

九、麦式工作岗位的非理性：只需要把袋子递出　*339*

十、数字网站：去人性化和其他的非理性　*345*

十一、应对非理性：金丝笼、橡胶笼或铁笼？　*347*

十二、结论　*351*

参考文献　*353*

一、马克斯·韦伯的著述　*353*

二、新韦伯主义的著述　*354*

三、关于麦当劳化社会各层面的著述　*357*

索　引　*368*

译后记　*369*

前 言

前　言

本书是《社会的麦当劳化》的第9版，相比以前各版，本版在很多方面做出了重大调整。如果说在过去数十年里，麦当劳化过程有什么改变的话，那就是变得越来越强大，也似乎变得越来越不可抗拒；不过，麦当劳化过程的中心场所，已经发生了巨大的转换。本书的主要目的，就是分析和突显这种新的现实。而诸如此类的原因，也使得本书有必要调整和重新确定分析重点。

自20世纪50年代肇始以来，以及在随后的数十年中，麦当劳化过程的内核，都是与消费相关的实体世界或实体结构（当然其中最为人们所熟知的，就是快餐店）的麦当劳化。然而，在今天，数字世界成为麦当劳化过程的中心场所，其内在的逻辑也日益渗透到数字世界中〔其中最重要的例子，就是亚马逊公司（Amazon.com）〕。虽然在今后的一定时期内，人们的消费行为仍然主要发生在实体结构中，但是越来越多的消费行为将通过网络来实现，或者说变成在线消费。不过，在线消费也存在诸多限制或边界。

虽然我们的很多消费不可能完全直接通过网络来实现，但是只要是能够在网络上实现的消费都可能麦当劳化。网络中存在的各种场所具有数字化的特征，因此与实体世界或实体结构比起来，网络空间更容易被麦当劳化。

我关于麦当劳化的第一篇论文发表于1983年[①]，十年之后，也就是在1993年，《社会的麦当劳化》第1版出版。在这十年中，网络还没有发展起来，更没有影响公众的生活。直到1991年年底，互联网才开始进入公众的视野，一般大众才开始有机会接触和使用互联网。因此，我关于麦当劳化的最初研究，主要是针对实体世界或实体结构而言的。那个时候，世界还没有分化为实体世界与数字世界。在今天，虽然消费仍然主要发生在实体世界或实体结构中，但是在数字世界中也正在掀起麦当劳化的高潮。

我们必须认识到，如果说实体世界与数字世界之间曾经存在十分明显的差别，那么现在这种差别正在快速消失，因为这两个世界、两种空间在各个方面都在相互延伸、相互渗透。例如，体量庞大的亚马逊公司已经收购了全食超市公司（Whole Foods），同时又开设了多家实体书店和便利店。同样，体量庞大的实体超市沃尔玛公司，也正在努力成为一家强大的在线公司。数字世界本身已经成为一种重要的存在空间，同时其对实体世界方方面面的渗透，也正在对人们的生活产生重要的影响。换言之，我们现在已经生活在一个越来越为"砖块+鼠标"或"原子+比特"所主导的世界中。

随着我们逐渐进入数字时代，可能有一些人会禁不住认为，我所提出的麦当劳化概念似乎应该被抛弃了，因为麦当劳化概念似乎完全根源于实体世界。然而事实却是，正如本书所显示的，这一概念同样完全适用于数字世界。亚马逊公司以及几乎其他所有大型网络空间场所，比起麦当劳公司来，无疑更具麦当劳化的特征。我的

[①] George Ritzer. "The McDonaldization of Society." *Journal of American Culture* 6 (1983): 100–107.

前　言

麦当劳化命题，更是与"实体+数字"世界十分契合。

我们姑且以麦当劳化的关键维度之一——可计算性，即对可量化的强调——为例。麦当劳在各个方面都十分强调"量"（如巨无霸、数十亿的销售量、控制客人的进餐时间等等），而各种网络平台同样十分强调"量"和可计算性。例如，亚马逊公司强调等级评分与排名，它们都能够收集与利用大数据。可以说，我们正生活在数字化时代来临或破晓的时代，这个数字化时代把越来越多的各种信息转变成量化的数据，十分强调诸如智能手环（Fitbit, Jawbone Up）之类设备的自我跟踪和分析。狄波拉·勒普顿（Deborah Lupton）认为，我们似乎甚至可以量化作为主体的自我[①]。甚至有一个网站"Quantified Self"（即量化的自我），其标语就是"通过数字来认知自我"。虽然诸如麦当劳之类的实体行业已通过各种不同方式在不同方面进入了数字世界，但大数据对它们来说并没有那么重要。换言之，比起麦当劳的运行来，大数据在亚马逊公司的运行中发挥的作用要大得多（亚马逊公司收集和累积了大量数据）。

对亚马逊公司的新实体书店来说，大数据甚至更加重要，因为这些新实体书店的形象是根据来自其网站的大数据塑造而成的。另外，这些新实体书店又会收集它们自己的数据，并进一步扩充、改善线上数据。

本书将会列举网络上存在的麦当劳化的各种例子，也会列举线上与线下相互融合的世界中存在的麦当劳化的各种例子。这里我先举一例。一直以来，我都主张麦当劳公司取得成功的原因之一，特

[①] Deborah Lupton. *The Quantified Self: A Sociology of Self-Tracking*. Cambridge: Polity Press, 2016.

别是其在餐饮方面越来越高效的原因之一，就是"使自己的消费者"以不同的方式自我服务（事实上，麦当劳一直让其顾客自己完成本应由服务员、司机、保洁员完成的工作）。我过去十年来关于"生产-消费者"的著作，已经在多处阐述过这种思想。生产-消费者是一些或多或少同时既是生产者又是消费者的人[1]。显然，麦当劳的顾客就是生产-消费者。具体说来，他们都是工作着的消费者。因为他们在去麦当劳就餐的整个过程中，即生产又消费。

与实体场景相比，数字场景把消费者转变成生产-消费者的能力几乎是无限的。在数字世界中，人们在绝大多数情况下都不得不是生产-消费者。诚然，技术为生产-消费者完成大量的在线工作，但是人们在线上活动时要想获得人工帮助，即使不是绝对不可能的，也往往是很难的。人工服务人员往往并不存在，或者通过故意设计难以接触和联系到。其结果就是，在网络上，消费者在很大程度上必须自己生产-消费，即必须"生产"那些他们自己愿意消费的东西。从消费者的角度看，这一过程可能显得十分低效，但是从网店的角度看却十分高效，能够极大地降低雇员的数量和公司的支出，提高公司、资本所有者和股东的利润和收益。毕竟很多工作是由消费者免费完成的，不再需要领取工资的雇员来完成。此外，这还意味着，这些网店可以雇用比原来少得多的雇员，却能完成比原来多得多的工作（例如在亚马逊网站上销售更多的各种商品）。亚马逊公司虽雇员比麦当劳少得多，但业务量却比麦当劳大得多。

---

[1] 例子参见：George Ritzer. "Prosumer Capitalism." *Sociological Quarterly* 56 (2015): 413-445; George Ritzer and Nathan Jurgenson. "Production, Consumption, Prosumption: The Nature of Capitalism in the Age of the Digital 'Prosumer.'" *Journal of Consumer Culture* 10 (2010): 13-36.

前　言

沃尔玛公司在很大程度上仍然是一家实体商店，比起亚马逊公司的业务量来，沃尔玛公司就相形见绌了，但沃尔玛公司的雇员却要多得多。

由此可见，"麦当劳化命题"[①]确实仍然能够完全成立，但也确实需要更新、充实，以面对数字世界这种新的现实，以及数字世界与实体世界相互扩张、渗透和融合的新现实。

本书除了重新定向和调整自己的研究外，还在很多方面做了较大的调整，特别是对第 8 版进行了大幅压缩，以重返我最初的旨趣。本版完全删除了第 8 版的最后两章。第 8 版用了整整一章即第八章来讨论人们如何应对麦当劳化，而本版只在第七章最后做一简要讨论，强调我们必须应对非理性。这样处理的原因之一就是，人们与各种组织最常试图解决的问题，就是这种麦当劳化的非理性。

更重要的是，上一版第八章的很多材料和例子已经过时了。例如，今天的企业已经不再关注如何应对在家吃早餐、麦当劳诽谤案、慢食运动、散布式破坏者、15 美元最低小时工资运动等等。一个让人感到沉重的结论，就是这些现象都被人们日益接受和越来越普遍、广泛的麦当劳化淹没了。因此，本版删除了关于个人如何应对麦当劳化的相关讨论，而越来越多的人似乎支持麦当劳化，视之为一个"金丝笼"而非"铁笼"。反对麦当劳化的人要么在数量上越来越少，要么批评的声音不再那么高亢。

本版也删除了上一版第九章的很多素材。其中很多内容涉及与

---

① George Ritzer. *The McDonaldization Thesis*. London: Sage, 1998.

全球化特别是空洞无物的全球化相关的一些论题[①]。麦当劳化是一种全球化过程，是空洞无物的全球化的一个主要例子。虽然麦当劳化日益成为一种全球现象，但再讨论全球化，似乎有点背离本书的主题。不过，本版第七章仍将使用空洞无物这一概念——集中设计与控制的、缺少独特内容的东西——来帮助我们更好地理解各种麦当劳化系统。而如果我们再详细讨论星巴克化，并且得出的结论只不过是它是麦当劳化的一种变种，那么似乎也有点背离本书的主题。另外，上一版最后一章的结尾部分只不过是一种额外补充，而本版大大拓展了关于互联网的讨论，并且这种讨论本身就构成了本版重要而有机的构成部分。

本版篇幅比起以往各版来大大缩减，这有助于彰显我的主张与思想。作为各种社会学课程的课外读物，本版将更加实用，也能更好地作为其他学科的辅助阅读材料。

宾夕法尼亚州埃丁伯勒大学的塞缪尔·M. 克拉斯特（Samuel M. Claster）教授对本版初稿做出了十分深刻的评论，我在此表示感谢。我还要感谢很多其他评论者（名单略去）。我要感谢圣智出版社的编辑杰夫·拉瑟（Jeff Lasser）。拉瑟十分睿智，近年来一直作为我的著作的出版编辑，给我提供了很多很好的意见和建议。此外，我还要感谢圣智出版社副总裁米凯莱·索尔迪（Michele Sordi）的支持，无论何时，只要我需要出版社的支持，她都欣然给予帮助。

[①] George Ritzer. *The Globalization of Nothing*. Thousand Oaks, CA: Pine Forge Press, 2004 (2nd edition published in 2007 as *The Globalization of Nothing 2*); George Ritzer. *Globalization: A Basic Text*. Oxford: Wiley-Blackwell, 2010 (2nd ed., 2015, with Paul Dean).

第一章 导论

第一章 导 论

麦当劳公司以及总是与麦当劳联系在一起的雷·克洛克（Ray Kroc, 1902—1984），是 2016 年的一部动画片《大创业家》(*The Founder*) 的主题。不过，克洛克并非麦当劳的创立者。他甚至也不是使这家快餐连锁店获得现象级成功的早期创新的设计者。相反，麦当劳兄弟——理查德·麦当劳（Richard McDonald）和莫里斯·麦当劳（Maurice McDonald）——才是麦当劳公司的真正创立者与早期创新设计者，他们在 1937 年创立了麦当劳公司。克洛克则坚决地推行麦当劳的特许经营模式，并最终造就了今天遍及全球、门店多达数万家的麦当劳快餐连锁帝国。但是，甚至连克洛克本人都没有预料到，麦当劳会成为当代社会最有影响的几大发展之一的基础。麦当劳的冲击与影响远远超出了它的起源地美国，也远远超出了快餐业，对世界上的其他各种行业和组织产生了重大的影响。更一般地，它还是一种影响世界上相当大的一部分人的生活方式的全球性力量。[1] 这种影响持续不断，并将波及整个 21 世纪[2]。

---

[1] George Ritzer and Paul Dean. *Globalization: A Basic Text*. 2nd ed. Malden, MA: Wiley-Blackwell, 2015.

[2] 至于与这里所表达的视角相似但更狭窄的一种视角，参见：Benjamin R. Barber. "Jihad vs. McWorld." *The Atlantic Monthly,* March 1992, pp. 53-63. 也参见：Barber, *Jihad vs. McWorld.* New York: Times Books, 1995. 对于类似冲突的相关讨论，参见：Thomas L. Friedman. *The Lexus and the Olive Tree: Understanding Globalization.* New York: Farrar, Straus, and Giroux, 1999.

本章首先讨论本书的"麦当劳化"这一概念和过程，它是本书的核心主题。其次，本章将概括麦当劳化的基本原则，讨论其优势与劣势（非理性）。再次，本章将讨论麦当劳公司本身，以及它与其他实体性的消费场所之间的关系。最后，本章将讨论麦当劳的广泛影响（"长臂"），以及它成为一种全球文化偶像的程度。

在本书的分析中，麦当劳公司是分析的中心，至少在最开始的分析中是如此，因为它是麦当劳化这一广泛的过程的主要范例[1]。本章的绝大部分以及本书的大部分内容，都与此过程相关，讨论的是该过程所影响的各种现象。

麦当劳化是快餐店的基本原则逐渐支配美国乃至整个世界越来

---

[1] 自本书第一版在1993年出版以来，"麦当劳化"一词在某种程度上已经成为学术话语和公共流行词汇的一部分。使用该术语的学术著作包括：Dennis Hayes and Robin Wynyard, eds. *The McDonaldization of Higher Education.* Westport, CT: Bergin and Garvey, 2002; John Drane. *The McDonaldization of the Church: Consumer Culture and the Church's Future.* London: Smyth and Helwys, 2012; C. Christopher Smith, John Pattison, and Jonathan Wilson-Hartgrove. *Slow Church. Downers Grove,* IL: Inter Varsity Press, 2014; John Drane. *After McDonaldization: Mission, Ministry, and Christian Discipleship in an Age of Uncertainty.* Grand Rapids, MI: Baker Academic, 2008; Bridgette Jackson. *Drive Thru Teachers: The McDonaldization of the Classroom Teacher.* Suwanee, GA: Faith Books and More, 2012; Donna Dustin. *The McDonaldization of Social Work.* Farnham, Surrey, UK: Ashgate, 2008; Robert Dirks. *Come & Get It: McDonaldization and the Disappearance of Local Food From a Central Illinois Community.* Bloomington, IL: McLean County Historical Society, 2011; Barry Smart, ed. *Resisting McDonaldization.* London: Sage, 1999; Mark Alfino, John Caputo, and Robin Wynyard, eds. *McDonaldization Revisited.* Westport, CT: Greenwood, 1998. *Dutch Journal Sociale Wetenschappen* (vol. 4, 1996) 专刊以麦当劳化为讨论主题。此外还有我的论文集 *McDonaldization: The Reader* (3rd ed. Thousand Oaks, CA: Sage, 2010)、我主编的以 "McDonaldization: Chicago, America, the World" 为题的 *American Behavioral Scientist* 专刊 (October 2003)。主流媒体也经常提及麦当劳化，参见：www.huffingtonpost.com/2014/04/24/mcdonalds-protest-art_n_4981799.html? utm_hp_ref=food&ir=Food.

第一章 导 论

越多的部门、领域或行业的过程[1]。

一、麦当劳化的基本原则

为什么麦当劳如此成功与充满活力？对很多人来说，在麦当劳吃快餐确实已成为一种"符号"[2]，特别是标志着他们与当代生活方式的合拍。这种食物和就餐环境似乎也存在某种魔力。而麦当劳以及各种麦当劳化系统能够取得成功，离不开其背后的四大基本原则（维度）：高效率、可计算性（数量和量化）、可预测性（确定性）和控制。[3] 简言之，麦当劳和其他麦当劳化系统之所以取得成功，是因为它们为消费者、员工和管理者提供了这些原则以及相关的优势。第三章到第六章将讨论麦当劳化的这些原则或维度，在这里我先做一简单介绍。

1. 高效率

麦当劳化系统能够成功的重要因素之一，就是它们的高效率。这种高效率体现为使用最优的方法来实现各个环节与流程之间的衔

---

[1] 艾伦·布里曼（Alan Bryman）也以一种类似的方式对"迪士尼化"一词进行了定义："一种过程，通过这个过程，迪士尼主题公园的原则逐渐支配美国乃至世界各国越来越多的社会部门"(p. 26)。参见：Alan Bryman. "The Disneyization of Society." *Sociological Review* 47 (February 1999): 25-47; Alan Bryman. *The Disneyization of Society.* London: Sage, 2004.

[2] Arthur Asa Berger. *Signs in Contemporary Culture: An Introduction to Semiotics*, 2nd ed. Salem, WI: Sheffield, 1999.

[3] Max Weber. *Economy and Society.* Totowa, NJ: Bedminster, 1921/1968; Stephen Kalberg. "Max Weber's Types of Rationality: Cornerstones for the Analysis of Rationalization Processes in History." *American Journal of Sociology* 85 (1980): 1145-1179.

接①。对消费者而言，麦当劳化提供了一种最佳的方式来使他们由饥变饱，其中一个最好的例子就是"免下车"窗口服务。这种快餐模式提供了——或者说至少在表面上提供了——一种高效的方式来满足各种各样的需要。以麦当劳模式为榜样的其他行业，也为它们的消费者提供了同样高效的服务，如健身、减肥、更换机油、配眼镜、约会、报税、在线购物、打车等等。与这些消费者一样，麦当劳化系统中的员工按照预先设计的、精心编排的程序而高效地运转②。

2. 可计算性

可计算性强调销售的产品（规模尺寸、价格）与提供的服务（获得产品所花时间）的量化特征。在麦当劳化系统中，量与质同等重要；只要量多或者递送速度快，就是好的。"作为一种文化，我们倾向于深深地相信，一般说来'越大越好'。"③人们可以确定东西的量，感觉他们自己花一定数额的钱，获得了很多食物。其最好的例子，就是麦当劳的"一美元餐"④和两美元的"麦当劳包"（仅售两美元的两个三明治）。丹尼公司（Denny's）有个广告，在其中一位男士说："我想去大吃一顿，但是我从来都不想花太多。"⑤然

---

① 关于几乎完全使用这些术语对优步（Uber）进行的描述，请参阅第三章。
② 在《大创业家》的场景中我们可以看到这种编排的起源，当初麦当劳兄弟带领员工们，在网球场边的一家快餐店的提纲的基础上制定了生产和供应快餐的通常规程。
③ Ian Mitroff and Warren Bennis. *The Unreality Industry: The Deliberate Manufacturing of Falsehood and What It Is Doing to Our Lives*. New York: Birch Lane, 1989, p. 142.
④ Melanie Warner. "McDonald's Revival Has Hidden Health Costs." *International Herald Tribune,* April 20, 2006.
⑤ Melanie Warner. "U.S. Restaurant Chains Find There Is No Too Much." *New York Times,* July 28, 2006.

第一章　导　论

而，这样的计算却没有考虑到非常重要的一点：快餐连锁的营利能力意味着是老板而非消费者获得了更多。

消费者也会计算，如开车去麦当劳店以及下单、就餐、再回家所需要的时间，并与自己在家做饭所花的时间进行比较。他们常常会正确地或者错误地得出结论：去快餐店吃饭比在家做饭所花的时间更少。这样的计算对诸如达美乐比萨（Domino's Pizza）和"棒！约翰"比萨（Papa John's）之类的送餐到家的连锁公司来说，以及对其他强调节约时间的连锁公司来说，特别重要。在其他连锁行业中节约时间的一个著名例子，就是亮视点（LensCrafters）眼镜连锁店，其向消费者承诺"快速配镜，一小时内取镜"。而H&M服装公司（以及类似的服装连锁）也因其"快时尚"而闻名。

有些麦当劳化组织还同时强调节约时间与金钱。达美乐已经承诺比萨下单后半小时送到，否则免费。必胜客则保证每位到店顾客在5分钟内就可以吃上铁盘比萨，否则也免费。

麦当劳化系统中的员工，也更加强调他们工作的量而非质。因为工作的质不会有多大变化或差异，所以员工关注的是如何快速地完成任务。与消费者或顾客的情况一样，麦当劳化系统给其员工很低的工资，但希望员工尽快地完成更多的工作。

本书第三章还将讨论，在由计算机收集大量数据（大数据）的时代，计算性变得更加重要。在这样的大数据时代，人们通过使用应用数学特别是复杂的运算法则，来挖掘和分析数据，发现或揭示各种隐藏的模式。对数字化的网站或网络平台（如脸书、亚马逊）来说，这些数据尤其重要，其中很多网站或平台是高度麦当劳化的。鉴于这些网站或平台以及与之关联的大数据变得越来越重要，我们可以说已经生活在一种日益"计算机化的文化"中。[1]

3. 可预测性

麦当劳公司也提供可预测性。这种可预测性就是一种确定性，使人们确信在任何时间与任何地方，其产品与服务都是完全一样的。纽约的烟肉蛋麦满分（Egg McMuffin）与芝加哥和洛杉矶的完全一样，今天吃的烟肉蛋麦满分也将与下周或明年来吃的完全一样。顾客知道麦当劳不会出乎任何人意料，因此而获得极大的安心。他们知道自己吃的下一个烟肉蛋麦满分既不会更难吃，也不会更美味。麦当劳模式的成功，表明很多人日益喜欢这种平淡无奇、一切都可预测与确定的世界。一位英国观察家写道："如果考虑了麦当劳是尊崇个人主义的文化的产物，那么这真是一件怪事。"[2]

麦当劳化系统中的员工也以可预测的方式行事。他们按照公司的规则、他们管理人员的指令、他们所操作的设备（如日益自动化的法国烤面包机）以及他们身处其中的系统的要求行事。在很多情况下，他们所做的，甚至他们所说的，都是高度可预测的（他们常常按照规定好的脚本招待顾客，参见第四章）。

---

[1] Dana Boyd and Kate Crawford. "Critical Questions for Big Data." *Information, Communication and Society* 15, 2012: 662-679.

[2] Martin Plimmer. "This Demi-Paradise: Martin Plimmer Finds Food in the Fast Lane Is Not to His Taste." *Independent* (London), January 3, 1998.

4. 控制

使麦当劳取得成功的第四个要素，就是控制[①]，特别是对进入麦当劳消费的顾客施加的控制。排队、有限的菜品、很少的选择、不舒适的座椅等等，都使得就餐者按麦当劳管理方的想法行事——赶快吃完，然后走人。而且，免下车窗口使就餐者在吃之前就离开了店里。在达美乐模式中，随着顾客越来越习惯于在线下单和在家等候送餐，他们甚至根本不用到店里消费了。

工作于麦当劳化系统中的员工们，也同样受到高度控制，而且受到的控制常常更加露骨和直接。公司培训他们精准地完成种类有限的任务，且必须按照公司规定的方式完成。麦当劳化系统通过各种技术，精心地设计完成任务的组织方式，来实现这种控制。管理者和监督者通过精心的设计，确保员工们在工作时忙得脚不沾地。

通过上述讨论，我们在此可以对麦当劳化再下一个拓展性的定义，以把上面讨论的四个维度整合进来：

所谓**麦当劳化**，就是快餐店的基本原则——高效率、可计算性、可预测性和控制——逐渐支配美国乃至整个世界越来越多的部门、领域或行业的过程。

二、麦当劳化的优势

麦当劳以及其他的麦当劳化系统能取得如此现象级的成功，有

[①] 正如我们将在第四章和第六章中看到的那样，这种增加的控制往往来源于非人类技术对人类技术的替代。

着深刻的原因。总体说来，麦当劳化系统由于坚持高效率、可计算性、可预测性和控制，从而使自己具有了一系列优势。

很多有见地的人，诸如经济学专栏作家罗伯特·萨缪尔森（Robert Samuelson），强烈支持和颂扬麦当劳化系统和被大量复制的麦当劳快餐的商业模式。萨缪尔森公开承认自己崇拜麦当劳，认为它是"史上最伟大的快餐连锁"[①]。另外，麦当劳还提供了很多值得称道的、有利于社会的东西。其中包括：它的"麦当劳之家"，为某些父母提供可以与其患有严重疾病的、正在接受治疗的小孩待在一起的空间；为十多岁的青少年提供工作培训的计划；帮助其雇员接受学校教育的计划；尽可能雇用与培训残疾人；聘请老年人的麦当劳大师（McMasters）计划；雇用和提拔少数族裔的良好记录；旨在改善环境和增进动物福利的社会责任项目。[②]

麦当劳化过程也在快速地、不容置疑地前进，因为它已经导致了一些积极的变革[③]。这些积极的变革包括：

• 比起以前来，我们人口中有更多的人，可以获得更多的各种产品与服务。

• 比起以前来，人们更可能克服时间与空间的障碍而获得各种产品与服务；人们现在能够做以前不可能做的事情，诸如在午夜给地球另一边的人发短信、发邮件，在线安排约会，在线购物，参与在线社交网络。

---

① Robert J. Samuelson. "In Praise of McDonald's." *Washington Post,* November 1, 1989.
② Edwin M. Reingold. "America's Hamburger Helper." *Time,* June 29, 1992.
③ 我要感谢我的同事斯坦·普雷瑟（Stan Presser）建议我列举上述优点。

第一章 导　论

- 人们几乎能够即时获得他们想要或需要的一切，而且比以前便捷得多。
- 通过麦当劳化，产品与服务有着更加统一、均衡的品质；至少某些人甚至能够获得品质更好的产品与服务。
- 获得更廉价、更经济的替代产品与服务，来代替昂贵、定制化的产品与服务（如用宜家家居的家具代替手工制作的家具），因此人们能够比以前买得起更多的东西。
- 那些工作时间长、没有多少空闲时间的人，可以快速、高效地获得产品与服务。
- 在一个快速变迁、陌生、似乎充满敌意的世界中，麦当劳化系统那相对稳定、熟悉与安全的环境，可以给人心理安慰。
- 因为强调量化，所以顾客能够更容易地比较和选择具有竞争性的产品。
- 某些产品（例如健身与节食项目）由于处于麦当劳化系统这样的严格调控的系统中，因此更为安全。
- 人们不管种族、性别、性取向或社会阶层为何，都更可能得到同等待遇。
- 通过相同的操作者网络，组织与技术创新更容易快速扩散。
- 一个国家最受欢迎的产品与服务可以更容易地扩散到其他国家。

三、麦当劳化批判：理性的非理性

虽然麦当劳化具有诸多强大的优势，但是理性的系统不可避免地会衍生出非理性。事实上，悖谬的是，理性的非理性可以被认为是麦当劳化的第五个维度。我将在本书第七章"理性的非理性：挤在'幸福大道'上"中，进一步阐述麦当劳化的负面问题。这里先简要列举如下：

- 低效率（而非高效率）；
- 高费用（尽管麦当劳化的产品与服务被认为是价格低廉的）；
- 虚情假意，特别是雇员对待顾客十分虚情假意；
- 祛魅；
- 健康与环境风险；
- 同质化；
- 无人性化（dehumanization）。

事实上，很多批判者批判麦当劳化世界的所有维度。正如一位法国政治家在欧洲迪士尼乐园的开业典礼上所说的，麦当劳化"将用无根的创造来轰炸法国，这种无根的创造将会使快餐成为法国的烹饪技术，从而损害法国悠久的烹饪文化"[1]。麦当劳快餐和其他一些快餐模式，花了数十亿美元来宣扬它们系统的优势和好处。然而，批评这类系统的人指出，它们对自己的缺陷和问题闭口不谈。例如，没有一家快餐店会在周日上午的动画片中插播广告，警告孩子们快餐的危害。

然而，有人可能会质疑批评者们对麦当劳化的批评是否具有

---

[1] Alan Riding. "Only the French Elite Scorn Mickey's Debut." *New York Times,* April 13, 1992.

第一章 导 论

正当性：这些批评是否出于对过去的浪漫主义的怀念呢？这些批评是不是由想回到不再存在的过去世界这种不可能实现的愿望所引发的呢？确实，某些批评者就是出于对一个时代的怀念而批评麦当劳化。在那个时代中，生活节奏缓慢，能够给人们带来更多的惊喜；在那个时代中，某些人（经济状况更好的人）更自由；在那个时代中，一个人更有可能与其他人，而不是与机器人或电脑打交道。[①]虽然批评者的这种看法确实很中肯，但他们肯定夸大了没有麦当劳快餐的世界的积极面，而常常忘记以前那个时代的消极面。对于后者，我们可以以在古巴哈瓦那一家比萨店的就餐经历作为例证。古巴哈瓦那在某些方面要落后美国几十年：

  这家比萨店可以说一无是处——员工在用料（包括番茄酱）上抠抠搜搜、十分小气，他们的生面团呈糊状。

  比萨店大约在晚上7：30开门，在这里顾客通常只能站着吃饭，人们相互推搡，争抢简陋的凳子，而排队等候的人一直排到了人行道上。

  这里的菜单似乎是斯巴达式的。……水，是自来水。比萨就是一切，根本没有配料。店里没有苏打水，没有啤酒，没有咖啡，没有盐，没有胡椒粉，也没有特色菜品。

  在特定的时间里，总是只有几个人能同时吃上饭，多数人在等候。人们的手指不断敲打着桌子，苍蝇到处乱飞，发出嗡嗡声，挂

[①] George Stauth and Bryan S. Turner. "Nostalgia, Postmodernism and the Critique of Mass Culture." *Theory, Culture and Society* 5 (1988): 509-526; Bryan S. Turner. "A Note on Nostalgia." *Theory, Culture and Society* 4 (1987): 147-156.

钟发出嘀嗒嘀嗒的声音。虽然服务员腰带上挂着表,但他们似乎并不需要它,他们首要的关注点似乎并非时间。人们只要在这个地方待一会儿,就会变得情绪暴躁。

但是,直到晚上 8:45——我在这家比萨店已经等了一个小时又十五分钟,才等来了两小份比萨。[①]

很少有人愿意选择到这样的餐馆去就餐,而更愿意到态度好、餐品种类更丰富的快餐店如必胜客就餐。然而,更重要的是,那些颂扬过去的批评者似乎并没有意识到,我们现在并没有回到过去的时代。相反,一些快餐店甚至已经开始出现在哈瓦那(而且可能会越来越多)。[②] 这个星球已经十分拥挤,但是人口数量还在不断增长,技术的变迁还在不断加速,生活的节奏还在不断加快;所有这些,都使我们已经不可能再回到过去可能存在过的,以家庭烹饪、在传统餐馆就餐、高质量的食物、花样翻新的膳食以及由可以自由表达其创造性的厨师掌勺的餐馆为主导的时代。

因此,我们从一种可以设想的未来的角度来批评麦当劳化,似乎更为实际和有效[③]。如果人们在将来挣脱了麦当劳化系统的诸多缺陷的限制,同时又能够充分利用技术的进步的话,那么人们很有可

[①] Lee Hockstader. "No Service, No Smile, Little Sauce." *Washington Post,* August 5, 1991.

[②] Douglas Farah. "Cuban Fast Food Joints Are Quick Way for Government to Rally Economy." *Washington Post,* January 24, 1995.

[③] 在此种意义上,与马克思对资本主义的批判相似。马克思并不是出于对前资本主义社会的浪漫怀旧而批判资本主义,相反是出于对创造一种真正的人类社会(共产主义社会)的期望而批判资本主义。尽管在这一点上,本书与马克思的理论十分切合,但正如你将要看到的,本书主要以马克斯·韦伯(Max Weber)的理论为基础。

能比现在更有思想、更有技能、更具创造性、更能全面地发展。简言之，如果这个世界不再那么麦当劳化，那么人们将更可能发挥他们自己作为人的各种潜能。

我们必须视麦当劳化既是"使能性的"又是"制约性的"[①]。一方面，麦当劳化系统使我们能够做一些过去不能做的事情；但另一方面，麦当劳化系统又使我们不能做那些没有这种系统我们就能够做的事情。因此，麦当劳化是一把"双刃剑"，是一种具有双重结果的现象。

四、麦当劳：创造了"快餐工厂"

正如上文所言，麦当劳公司的基本方法以及整个麦当劳化过程的基本原则，都是由麦当劳兄弟——理查德·麦当劳和莫里斯·麦当劳——发明的。他们 1937 年在加利福尼亚州的帕萨迪纳市（Pasadena）开设了第一家餐馆，并创立了上述方法与基本原则。[②] 他们在那家餐馆中确立了高速、量大和低价的原则。为了避免混乱，他们规定了一个高度限定的菜单。他们既不向顾客提供个性化的服务，也不采用传统的烹饪技术，而是使用类似于生产流水线的程序，来制作食物和提供就餐服务。因为他们只提供有限的菜

[①] 这些概念来自社会理论家吉登斯（Anthony Giddens）的著作。参见：Anthony Giddens. *The Constitution of Society*. Berkeley: University of California Press, 1984.

[②] Ray Kroc. *Grinding It Out*. New York: Berkeley Medallion Books, 1977; Stan Luxenberg. *Roadside Empires: How the Chains Franchised America*. New York: Viking, 1985; John F. Love. *McDonald's: Behind the Arches*. Toronto, ON: Bantam, 1986; Lisa Napoli. *Ray and Joan: The Man Who Made the McDonald's Fortune and the Woman Who Gave It Away*. New York: Dutton, 2016.

单，所以其并不需要什么技术高超的厨师，工作人员只需重复完成通过分解而变得十分简单的任务即可，并且工作人员即使是初次进入厨房，也会很快学会那些制作与服务步骤。[1] 麦当劳兄弟率先使用专业化的餐饮员工，包括"烘烤工"、"奶昔工"、"油炸工"、"点缀工"（他们把配菜放进汉堡中并包装起来）等等。他们对员工应做什么甚至应说什么都制定了详尽的规则。通过诸如此类的措施，麦当劳兄弟率先建立起了理性化的"快餐工厂"。[2]

而克洛克不仅不是麦当劳基本原则的发明者，也不是特许经营模式的发明者。

特许经营是这样一种系统……一个大公司通过特许或者出售相关权利，授权小的分店或公司销售大公司的产品，或者使用大公司的商标。……拥有特许经营权的子公司，虽然在很大程度上是独立的，但是必须遵守由母公司设计与实施的各种经营标准和规则。[3]

美国胜家衣车公司（Singer Sewing Company）在美国内战后首创特许经营模式。在 20 世纪初，汽车制造商和软饮料公司纷纷采用特许经营模式。到 20 世纪 30 年代，诸如西方汽车（Western Auto）、雷氏制药（Rexall Pharmacy）、国际独立零售商联盟（IGA）的食品市场等零售行业也纷纷采取特许经营模式。

在 20 世纪 50 年代初期克洛克进入历史舞台之前，餐饮服务

---

[1] John F. Love. *McDonald's: Behind the Arches*. Toronto, ON: Bantam, 1986, p. 18.
[2] 同上注，p. 20。
[3] Thomas S. Dicke. *Franchising in America: The Development of a Business Method, 1840-1980*. Chapel Hill: University of North Carolina Press, 1992, pp. 2-3.

第一章 导　论

业已经广泛采用特许经营模式。早在 1924 年，就出现了第一家饮料特许经营连锁店艾德熊（A&W）。在 1935 年，霍华德·约翰逊（Howard Johnson）建立了冰激凌和其他食品的特许经营连锁店。第一家冰雪皇后（Dairy Queen）开设于 1944 年，其一直致力于在整个美国建立自己的特许经营连锁店，到 1948 年它已经拥有了大约 2 500 家特许经营连锁店。还有其他一些著名的餐饮特许经营连锁店，出现的时间也要早于麦当劳。大男孩（Big Boy）的特许经营始于 20 世纪 30 年代，全球大型连锁快餐企业汉堡王和肯德基于 1954 年开始特许经营。而克洛克的第一家麦当劳快餐店于 1955 年 4 月 15 日才开业，因此无论是在整个商界还是在餐饮行业中，麦当劳快餐的特许经营店都是相对的后来者。

1954 年克洛克第一次来到麦当劳快餐店就餐，此时的麦当劳快餐店还是加利福尼亚州圣贝纳迪诺唯一一家免下车汉堡店［具有讽刺意味的是，格伦·贝尔（Glen Bell）在同一城市创建了塔可钟[①]］。那些让麦当劳快餐店在今日闻名于世的基本菜品、方法甚至是某些技术，在此时已经由麦当劳兄弟创造出来了。尽管当时他们引起了轰动，但是麦当劳仍然只不过是一个地方性的餐饮品牌，而麦当劳兄弟也满足于保持这种状态；他们虽然当时已经做得非常好，但没有更宏伟的抱负，最多不过是初步采取了一些走向特许经营的步骤。克洛克在邂逅两兄弟后，劝说两兄弟扩大规模，并使两兄弟产生了更大的抱负，而克洛克也成了他们的特许经营代理人，得以开始打造特许经营的麦当劳快餐帝国。克洛克最初只是两兄弟

---

① 塔可钟网址为 http://www.tacobell.com。

的合伙人，但不久后，也就是在 1961 年，他以 270 万美元的价格收购了麦当劳兄弟的公司，之后得以按照自己的意愿开展麦当劳的经营活动。

克洛克保留了麦当劳兄弟创造的特殊的产品与技术，并使它们与其他特许经营（餐饮等服务）、现代科层制、科学管理、生产流水线的原则结合起来（参见第二章）。克洛克的天才贡献，主要在于他把所有这些著名的思想与技术都纳入快餐业，并加上自己的野心，通过特许经营使之变成全美性的甚至是国际性的商业现象。可见，麦当劳快餐与麦当劳化，本身并非什么新鲜的事情；相反，它们只不过是发生在整个 20 世纪的一系列理性化过程的总和和产物。

麦当劳兄弟的经营方式的高效率，给克洛克留下了深刻的印象，使他深知这种系统一旦被应用于连锁分店，就将带来巨大的收益。克洛克是这样描述他对麦当劳快餐系统的最初反应的："我为这一系统的简洁与高效而折服。……菜单十分有限，而生产菜品的每一步都被简化到极致，只需最少的努力就可以实现。他们只出售汉堡和芝士。这些汉堡又都是以同样的方式烤制的。"[①] 但克洛克在发现麦当劳快餐店之前，就对如何简化各种程序十分入迷。他在向餐馆销售搅拌机的过程中，发现很多餐馆效率十分低下，这让他感到十分不安："那里没有效率，只有浪费，客人点什么就做什么，服务过程拖沓，食物质量一直难以让人满意。那些饭店需要的是使

---

① Ray Kroc. *Grinding It Out*. New York: Berkeley Medallion Books, 1977, p. 8.

第一章 导 论

生产简单化,从开始到结束都应通过生产**流水线**来完成。"[1]克洛克在最终把麦当劳汉堡确定为一种高效率的典范之前,曾经尝试过选择其他食物,来实现餐馆食物制作的生产流水线化:

> 他最先尝试的是热狗,然后又放弃了这种打算。因为热狗种类很多……而且不同热狗也有着不同的制作方式……水煮、干焙、电烤、碳烤等。……而汉堡……本身则要简单得多。调味品也只需要加在上面,而不需要渗入其中。而且,制作汉堡的方法也很简单——就是烘烤。[2]

克洛克同助手一起对汉堡的各个构成部分进行试验,以提高制作汉堡与服务顾客的效率。例如,他们外购装在硬纸箱中的切片面包,而不自己制作面包。但是,烘烤工又得花时间来拆开这些纸箱,拿出这些切片,再把它们切成两半,丢掉包装纸和硬纸箱。最后,他们发现把面包完全切成两半,分开,装进可重复使用的盒子里预备着,反而更为有效率。他们也同样重视肉馅,并做了一些试验。例如,他们发现,包装肉馅的纸必须用蜡浸过,这样肉馅就能轻易与纸分开并被送上烤架烘烤。克洛克进行这类创新的目的,就是获得更高的效率:

> 所有改进的目的……就是使我们烘烤工的工作能够更快更好地

---

[1] Max Boas and Steve Chain. *Big Mac: The Unauthorized Story of McDonald's*. New York: E. P. Dutton, 1976, pp. 9–10.
[2] 同上注。

完成。虽然其他的一些想法，如成本削减、库存控制等当然也很重要，但是相对于冒着烟的烤箱中发生的事情，它们便处于次要地位了。这是我们的生产流水线中最关键的环节，产品必须顺利地通过这一环节，否则整个工厂将陷入停滞。①

直到今天，效率仍是麦当劳快餐店的关注焦点。例如，在任何一家麦当劳快餐店中，"员工都必须以一种生产流水线的效率工作"②。

然而，克洛克的主要创新，在于他推进了麦当劳的特许经营模式。他不允许出现地方性的某家特许经营连锁店日益坐大并控制某区域内开设的所有分店这种情况。因为如果地方性特许经营者日益壮大并颠覆总公司的原则，那么实际上就出现了另外一家特许经营连锁店。克洛克往往只授予一个人经营一家特许经营店的权利，很少特许某个人经营一家以上的特许经营店，实现了中央集中控制的最大化，因此统一了整个麦当劳系统。克洛克还控制特许经营店的产权，并分享连锁经营店的收益。③克洛克的另一个创新，就是对想加入特许经营连锁的人，最多只收取950美元的加盟费。而其他一些特许经营授权商，则设定了高得多的加盟费标准，他们从分店中获得的也主要是这种加盟费。其结果是那些特许经营授权商往往并不关心被授权的特许经营者后来的死活。但是，麦当劳快餐总部的利润，主要不是来自加盟费，而是来自总部向加盟商收取的

---

① Ray Kroc. *Grinding It Out*. New York: Berkeley Medallion Books, 1977, pp. 96-97.

② www.washingtonpost.com/lifestyle/magazine/whos-lovin-it/2011/08/12/gIQAoOVRuJ_story.html.

③ John Vidal. *McLibel: Burger Culture on Trial*. New York: New Press, 1997, p. 34.

第一章 导 论

1.9%的门店销售额。因此，克洛克及其组织的成功程度，取决于加盟商的繁荣程度。这种互惠共生和相互关注的关系，不仅是克洛克对特许经营模式的最大贡献，也是麦当劳快餐及其特许经营取得成功的关键。麦当劳快餐的很多加盟商后来成了千万富翁。

虽然克洛克强制要求各麦当劳连锁店保持统一，但他也同时鼓励加盟商进行创新，以加强和改善加盟商自己及整个麦当劳系统的经营。我们以产品创新为例。克洛克本人并非一个伟大的产品创新者。他最有名的败笔之一，就是他的杰作呼啦汉堡（Hula Burger）——一种烤面包，里面有两片奶酪，奶酪之间再夹一片烤菠萝。而麦当劳的那些十分成功的产品，诸如金枪鱼三明治（麦香鱼）、烟肉蛋麦满分、麦当劳快餐早点，甚至是巨无霸，都来自加盟商的创造。因此，麦当劳快餐在集权控制与加盟商的相对独立之间实现了一种平衡。

克洛克是推广导致快餐业进一步理性化的一系列发展的急先锋[①]。他在要求"每家店面风格要统一，菜单要一样，同一种产品要同尺寸、同价格、同质量"[②]时，不经意间也就成了各种理性化原则的传播者与吹鼓手。这种统一性，使得麦当劳快餐店能够与其他竞争者区别开来，而这些竞争者的产品往往随意变化。麦当劳快餐店通过实施一种品种有限的菜单（最初只有10种），通过为其汉堡的

[①] 韦恩·休伊曾加（Wayne Huizenga）在视频业务界扮演着类似的角色，他接手了由一美国达拉斯企业家创办的连锁店，然后把其变成了百视达（Blockbuster）帝国。参见：David Altaner. "Blockbuster Video: 10 Years Running Family-Oriented Concept Has Changed Little Since 1985, When Chain Was Founded by a Dallas Businessman." *Sun-Sentinel* (Fort Lauderdale, FL), October 16, 1995.

[②] John F. Love. *McDonald's: Behind the Arches.* Toronto, ON: Bantam, 1986, pp. 68-69.

脂肪含量创造统一的标准,通过把餐品转换成冷冻汉堡和法国炸薯条,通过使用巡视员来核查各连锁店是否统一和遵守相关规定,通过在 1961 年建立快餐行业中的第一家全职培训中心(汉堡包大学,会提供关于"汉堡包学"的"学位"),从而在快餐行业逐渐占据主导地位。汉堡包大学位于麦当劳总部所在地伊利诺伊州奥克布鲁克,占地 13 万平方英尺[①],设施极其现代;截至 2015 年,已经有超过 27.5 万人从汉堡包大学毕业。麦当劳快餐店还极具国际视野,学校设有翻译和相关电子设备,使教授能够同时用 28 种语言授课和与学生交流。麦当劳快餐店还经营着数家国际培训中心,其中包括在澳大利亚、巴西、中国、英国、德国和日本等国设立的汉堡包大学[②];2015 年,其又在一些国家开设了新的培训中心[③]。在 1958 年,麦当劳集团出版了一本操作指南,详细描述了如何经营一家麦当劳特许经营店[④]。该指南为经营一家特许经营店规定了如下原则:

  它准确地告诉操作者如何正确地涂奶昔、烤面包、炸土豆。它精确地规定了所有产品的烹饪时间,精确地规定了所有设备的温度。它规定了每种食品构成要素的标准比例,甚至规定了放在每份

[①] 约等于 1.2 公顷。——译者注
[②] www.aboutmcdonalds.com/mcd/corporate_careers/training_and_development/hamburger_university/our_faculty.html.
[③] Natalie Walters. "McDonald's Hamburger University Can Be Harder to Get Into Than Harvard and Is Even Cooler Than You'd Imagine." October 24, 2015; www.businessinsider.com/mcdonalds-hamburger-university-233.
[④] 与麦当劳快餐店的汉堡包大学一样,全球大型连锁快餐企业汉堡王于 1978 年建立了自己的汉堡王大学。参见:Ester Reiter. *Making Fast Food*. Montreal: McGill-Queen's University Press, 1991, p. 68.

第一章 导 论

汉堡馅饼上的洋葱是 1/4 盎司，每磅芝士要切成 32 片[①]。它规定了法国炸薯条要切成 1 英寸[②]厚度，并炸 9 个 30 秒。其确立了对餐饮服务而言十分独特的质量控制，包括如何处置一份在容器中放置了十分钟以上的肉制品与土豆制品等等。

……烘烤工……必须把汉堡放到一个烤架上，汉堡必须从左到右地移动，每次要烤 6 排每排 6 个共 36 个小馅饼。由于头两排离加热器最远，因而烘烤工必须（每轮都）先翻动第 3 排，然后是第 4 排、第 5 排、第 6 排，最后再翻动前两排。[③]

我们很难再想象出一个比这个系统更加理性的系统了。

麦当劳很快取得了成功，其重要性也很快地显现出来。到 1994 年，它已经卖出了 990 亿个汉堡[④]；到现在，它已经卖出了数千亿个汉堡。2013 年，整个麦当劳快餐连锁集团的年营业额高达 281 亿美元（高于很多国家包括厄瓜多尔的国内生产总值）[⑤]，年净利润高达 56 亿美元[⑥]。近年来，麦当劳虽年营业额和年净利润有所下滑，但仍然是一个强大的超级经济帝国[⑦]。它现在在全世界 120 个国家开设了 3.6 万余家连锁店，其顾客量平均每天多达 7 000 万人次[⑧]。有位计算机程序设计员绘制了一张美国麦当劳快餐连锁店（2016 年大约 1.4

[①] 1 盎司约等于 28.35 克，1 磅约等于 0.45 千克，下同。——译者注
[②] 1 英寸约等于 2.54 厘米，下同。——译者注
[③] John F. Love. *McDonald's: Behind the Arches.* Toronto, ON: Bantam, 1986, pp. 141-142.
[④] Nancy Folbre. "The 300 Billionth Burger." *New York Times*, July 22, 2013.
[⑤] 同上注。
[⑥] www.aboutmcdonalds.com/content/dam/AboutMcDonalds/Investors/McDs2013Annual Report.pdf.
[⑦] McDonald's Corporation *Annual Report*, December 31, 2015.
[⑧] 同上注。

万家）的网络模拟分布图。他说，在美国，在任意地点的 115 英里[①]范围内，都至少分布着两家麦当劳快餐店。从他所画的分布图上，我们可以看到，"距离最远的麦当劳快餐店"位于南达科他州的西北部。[②] 一位英国评论家以诙谐的语气写道："处处都有麦当劳。在你的附近，就有一家麦当劳；在你的附近，总是恰到好处地开着一家麦当劳。如果照此速度扩张下去，在不久的将来，甚至在你家里都会开着一家麦当劳。在你的床下，你都可能会发现罗纳德·麦当劳（Ronald McDonald）的靴子，甚至你还能够发现他那红色的假发。"[③]

五、麦当劳及其他实体消费场所

本书第一版出版于 1993 年，主要关注的是麦当劳之类的快餐连锁店以及沃尔玛、购物广场之类的实体性消费场所。在网络上的消费场所出现之前，我们关注这些场所是完全恰当的，当然，那个时候已经出现了一些例外的情况，例如出现了海运邮购、蒙哥马利·沃德公司邮购、宜家家居邮购等等。有些实体性消费场所（包括麦当劳）在过去 25 年中实现了急剧扩张，但是有些实体性消费场所则急剧衰落了，其中包括各种大商场、连锁超市和购物广场。总而言之，除了快餐业等少数几个行业外，各种实体性消费场所逐

[①] 1 英里约等于 4.83 千米，下同。——译者注
[②] www.datapointed.net/2010/10/the-farthest-place-from-mcdonalds-lower-48-states/.
[③] Martin Plimmer. "This Demi-Paradise: Martin Plimmer Finds Food in the Fast Lane Is Not to His Taste." *Independent* (London), January 3, 1998.

第一章 导　论

渐被各种数字化的消费场所取代。然而，正如我们将要看到的，**实体场所与数字场所之间已经越来越难分彼此，它们之间正在相互融合、渗透和拓展**。例如，正如下文将要进一步讨论的，达美乐的大实体结构正在逐渐从事线上业务，亚马逊也在不断地开设实体书店和便利店。① 还有，在 2017 年年中，亚马逊出资 134 亿美元收购了全食超市的 460 家连锁超市②。

2014 年，美国大型实体特许经营连锁店年营业额大约为 2.1 万亿美元③。它们雇用了 850 万雇员。特许经营增长迅速④；超过 80% 的麦当劳连锁店是特许经营店，而 2006 年时这一比例只有 57%。（有意思的是，另一家快餐巨头星巴克拒绝在美国搞特许经营模式，但它确实给予了独立的所有者经营权。其最近在欧洲等地也开始采用特许经营模式。）麦当劳 2008 年的报告指出："我们认为，本地化拥有与经营的餐厅，是我们竞争优势的核心，使我们不只是一个全球性商标，更是一个在地性、与地方关系密切的企业。"⑤

---

① Alexandra Alter. "Amazon Sets Up Shop in the Heart of the Publishing Industry." *New York Times,* May 24, 2017.
② Nick Wingfield and Michael J. de la Merced. "Amazon to Buy Whole Foods for $13.4 Billion." *New York Times,* June 16, 2017.
③ www.statista.com/statistics/190317/.
④ 国际特许经营协会网址为 www.franchise.org。
⑤ 2008 年，麦当劳把 1 571 家自有餐厅出售给了一家发展持牌机构。此外，在 2008 年，麦当劳向 675 家餐厅授予了特许经营权，其目标是到 2010 年再向 1 000～1 500 家餐厅授予特许经营权。（其余的要么是公司所有，要么是附属公司。参见麦当劳 2008 年年度报告。）麦当劳于 1998 年向位于丹佛的墨西哥风味快速便餐连锁店小辣椒（Chipotle）进行了注资，并在 2001 年成为后者最大的投资方。当时小辣椒有 15 家分店。当麦当劳于 2006 年 10 月 13 日与该公司剥离时，小辣椒已经有 500 多家分店。在 2008 年，麦当劳与 Boston Market、Pret A Manger 和 Redbox 完成了剥离。

社会的麦当劳化（第 9 版）

麦当劳模式不仅为诸如汉堡王、温迪国际快餐连锁集团（Wendy's）之类关注预算节约的汉堡特许经营店所采纳，也为形形色色的低价快餐店所采纳。在 2015 年年初，百胜餐饮集团（Yum! Brands, Inc.）在 130 多个国家经营着 4.2 万家餐饮店[①]。其旗下包括必胜客（主营比萨）、肯德基、塔可钟（主营墨西哥风味小吃）、艾德熊（主营汉堡、热狗以及乐啤露）、鸡翅街（Wing Street，主营炸鸡翅）等特许经营连锁店。虽然百胜餐饮集团旗下的店面比麦当劳还要多，但百胜餐饮集团的年总销售收入（2015 年为 130 亿美元）和年净利润（13 亿美元）都不如麦当劳[②]。赛百味（Subway，在 106 个国家拥有 4.5 万余家连锁店）[③]是成长最快的快餐业集团之一，声称要把自己打造成——实际上可能也是——美国最大的餐饮连锁集团[④]。例如，在美国的俄亥俄州克利夫兰市，赛百味已经渗透到市场的每一个角落，有一家连锁店甚至开到了犹太人的社区中心[⑤]。此外，还有很多成功的以廉价为导向的快餐店连锁，包括墨西哥风味连锁小辣椒（目前因为一系列食品安全事件而四面楚歌）、唐恩都乐（Dunkin's Donuts）、福乐鸡（Chick-fil-A）、热狗快餐（Firehouse Subs）、五兄弟（Five Guys）、吉米·约翰（Jimmy John's）等等。

In-N-Out 汉堡连锁店是美国西海岸一个规模相当小的连锁店，

---

① 百胜餐饮集团网址为 www.yum.com。
② 百胜餐饮集团 2013 年年度报告参见 www.yum.com/annualreport。
③ 赛百味网址为 www.world.subway.com。
④ 赛百味公司新闻稿："Subway Restaurants Named Number One Franchise." January 2003.
⑤ Janet Adamy. "For Subway, Anywhere Is Possible Franchise Site." *Wall Street Journal Online*, September 1, 2006.

第一章　导　论

只有大约 300 家连锁分店。虽然斯泰西·珀曼（Stacy Perman）认为 In-N-Out 汉堡连锁店是"麦当劳快餐的对立物"[1]，但其实它在很多方面都是高度麦当劳化的。还有一家食品连锁 Pret A Manger，它是一家英国公司，但这个名字是法文，意思是"即食食品"。该公司于 1968 年在英国伦敦成立，现在也主要以英国为依托。就在本书写作的时候，全世界大约有 375 家 Pret A Manger 分店[2]，其中 70 家在美国（主要在纽约、华盛顿、芝加哥和波士顿），并且其可能还要开设很多连锁店[3]。与 In-N-Out 和麦当劳快餐店不同，Pret A Manger 不卖汉堡，而出售其他各式食品（包括沙拉、羹汤、面卷饼、甜点等）。Pret A Manger 因其高质量的三明治而出名，其中包括香鸡鳄梨三明治和鸡蛋沙拉芝麻菜三明治。与 In-N-Out 一样，Pret A Manger 也反对使用防腐剂和其他化学制剂。Pret A Manger 虽然并不提供三明治的预订服务，但是会在店中一天制作数次三明治。那些在一天之内没有卖出的三明治，会与其他食品一起被送给慈善机构。

即使是 Halal Guys——一家在纽约取得高度成功的中东街头食品餐馆集团，也计划在美国、加拿大和亚洲开设 200 家实体店面，其公司顾问说："我们要把公司打造成中东美食中的小辣椒公司。"[4]

麦当劳快餐模式已经扩张到休闲餐饮——更高档的、更昂贵的、"快速休闲"的实体连锁饭店。这类饭店中的汉堡连锁店，包

---

[1] Stacy Perman. *In-N-Out Burger.* New York: Collins Business, 2009, p. 26.
[2] www.pret.com/about.
[3] Stephanie Clifford. "Would You Like a Smile With That?" *New York Times*, August 6,2011.
[4] Alex Vadukul. "Cashing in on Halal Street-Food Cred, All the Way to the Strip Mall." *New York Time*s, June 15, 2014.

括 Shake Shack 及其 ShackBurger[①]。美国汉堡名店 Smashburger 是现在最热门的新汉堡连锁，因其一种通过钢模具制成的酥脆汉堡而出名。不过，主流的价格昂贵的连锁饭店则向顾客提供更多的选择，而不仅仅是一种主打菜品。这种连锁饭店包括澳拜客牛排（Outback Steakhouse）、奇力（Chili's）、橄榄花园（Olive Garden）、芝乐坊（Cheesecake Factory），以及红龙虾（Red Lobster）。

　　莫尔顿牛排坊（Morton's）是更高档的、更昂贵的牛排连锁店[茹丝葵（Ruth's Chris）也是这样的高档牛排连锁店]，但它却公开模仿麦当劳快餐模式："除了那奉承、讨好式的服务和巨长的酒单，莫尔顿牛排坊提供的食物，同样符合使美国快餐连锁店统治整个世界的那些规定，即样式统一（uniformity）、成本控制、配方监管（portion regulation）。"[②] 事实上，莫尔顿牛排坊的首席执行官——也是温迪国际快餐连锁集团的老板——也承认，"我在温迪国际快餐连锁集团的经验，对于经营莫尔顿牛排坊很有帮助"[③]。为了实现统一性，员工完全"按照指南行事"："所有原料都配有插图，集中在一个活页夹里，它准确、严格地规定了莫尔顿牛排坊的厨房用品、调料与配菜的规格。在每一家莫尔顿牛排坊分店的厨房中，都挂着一排彩色的图片，用来展示所有菜品。"[④][⑤] 每一家莫尔顿牛排坊分店

---

　　① http://finance.yahoo.com/blogs/daily-ticker/1-500-people-waited-in-a-seven-hour-line-to-get-a-shake-shack-burger-would-you.
　　② Glenn Collins. "A Big Mac Strategy at Porterhouse Prices." *New York Times,* August 13, 1996.
　　③ 同上注。
　　④ 同上注。
　　⑤ 一家类似的牛排连锁店茹丝葵声称——尽管并非底气十足——"我们的概念不同于麦当劳快餐店的概念"（Glenn Collins. "A Big Mac Strategy at Porterhouse Prices." *New York Times,* August 13, 1996）。即使它的这一声称是真实的（但值得怀疑），也表明了麦当劳已经成了一种标杆，所有饭店都必须主动或被动地确立与麦当劳一致或相对立的标准。

第一章 导　论

都提供包间，包间具有标准化的特征，包括"最先进的高清卫星电视信号接收器、下拉式大银幕、高保真家庭影院音响等，并提供免费 Wi-Fi 高速上网和播放服务"。

其他类型的实体行业也日益采用快餐行业的原则来开展其经营活动。玩具反斗城（Toys "R" Us）的副总裁说："我们希望把我们的公司打造成麦当劳快餐店那样的玩具连锁店。"①（有意思的是，玩具反斗城现在正在衰落，因为它不能与麦当劳化程度更高的沃尔玛展开玩具业务的竞争。）儿童运动娱乐健身俱乐部（Kidsports Fun and Fitness Club）的创立者也有类似野心："我要把公司建设成为儿童娱乐与健身行业中的麦当劳。"② 其他具有类似抱负的连锁店还包括盖璞（Gap）、捷飞络公司（Jiffy Lube）、AAMCO 汽车传动公司（AAMCO Transmissions）、弥达斯消声器 & 制动商店（Midas Muffler & Brake Shops）、卓越理发（Great Clips）、H&R 布洛克税务公司（H&R Block）、配立得眼镜公司（Pearle Vision）、倍力健身公司（Bally's）、美国露营连锁集团（Kampgrounds of America，又称露营行业中的麦当劳）③、肯德基爱心关怀中心（KinderCare，又称 "Kentucky Fried Children"）④、珍妮·克莱格体重管理（Jenny Craig）、家得宝公司（Home Depot）、宠物大卖场公司（PetSmart），以及"曲线美"公司（Curves，号称世界上最大的女性健身中心连

---

① Timothy Egan. "Big Chains Are Joining Manhattan's Toy Wars." *New York Times,* December 8, 1990.
② Stacey Burling. "Health Club…for Kids." *Washington Post,* November 21, 1991.
③ Andrew Adam Newman. "A Place to Camp, and Make Memories." *New York Times,* June 18.
④ Tamar Lewin. "Small Tots, Big Biz." *New York Times Magazine,* January 19, 1989.

锁公司）等等①。欧洲廉价航空公司瑞安（Ryanair）推行一种所谓的瑞安化过程，实际上意在复制麦当劳模式②。

麦当劳在国际市场竞争中已经取得了非凡的成功。麦当劳的大部分分店在国外（在20世纪80年代中期，其国外分店只占25%）③。麦当劳的年营业额的一半以上来自国外分店④。麦当劳2014年甚至在越南胡志明市开设了第一家分店⑤，到2016年已经在那里开设了14家分店。截至2016年，麦当劳在日本的分店最多，为3 000多家⑥。在中国，截至2016年，已经有2 000多家麦当劳快餐店⑦。（不过，百胜餐饮集团在中国经营着5 000多家肯德基——中国人更喜欢鸡肉而不是牛肉⑧。百胜餐饮集团在中国的扩张速度比麦当劳更快⑨。）即使是一贯追求高雅食物的法国，也已经成了麦当劳的第二大营利市场（第一大营利市场是美国）⑩。截至2016年，在俄

---

① www.curves.com/about-curves; Lauren L. O'Toole. "Mcdonald's at the Gym? A Tale of Two Curves." *Qualitative Sociology* 32 (2009): 75-91.

② Maik Huttinger and Vincentas Rolandas Giedraitis. "Ryanization: How One European Airline Exemplifies the 'McDonaldization' Model." *Ekonomika/Economics* 89 (2010): 123-132.

③ www.aboutmcdonalds.com/content/dam/AboutMcDonalds/Investors/McDs2013 AnnualReport.pdf.

④ www.aboutmcdonalds.com/content/dam/AboutMcDonalds/Investors/McDs2013Annual Report.pdf.

⑤ Mike Ives. "McDonald's Opens in Vietnam, Bringing Big Mac to Fans of Banh Mi." *New York Times,* February 8, 2014.

⑥ www.mcdonalds.co.jp.

⑦ www.chinaretailnews.com/2014/04/21/7055-fast-growth-equals-more-fast-food-for-mcdonalds-in-china/; www.reuters.com/article/2013/10/28/us-china-fastfood-idUSBRE 99Q0CC20131028.

⑧ www.yum.com/brands/china.asp.

⑨ www.bloomberg.com/news/2011-01-26/mcdonald-s-no-match-for-kfc-in-china-where-colonel-sanders-rules-fast-food.html.

⑩ Michael Steinberger. "Can Anyone Save French Food?" *New York Times*, March 28, 2014.

第一章 导　论

罗斯已经有将近600家麦当劳快餐店[①]。事实上，很多其他快餐店在俄罗斯也取得了成功；俄罗斯人似乎很爱美国快餐食品[②]。在英国，尽管麦当劳最近有所衰退，但这个国家仍然保有"欧洲快餐之都"的称号[③]。以色列也"被麦当劳化了"，那里的大型购物中心很多，而在这些购物中心中遍布诸如"Ace五金公司（Ace Hardware）、玩具反斗城、欧迪办公公司（Office Depot），以及天使冰王（TCBY）等等公司的身影"[④]。

很多非快餐实体行业因高度麦当劳化，也取得了全球性的成功。沃尔玛是世界上最大的实体零售商，拥有230万雇员（其中一半在美国），截至2016年，其年销售收入达5 000亿美元。沃尔玛1991年首次在国外（墨西哥）开设了分店，现在在国外开设的分店已达11 695家，这些国家包括阿根廷、巴西、加拿大、智利、中国、哥斯达黎加、萨尔瓦多、危地马拉、洪都拉斯、印度、墨西哥、日本、尼加拉瓜、波多黎各以及英国。[⑤]虽然沃尔玛正在竭力成为一个较大的网络化商家，但目前它仍然以实体店为主体。

其他国家也出现了与麦当劳快餐连锁店类似的各种连锁集团。加拿大出现了提姆·霍顿咖啡零食连锁店（Tim Hortons，1995年已经与温迪国际快餐连锁集团合并，2014年又被汉堡王收购，目

---

① www.mcdonalds.ru/.

② Andrew E. Kramer. "Delivering on Demand: American Fast Food Meets a Warm Reception in Russia." *New York Times,* August 4, 2011.

③ Robin Young. "Britain Is Fast-Food Capital of Europe." *Times* (London), April 25, 1997.

④ Ilene R. Prusher. "McDonaldized Israel Debates Making Sabbath 'Less Holy.'" *Christian Science Monitor,* January 30, 1998, p. 8; Uri Ram. "Glocommodification: How the Global Consumes the Local McDonald's in Israel." *Current Sociology* 52 (2004): 11-31.

⑤ http://corporate.walmart.com/our-story/.

前是 Restaurant Brands 的一部分），截至 2016 年，其已经拥有 4 500 家连锁分店（其中 700 家在美国）[1]。提姆·霍顿咖啡零食连锁店是加拿大最大的食品服务提供商，在加拿大，其连锁店的数量比麦当劳快餐店多得多，控制着加拿大的咖啡餐饮市场[2]。尽管法国人一直想努力恢复传统资产阶级的经典法国面包的生产与销售[3]，但实际上甚至连一直享有盛誉的法国面包也已麦当劳化了[4]。越来越多的法国餐厅提供流水线生产的食物，而不是它们自己厨房生产的食物。总之，在 2013 年的法国，人们花在快餐店中的钱已经首次超过了花在传统饭店中的钱。[5] 印度也有自己的快餐连锁店，如印度尼鲁拉快餐连锁店（Nirula's），出售羊肉汉堡（印度大约 80% 人口是印度教信徒，他们忌食牛肉）和印度本地菜肴[6]。摩斯汉堡（Mos Burger）是日本的一家连锁店，目前在国内外拥有 1 700 多家分店（包括在澳大利亚的 6 家分店）[7]。其除了出售寻常菜肴外，还出售日本红烧烤鸡汉堡、大米汉堡，以及玉米糕和小豆年糕汤[8]。

甚至在饱受战争蹂躏的贝鲁特，1984 年也出现了一家本土快餐店——裘斯汉堡（Juicy Burger），该快餐店用彩虹取代了金拱

---

[1] www.timhortons.com/ca/en/about/the-story-of-tim-hortons.php; Les Whittington. "Tim Hortons: Canada Success Story." *Gazette* (Montreal), October 17, 1997.

[2] www.bloomberg.com.

[3] Eric Margolis. "Fast Food: France Fights Back." *Toronto Sun,* January 16, 1997.

[4] Stephanie Strom. "Let Them Eat Bread." *New York Times,* July 12, 2017: D1, D10.

[5] Liz Alderman. "France, of all Places, Finds Itself in a Battle Against Processed Food." *New York Times,* January 30, 2014.

[6] Valerie Reitman. "India Anticipates the Arrival of the Beefless Big Mac." *Wall Street Journal,* October 20, 1993.

[7] www.mosburger.com.sg/global_network.php.

[8] 参见摩斯汉堡网站 www.mos.co.jp 及摩斯汉堡 2008 年商业报告。

第一章 导 论

门,用裘斯汉堡小丑取代了"麦当劳大叔"。其老板希望将其打造成阿拉伯世界的"麦当劳"。[①]而且,即使是在最不可能的地方——伊朗的德黑兰——也出现了一家麦当劳的克隆连锁店,名叫Mash Donald's,并且它集肯德基、必胜客、汉堡王的克隆于一体[②]。

现在麦当劳化正在"风水轮流转"。那些有着自己的本地麦当劳化组织的国家,也开始把它们反向输入美国。英国的Pret A Mange公司前面已经提及。危地马拉咔贝乐(Pollo Campero)餐饮集团有限公司成立于1971年,到2011年已经在拉美各国以及另外几个国家(包括美国)开设了350多家分店。[③]快乐蜂(Jollibee)是菲律宾的一家连锁集团,共有3 000家分店,其中包括在美国的多家分店[④]。2016年,它收购了Smashburger 40%的股份。尽管咔贝乐餐饮集团有限公司的美国市场占有率比起美国人拥有的快餐连锁店特贝乐(Pollo Tropical,意思是热带鸡)要小得多[后者总共有160多家分店,绝大多数在美国(包括波多黎各),只有小部分在拉美][⑤],但是咔贝乐餐饮集团有限公司十分重要,因为它表明了美国这个快餐之乡,也受到了外国(危地马拉)连锁店的入侵。而快乐蜂收购Smashburger的大量股份表明,即使是在美国,快餐行业也难免受到外国竞争的影响。连新西兰一家名为BurgerFuel的小

---

① Alison Leigh Cowan. "Unlikely Spot for Fast Food." *New York Times*, April 29, 1984.
② Thomas Erdbrink. "Iran Capitalizing on a Taste for America's Biggest Brands." *New York Times*, August 2, 2015.
③ www.campero.com/about-us.aspx; "Pollo Campero Refreshes Brand Logo Getting Ready for Expansion." *Business Wire*, June 16, 2006.
④ www.jollibee.com.ph/international/usa/store-locator.
⑤ www.pollotropical.com/franchising/markets/; Hugh Morley. "A Hunger for the Hispanic: Combining Fast Food, Ethnic Cuisine." *The Record* (Bergen County, NJ), March 22, 2006; www.pollotropical.com.

规模的高档汉堡连锁店，也已在 6 个国家开设了 88 家分店，并计划把分店开到美国。[1]

瑞典宜家家居公司是一家以瑞典为基地（但由荷兰人拥有）的家居用品公司。一方面它高度麦当劳化，另一方面它本身又具有鲜明的独特性。事实上，一些人认为，存在一种与麦当劳化不同的"宜家化"。瑞典宜家家居公司在 48 个国家开设了近 400 家实体仓储式商店，2016 年吸引了 6.84 亿顾客，营业额达 350 亿美元。[2] 其产品销售目录用 29 种语言印制，有 62 种版本，发行了 2.12 亿份[3]。事实上，那个目录每年的发行量在世界上仅次于《圣经》[4]。宜家家居公司还把实体商店与数字世界联结起来，据其官网的数据，2016 年其访客达到 21 亿人次[5]。宜家家居公司在欧洲是如此有名和受欢迎，以至于"据说每 10 个欧洲人中就有 1 个人睡在宜家家居公司生产的床上"[6]。H&M 服装公司则是另一家重要的特许经营连锁集团。其成立于 1947 年，目前在 62 个国家拥有 4 000 家店面[7]，雇用了 13 万多员工，2016 年的销售收入达 220 亿美元[8]。飒拉（Zara）也是一家重要的国际性服装企业，1975 年开设其第一家

---

[1] Jonathan Hutchison. "High Octane Burger Chain From New Zealand Aims at the U.S." *New York Times*, May 12, 2014.

[2] Lauren Collins. "House Perfect: Is the IKEA Ethos Comfy or Creepy?" *New Yorker*, October 3, 2011.

[3] 同上注。

[4] "Stylish, Swedish, 60-ish; IKEA's a Global Phenomenon." *Western Mail*, May 20, 2003.

[5] http://franchisor.ikea.com/Whoweare/Documents/Facts%20 and %20Figures%202013.pdf.

[6] Lauren Collins. "House Perfect: Is the IKEA Ethos Comfy or Creepy?" *New Yorker*, October 3, 2011.

[7] http://about.hm.com.

[8] http://about.hm.com; H&M 2013-2014 Three-Month Report.

店铺，如今已经在 90 多个国家拥有 2 000 家店面。目前，飒拉已经成为西班牙时尚零售集团爱特思（Inditex）旗下的一个子公司。爱特思在全世界有 7 200 多家分店，经营和销售 9 种不同品牌的服装。① 到 2015 年，爱特思的销售额累计已经超过 21 万亿欧元②。

上文花了较大篇幅来强调麦当劳快餐店和其他麦当劳化的实体行业在空间上的扩张，但是它们除了这种空间上的扩张外，还在营业时间上进行拓展。麦当劳快餐已经把其关注重点从增加分店转向延长既有分店的营业时间，以从每一分店攫取更多的利润。例如，麦当劳快餐店最初并不提供早餐，但是现在提供早餐已经成为其最重要的日常服务，并且在美国，麦当劳已经统治了快餐早餐市场。麦当劳还存在一周 7 天、每天 24 小时营业的趋势。2002 年，在美国只有 1% 多一点的麦当劳快餐店实行 24 小时营业，但是到 2009 年，在美国大约 40% 的麦当劳快餐店已经实行 24 小时营业。而且，美国绝大多数麦当劳快餐分店在早上 5 点就开门迎客③。与空间一样，时间不再是麦当劳快餐店与麦当劳化扩张的障碍。

六、麦当劳化的"长臂"

不仅麦当劳的商业模式的影响日益增长，对社会文化的影响日益增长（下文还将论及），而且其一直努力拓展和扩张它在美国社

---

① www.inditex.com.
② 同上注。
③ Michael Arndt. "Mcdonald's Goes 24/7," www.msnbc.msn.com/id/ 16828944; 麦当劳 2008 年年度报告。

会以及其他国家社会的影响。正如这家公司的董事长所说,"我们的目标……就是要让麦当劳处于支配地位"[1]。

麦当劳最初只出现在大城市的郊区与中等城镇中,后来才逐步进入小城镇,而以前人们认为这样的小城镇无法让这样的餐厅生存下去,同时也认为它不会进入大城市的中心,因为大城市中心的人们生活更精致[2]。但是在今天,你可以在纽约时代广场找到很多快餐店。在巴黎,麦当劳不仅仅出现在香榭丽舍大街[3],甚至出现在卢浮宫中。1992年,一家麦当劳快餐店在莫斯科普希金广场开张营业,不久后便几乎每天都可以卖出3万份汉堡。它雇用了1 200名年轻员工,每两人在一台现金收款机边工作。[4][5]1992年年初,一家到现在仍可能是世界上最大的麦当劳快餐店在北京开张营业,设有700个座位、29台收款机,雇用了将近1 000名员工。开业第一天,它就创造了麦当劳快餐店日营业的新纪录,为4万名顾客提供了服务[6]。更让人吃惊的是,在美国大峡谷(Grand Canyon)中有麦当劳快餐店,在马来西亚那座曾经的世界最高建筑——国油双峰塔——中有麦当劳快餐店,在瑞典的一处斜坡上有一家能滑雪通过

---

[1] Richard L. Papiernik. "Mac Attack?" *Financial World,* April 12, 1994.

[2] Laura Shapiro. "Ready for McCatfish?" *Newsweek,* October 15, 1990; N. R. Kleinfeld. "Fast Food's Changing Landscape." *New York Times,* April 14, 1985.

[3] Henry Samuel. "Mcdonald's Restaurants to Open at the Louvre." *Daily Telegraph.* www.telegraph.co.uk/news/worldnews/europe/france/6259044/McDonalds-restaurants-to-open-at-the-Louvre.html.

[4] Louis Uchitelle. "That's Funny, Those Pickles Don't Look Russian." *New York Times,* February 27, 1992.

[5] 国防信息中心网站为 www.cdi.org/russia(现在该网站已经找不到)。

[6] Nicholas D. Kristof. "Billions Served (and That Was Without China)." *New York Times,* April 24, 1992.

第一章 导 论

的麦当劳快餐店，在英国什鲁斯伯里的一座13世纪的建筑中也有一家麦当劳快餐店。

人们甚至可以在古巴东南关塔那摩湾美国海军基地与美国五角大楼中发现麦当劳快餐店的踪迹。在那些无法开设完整的快餐店的地方，需要大型快餐店配送的小型快餐卫星店也在快速扩张。我们在大城市的小店中，以及在非传统的场所如博物馆、百货店和加油站中[1]，甚至在校园中都能够找到这样的快餐卫星店。这些卫星店提供的食物品种往往很有限，需要更大的分店预备与即时配送各种食物[2]。甚至在位于波士顿的联邦法院中，我们也发现了一家麦当劳快餐店的旗子在迎风招展[3]。

快餐店已不再满足于仅开在大学的周边地带，而是直接开进了很多大学校园。1973年，第一家校园快餐店在辛辛那提大学校园内开业。今天，大学的自助餐厅看起来就像大型购物中心的餐饮区（如果考虑到大学饮食服务是一年数十亿美元的大生意，就不足为奇了）。[4] 万豪国际集团通过与各个"品牌"（例如必胜客和赛百味）合作，为很多大学与学院提供餐饮服务[5]。很多大学的管理部门明确许

---

[1] Gilbert Chan. "Fast Food Chains Pump Profits at Gas Stations." *Fresno Bee,* October 10, 1994.

[2] Cynthia Rigg. "McDonald's Lean Units Beef Up NY Presence." *Crain's New York Business,* October 31, 1994.

[3] Anthony Flint. "City Official Balks at Placement of McDonald's at New Courthouse." *Boston Globe,* March 9, 1999.

[4] Anita Kumar. "A New Food Revolution on Campus." *St. Petersburg Times,* May 11, 2003.

[5] Carole Sugarman. "Dining Out on Campus." *Washington Post/Health,* February 14, 1995.

可这种做法，使快餐店获得了能够进一步影响年青一代的有利条件。

现在沿着公路分布的、方便驾车者的休息站，都提供快餐或方便食品。驾车者在这里"加油"（就餐）之后，可以继续他们的旅程，并可能在以同样密度分布着各种各样的快餐店的下一个社区歇脚。在旅馆中，在火车站，在飞机场，人们也日益可以享受到这些快餐。[①]

在社会的其他领域和部门中，快餐也产生着虽很微妙但十分深刻的影响。麦当劳等快餐食品，以及诸如此类的食品，已经出现在高级中学和中等职业学校中。[②] 美国学校食品服务协会营养部主任说："今天的孩子们生活在一个快餐食品已成为一种生活方式的世界中。对我们来说，要想让孩子们在课间吃东西，我们就必须提供某些他们熟悉且喜欢的食品。"[③] 初中以及小学等更低年级的学校，很少设有校内快餐店；然而，其中很多学校不得不调整了其自助餐厅的菜单，以制作现成的快餐食品[④]。孩子们可能会把苹果、酸奶和牛奶直接扔进垃圾桶，但是对汉堡、炸薯条、奶昔则会狼吞虎咽。在这些学校周围步行可达的范围内，往往快餐店密布。[⑤] 在美国伊利诺伊州，快餐食品牢牢抓住学龄儿童的努力又达到了一种新

---

① Edwin McDowell. "Fast Food Fills Menu for Many Hotel Chains." *New York Times,* January 9, 1992.

② Dan Freedman. "Low Fat? The Kids Aren't Buying; Districts Struggle to Balance Mandates for Good Nutrition With Reality in the Cafeteria." *The Times Union,September* 22, 2002.

③ "Back to School: School Lunches." *Consumer Reports,* September 1998.

④ Mike Berry. "Redoing School Cafeterias to Favor Fast-Food Eateries." *Orlando Sentinel,* January 12, 1995.

⑤ "Pediatric Obesity: Fast-Food Restaurants Cluster Around Schools." *Obesity, Fitness and Wellness Week,* September 24, 2005.

第一章 导 论

高度，这里的麦当劳快餐店实施了一个叫作"优生赠芝士汉堡"的项目。它宣布那些成绩报告单为 A 的学生，可以免费获得一个芝士汉堡，从而把孩子们在学校内的成绩与麦当劳快餐店联系起来。[①] 在澳大利亚，以麦当劳快餐为特色的食物玩具，始终都把甚至小到 3 岁的孩子作为营销对象。这些食物玩具包括："假的麦当劳薯条、自我组装的巨无霸、奶昔、麦乐鸡块（Chicken McNuggets）、烤苹果派和迷你曲奇。"[②] 很多人担心孩子们在玩这样的玩具时真的会把这些东西吃下去。

士兵也要求美国军队在基地中与军舰上提供快餐食品。尽管医生与营养学家批评快餐并不健康，但是快餐连锁店甚至开进了美国的综合性医院和儿童医院。[③] 虽然在私人住宅中确实还没有发现一家麦当劳快餐店，但是家庭膳食常常配备了现成的快餐食品。那些冷冻、微波和预制食品，与快餐店的现成食品十分相似，已经日益走上家庭的餐桌。一些人的家中甚至有相关的烹饪指南——如《快餐食谱秘籍：快餐烹饪手册》，这使得人们在家中也可以做出"真正的"快餐食物。[④] 当然，人们也常常在家中订快餐外卖，特别是比萨，而这正是达美乐的革命性创新。

麦当劳的影响日益扩大的最新例子，就是影院或剧院。这反映

[①] "Grade 'A' Burgers." *New York Times,* April 13, 1986.

[②] Jennifer Curtis. "McDonald's Attacked for Toys That Push Its Fatty Fast Food." *The West Australian* (Perth), January 16, 2007.

[③] Lindsey Tanner. "Pediatric Hospitals That Serve Fast Food Raise More Alarm." *Houston Chronicle,* December 28, 2006.

[④] Gloria Pitzer. *Secret Fast Food Recipes: The Fast Food Cookbook.* Marysville, MI: Author,1995.

在2017年年初的一则新闻头条中:"对年轻影迷来说,AMC剧院就像麦当劳。"[1]例如,AMC剧院依照麦当劳的可计算性原则,特别是尺寸大(如巨无霸汉堡),向顾客提供"巴伐利亚猛兽","一磅半椒盐卷饼,有方向盘那么大"[2]。

快餐的另一种扩张,则涉及所谓的"垂直的麦当劳化"[3];也就是说,正如施洛瑟(Eric Schlosser)的《快餐国家》(*Fast Food Nation*)一书所指出的,快餐行业已经迫使其他行业服务于快餐行业的麦当劳化,以满足其贪得无厌的要求。土豆种植与加工、养牛场、肉鸡养殖业,以及屠宰加工业,全部都不得不使其经营麦当劳化,这导致产量的急剧增加。然而,这种增加并非没有成本与代价。

正如电影《食品公司》(*Food, Inc.,2008*)所揭示的,肉禽将更可能受到疾病的侵袭,小规模经营的(常常也是非麦当劳化的)生产者和牧场主,已经被排挤出市场,数百万人不得不从事低工资、无尊严、要求苛刻、有时甚至极其危险的工作。在肉类加工业,诸如斯威夫特(Swift)、阿莫尔(Armour)等曾经家喻户晓的公司的相对安全、有工会、有保障、负责任和工资较高的工作,已经被那些大量的无名公司的不安全、无工会、无保障、无管理与相对低工资的工作取代。某些人(大老板、大经理与大股东)从垂直的麦当劳化中攫取了大量利润,但很多小老板、小经理与小股东则沦落到行业的边缘。

麦当劳快餐模式是一种如此强大的模式,以至于很多行业都

---

[1] Brooks Barnes. "To Woo Young Moviegoers, AMC Thinks Like McDonald's." *New York Times* April 10: B4.
[2] 同上注。
[3] 这种讨论源于:George Ritzer. "Revolutionizing the World of Consumption." *Journal of Consumer Culture* 2 (2002): 103-118.

第一章 导 论

获得了以"麦当劳式"开头的昵称。诸如那些免下车诊所,被称为"麦当劳式牙医"和"麦当劳式医生",它可以快速而高效地处理小的牙科问题和其他疾病[1];诸如爱心关怀公司之类的儿童保健中心等,被称为"麦当劳式小孩托育中心";诸如 D. 韦恩·卢卡斯(D. Wayne Lukas)的全国赛马训练营,被称为"麦当劳式赛马";以及诸如《今日美国》报纸———一种英文读物———等,被称为"麦当劳式报纸"[2]。(一些学者还把色情舞蹈的麦当劳化称为"麦当劳式性爱"[3]。)但是麦当劳快餐并非总是无原则地迷恋这种渗透和扩散。以"我们是寿司"(We Be Sushi)为例,这是一家位于旧金山的连锁店,有六家分店。其菜单的背面有个说明,解释为什么这家连锁店不叫"麦当劳式寿司":

> 本店原打算取名为麦当劳式寿司。我们的招牌都立起来了,并且我们都准备好开门营业了。但是,你猜对了,就在这时,麦当劳快餐店给我们送来了正式的律师函。麦当劳快餐店似乎一直致力于把从贝果到塔可等诸如此类的食品冠以"麦当劳式"的名称,垄断整个食品市场。律师反对我们使用麦当劳式寿司这个名字,认为这会有损麦当劳快餐店的形象。[4]

---

[1] George Anders. "McDonald's Methods Come to Medicine as Chains Acquire Physicians' Practices." *Wall Street Journal,* August 24, 1993.

[2] Peter Prichard. *The Making of McPaper: The Inside Story of* USA TODAY. Kansas City, MO: Andrews, McMeel and Parker, 1987.

[3] Terri Deshotels, Mollie Tinney, and Craig J. Forsyth. "McSexy: Exotic Dancing and Institutional Power." *Deviant Behavior* 33 (2012): 140-148.

[4] 本案例要感谢李·马丁(Lee Martin),他让我注意到了这个案例。

社会的麦当劳化（第9版）

麦当劳化是如此有力量，以至于麦当劳快餐的各种衍生物，也会发挥自己强有力的影响。例如，《今日美国》的成功，导致美国很多新闻报纸采用更短的故事和彩色图片。正如《今日美国》的一名编辑所言："那些称我们为麦当劳式报纸的报纸编辑，照样一直在偷窃我们的'麦乐鸡块'。"① 甚至诸如《纽约时报》和《华盛顿邮报》之类的严肃报纸，也因为《今日美国》的成功而采取了很多变革（例如采用彩色印刷）。《今日美国》对美国很多地方报纸的影响也十分明显。② 与《今日美国》一样，这些报纸刊登的故事往往不会超过一个版面。很多重要的细节，一个故事的大部分背景，很多原本不得不说的重要内容，都被狠狠压缩甚至完全省略。这样的一种新闻报纸，突出强调的是短新闻和彩色图片，其主要职能似乎已经变成娱乐读者。

与社会的其他层面完全一样，性也已被麦当劳化了③。在纽约，有位官员称那里的一幢三层楼高的色情中心为"性的麦当劳快餐店"，因为那里的"小甜心都一样干净、清纯，能为法律所容许"④。在电影《傻瓜大闹科学城》（Sleeper）中，导演伍迪·艾伦（Woody Allen）编造了一个未来世界，在其中麦当劳快餐是一种重

---

① Peter Prichard. *The Making of McPaper: The Inside Story of* USA TODAY. Kansas City, MO: Andrews, McMeel and Parker, 1987, pp. 232-233.

② Howard Kurtz. "Slicing, Dicing News to Attract the Young." *Washington Post,* January 6, 1991.

③ Kathryn Hausbeck and Barbara G. Brents. "McDonaldization of the Sex Industries? The Business of Sex." In George Ritzer, ed., *McDonaldization: The Reader,* 3rd ed. Thousand Oaks, CA: Sage, 2010, pp. 102-117.

④ Martin Gottlieb. "Pornography's Plight Hits Times Square." *New York Times,* October 5, 1986.

第一章 导 论

要且无处不在的要素；同时，他还虚构了这样一个社会，在其中人们可以进入一种叫作"性欲高潮诱导器"的机器，不需要通过与异性接触，就可以体验到性高潮。

有一家美国色情网站模仿标准化的油管（YouTube）界面，提供各种成人内容，用户可以浏览这个网站或嵌入他们自己的网页。网站中充满了视频聊天网址，点击这些链接后，用户可以看到各种性表演。大型免费分类广告网站克雷格列表（Craigslist.org）所设的临时邂逅板块，为来自世界每个城市的人提供了一个集中的界面，以供其寻找性伙伴。Tinder 是一个人们通常以"勾搭"为目的的网站，但很多长期关系，甚至是婚姻关系，可以通过在 Tinder 上的初次接触而产生。有各种各样的网络场景，被成人娱乐产业叫作"远程性爱"，使用户可以通过网络而刺激另一个人。成人角色扮演游戏（3 Fell）[①]是一种虚拟的 3D 环境，在这里用户可以进行即时互动，并进行一种虚拟的性行为（不一定会发生远程性爱）[②]。正如伍迪·艾伦的"性欲高潮诱导器"所显示的，在这种游戏中，"参与者不需要与另一个人会面或发生身体接触，就可以体验到性高潮"[③]。

在一个便捷即王道的世界中，无实质性的性也有一定的吸引力。一个人不需要走出自己安逸的家，而只需要拿起电话或者打开

[①] Sohia Kercher. "First Comes Tinder. Then Comes Marriage?" *New York Times*, April 19, 2017.

[②] http://sociologycompass.wordpress.com/2009/11/02/augmented-reality-going-the-way-of-the-dildo/.

[③] Jean Sonmor. "Can We Talk Sex: Phone Sex Is Hot-Wiring Metro's Lonely Hearts." *Toronto Sun*, January 29, 1995.

电脑并登录相关网站,一种闻所未闻的、充满色情的性世界就会在他眼前跳出来。[1]

所有这些例子都表明,人们生活的方方面面都受到麦当劳化的影响。

我们看到,各种各样的药物都正在使性麦当劳化。万艾可(以及类似的西力士等药物)让男性的性能力更具有可预测性,从而使性麦当劳化。这样的药物也声称可以使人的性动作更快,性生活的持续时间更长。

以上关于麦当劳化的"长臂"之无所不及的简单描述,只是揭示了冰山一角。而受到麦当劳化影响的其他领域还包括[2]:户外娱乐[3]特别是登山(例如依靠登山指南去攀登固定的路线)[4],专业体育运动[5],旅游[6],警察系统[7],刑事司法审判系统[警察判定

---

[1] Jean Sonmor. "Can We Talk Sex: Phone Sex Is Hot-Wiring Metro's Lonely Hearts." *Toronto Sun,* January 29, 1995.

[2] 相关研究参见:George Ritzer, ed., *McDonaldization: The Reader,* 3rd ed. Thousand Oaks, CA: Sage, 2010.

[3] Sera J. Zegre et al. "McDonaldization and Commercial Outdoor Recreation and Tourism in Alaska." *Managing Leisure* 17 (2012): 333-348.

[4] Ian Heywood, "Urgent Dreams: Climbing, Rationalization, and Ambivalence." In George Ritzer, ed., *McDonaldization: The Reader,* 3rd ed. Thousand Oaks, CA: Sage, 2010, pp. 65-69.

[5] Tan Zhi-wu. "McDonaldization of International Top-level Golf Professional Tournament." *Journal of Guangzhou Sport University*, 2010.

[6] Sanette L.A. Ferreira and Gessina W. Van Zyl. "Catering for Large Numbers of Tourists: The McDonaldization of Casual Dining in Kruger National Park." *Bulletin of Geography* 33, September, 2016.

[7] Richard Heslop. "The British Police Service: Professionalisation or 'McDonaldization'?" *International Journal of Police Science & Management* 13 (2011): 312-321.

第一章　导　论

(profiling),"犯罪三次将不再有假释机会"][1],家庭(致力于快速解决家庭问题的书籍、电视节目)[2],麦当劳式学校以及促进它们麦当劳化的政策[3],麦当劳大学[4],网络学习[5]尤其是大规模的在线开放课程(如慕课;参见第七章)[6],整个学术场域包括运动机能学(麦当劳式运动机能学)[7],药物学[8],心理治疗[9],死亡与临终[10],减肥和身体

---

[1] David Wood. "Swift and Sure:McJustice for a Consumer Society." *Criminal Justice Matters* 91 (2013): 10-11; Matthew B. Robinson, "McDonaldization of America's Police, Courts, and Corrections." In George Ritzer, ed., *McDonaldization: The Reader,* 3rd ed. Thousand Oaks, CA: Sage, 2010, pp. 85-100.

[2] Sara Raley. "McDonaldization and the Family." In George Ritzer, ed., *McDonaldization: The Reader,* 3rd ed. Thousand Oaks, CA: Sage, 2010, pp. 138-148.

[3] Gary Wilkinson. "McSchools for McWorld: Mediating Global Pressures With a McDonaldizing Education Policy Response." In George Ritzer, ed., *McDonaldization: The Reader,* 3rd ed. Thousand Oaks, CA: Sage, 2010, pp. 150-157.

[4] Philip G. Altbach. "Franchising: The McDonaldization of Higher Education." *Global Perspective on Higher Education* 2013: 111-113; Andrew Nadolny and Suzanne Ryan. "McUniversities Revisited: A Comparison of University and McDonald's Casual; Employee Experiences in Australia." *Studies in Higher Education*, published online July 2013.

[5] Noel Carroll. "E-Learning: The McDonaldization of Education." *European Journal of Higher Education* 3 (2013): 342-356.

[6] Jason Lane and Kevin Kinser. "MOOC's and the McDonaldization of Global Higher Education." *Chronicle of Higher Education*, September 28, 2012; http://chronicle.com/blogs/worldwise/moocs-mass-higher-education-and-the-mcdonaldization-of-higher-education/30536.

[7] David L. Andrews et al. "McKinesiology." *Review of Education, Pedagogy, and Cultural Studies* 35 (2013): 335-356.

[8] Justin Waring and Simon Bishop. "McDonaldization or Commercial Re-stratification: Corporatization and the Multimodal Organisation of English Doctors." *Social Science and Medicine* 82 (2013): 147-155.

[9] Michael R. Montgomery. "The McDonaldization of Psychotherapy?" *Existential Analysis* 27 (2016).

[10] Zafar Iqbal. "McDonaldization, Islamic Teachings, and Funerary Practices in Kuwait." OMEGA: *Journal of Death and Dying* 63 (2011): 95-112.

的麦当劳化[1],农场养殖与产量激增[2],宗教和宗教仪式[3]与精神[4]的麦当劳化,金融[5],麦当劳式工作(参见第五、第六章)[6],政治("冷政治"对"热政治","免下车民主")[7],以及科学研究,等等。

七、作为美国符号与全球符号的麦当劳快餐

麦当劳快餐不仅逐渐在商业领域占据了核心地位,也在美国与世界的大众流行文化中占据了核心地位[8]。在某个小镇上,一家新的麦当劳快餐店开业,极有可能是十分重要的社会事件。马里兰的一

---

[1] Lee F. Monaghan. "McDonaldizing Men's Bodies? Slimming, Associated (Ir)Rationalities and Resistances." In George Ritzer, ed., *McDonaldization: The Reader*, 3rd ed. Thousand Oaks, CA: Sage, 2010, pp. 119-136.

[2] Andrew J. Knight. "Supersizing Farms: The McDonaldization of Agriculture." In George Ritzer, ed., *McDonaldization: The Reader*, 3rd ed. Thousand Oaks, CA: Sage, 2010, pp. 192-205.

[3] John Drane. The McDonaldization of the Church: Consumer Culture and the Church's Future. London: Smyth and Helwys, 2012; John Drane. "From Creeds to Burgers: Religious Control, Spiritual Search, and the Future of the World." In George Ritzer, ed., McDonaldization: The Reader, 3rd ed. Thousand Oaks, CA: Sage, 2010, pp. 222-227.

[4] Terry Hyland. "McDonaldizing Spirituality." *Journal of Transformative Education*, published online March 16, 2017.

[5] Emeka W. Dumbili. "McDonaldization of Nigerian Banking Industry in the Post-Consolidated Era: An Exploration of the Unavoidable Consequences." *Mediterranean Journal of Social Sciences* 4 (2013): 343-352.

[6] Jos Gamble. "Multinational Retailers in China: Proliferating 'McJobs' or Developing Skills?" In George Ritzer, ed., *McDonaldization: The Reader*, 3rd ed. Thousand Oaks, CA: Sage, 2010, pp. 172-190.

[7] Bryan Turner. "McCitizens: Risk, Coolness and Irony in Contemporary Policy." In George Ritzer, ed., *McDonaldization The Reader*, 3rd ed. Thousand Oaks, CA: Sage, pp. 229-232.

[8] Marshall Fishwick, ed. *Ronald Revisited: The World of Ronald McDonald*. Bowling Green, OH: Bowling Green University Press, 1983.

第一章 导 论

个高中生说："在戴尔市（Dale City），再也没有比这更让人激动的事情了。"[①] 即使是在大城市，那些全国性报纸和全球性媒体也热衷于报道快餐业的进展。

在电视节目与电影中，快餐还具有象征符号的作用。传奇电视秀《周六夜现场》（*Saturday Night Live*）有一次特别讽刺了快餐连锁店，在电影《美国之旅》（*Coming to America*, 1988)、《城市英雄》（*Falling Down,* 1993)、《傻瓜大闹科学城》（1973)、《锡人》（*Tin Men*, 1987)、《苏格兰场》（*Scotland, PA*, 2001)、《快餐国家》(2006)、《地球停转之日》翻拍版（*The Day The Earth Stood Still*, 2008)、《大创业家》(2016）等等中，快餐连锁店都是显眼的角色。

当麦当劳公司计划把雷·克洛克开设的第一家麦当劳快餐店拆除时，雪片般的信件飞入麦当劳公司总部。这些信件说："请不要把它推倒！……如果破坏这一当代文化重要的人工产物，就是在破坏世界上的人们对于你们公司的忠诚和信念。"[②] 最后的结果是，麦当劳公司按照这家快餐店最初的样式进行了重建，并把它改造成了公司的博物馆[③]。一名麦当劳快餐店经理解释说，之所以这样做，"是因为这家麦当劳快餐店……确实已经是美国文物的一部分"。

并非只有美国人有这样的想法。当莫斯科首家麦当劳快餐店

[①] John F. Harris. "McMilestone Restaurant Opens Doors in Dale City." *Washington Post,* April 7, 1988.

[②] E. R. Shipp. "The McBurger Stand That Started It All." *New York Times,* February 27, 1985.

[③] http://news.mcdonalds.com/.

社会的麦当劳化（第9版）

开业时，有一名记者将这家特许经营分店描述为"美国文物的终极标志"[①]。当必胜客在莫斯科开业时，一名俄罗斯学生说："它是美国的一部分。"[②] 一位与巴西的必胜客有关联的经理，在反思快餐店在巴西的扩张时，说他的国家"正在体验由美国人的东西所带来的激情"[③]。马来西亚当地一家肯德基连锁店的老板，在评论肯德基如此流行的原因时说："对于西方的一切事物，特别是美国的一切事物，这里的人都十分喜爱。……他们希望把自己与美国联系起来。"[④] 我们可以更进一步，指出麦当劳快餐——至少在某些方面——已经变得比美国本身更为重要。以前美国驻以色列大使因迪克（Indyk）的故事为例，他在主持耶路撒冷第一家麦当劳快餐店的开业典礼时，头戴印有麦当劳快餐商标金拱门的棒球帽。

有一个十多岁的以色列少年走向他，拿着他自己的麦当劳快餐店棒球帽，递给因迪克大使一支笔，并问："你是大使吗？你可以给我签名吗？"因迪克多少有点不好意思："当然，以前还从来没有人请我签名。"

正当因迪克准备给他签名时，这个以色列少年对他说："哇，来自麦当劳快餐店的大使是这个样子的！你的任务就是到世界各地

[①] Bill Keller. "Of Famous Arches, Beeg Meks and Rubles." *New York Times,* January 28, 1990.

[②] "Wedge of Americana: In Moscow, Pizza Hut Opens 2 Restaurants." *Washington Post,* September 12, 1990.

[③] Jeb Blount. "Frying Down to Rio." *Washington Post/Business,* May 18, 1994.

[④] Thomas L. Friedman. *The Lexus and the Olive Tree: Understanding Globalization.* New York: Farrar, Straus and Giroux, 1999, p. 235.

第一章　导　论

去给麦当劳快餐店主持开业典礼吗？"

因迪克看着这个少年，说："不，不。我是美国驻以色列大使，而不是麦当劳快餐店派出的大使。"因迪克还描述了接下来发生的事情："我问他，'如果我不是麦当劳快餐店派出的大使，你就不要我签名了吗'，那少年回答说，'是的，我不要你签名了'，然后拿着他的帽子就走开了。"[1]

在这里值得一提的是，还有两个体现麦当劳快餐（及其背后的麦当劳化）重要影响的指数。第一个指数是由美国著名的《经济学人》(The Economist) 发布的、半开玩笑式的年度巨无霸指数。该指数显示的是世界上各种货币根据巨无霸的当地价格（美元）来衡量的购买力。之所以使用巨无霸，是因为它是在很多不同国家中都出售的一种统一制式的商品。据2016年的调查，一个巨无霸在瑞士的售价为6.44美元，在美国的平均售价为4.93美元，在中国为2.68美元，在俄罗斯为1.53美元。[2] 这种测量指数至少可以大致显示出各地生活成本的高低以及货币的贬值（中国）或升值（瑞士）。尽管《经济学人》是以一种半开玩笑的态度来统计这个巨无霸指数的，但是这个指数确实体现了麦当劳快餐在世界上无处不在的重要且显赫的地位[3]。

---

[1] Thomas Friedman. "A Manifesto for the Fast World." *New York Times Magazine*, March 28, 1999, pp. 43–44.

[2] bigmacindex.org/2013; "Cheesed Off," The Economist, February 16, 2009.

[3] 一家澳大利亚银行提出了一个类似的"iPod指数"，反映出一个新的全球图标的出现（参见：http://www.smh.com.au/news/technology/ipod-index-trumps-the-bigmac-one/2007/01/18/1169095897045.html）。

社会的麦当劳化（第 9 版）

体现麦当劳在全球的重要地位的第二个指数，就是托马斯·弗里德曼（Thomas Friedman）提出的一个理论：" 任何两个国家，如果它们都开设了一家麦当劳快餐店，并且人们都去麦当劳快餐店就餐，它们之间就不会发生战争。" 弗里德曼称之为 " 预防冲突的金拱门理论"①。还有一种诙谐的说法，认为通向世界和平之路，就在于麦当劳快餐店持续不断地扩张。不幸的是，1999 年北约轰炸塞尔维亚，证明这种说法是错误的，因为在那时那两个地方都已经开设了麦当劳快餐店。

对世界上的很多人来说，麦当劳快餐店已经成为一种神圣的组织②。当第一家麦当劳快餐店在莫斯科开业时，一名员工说：" 它似乎就是法国沙特尔的大教堂，……一个体验'天堂乐趣'的地方。"③ 威廉·S. 科温斯基（William S. Kowinski）认为，那些室内大型购物中心，似乎总是开设有快餐店、其他特许经营店以及连锁店，因此是现代的 " 消费大教堂"，人们到那里去实践他们的 " 消费信仰"④。同样，有一些学者把人们光顾麦当劳化世界的另一个中心要素——迪士尼世界⑤——描述为 " 中产阶级的麦加朝圣，对日

---

① Thomas Friedman. "A Manifesto for the Fast World." *New York Times Magazine,* March 28, 1999, p. 84.

② Conrad Kottak. "Rituals at Mcdonald's." In Marshall Fishwick, ed., *Ronald Revisited: The World of Ronald McDonald.* Bowling Green, OH: Bowling Green University Press, 1983.

③ Bill Keller. "Of Famous Arches, Beeg Meks and Rubles." *New York Times,* January 28, 1990.

④ William Severini Kowinski. *The Malling of America: An Inside Look at the Great Consumer Paradise.* New York: William Morrow, 1985, p. 218.

⑤ Stephen M. Fjellman. *Vinyl Leaves: Walt Disney World and America.* Boulder, CO: Westview, 1992.

第一章 导 论

光中的圣城的义务性拜访"[1]。麦当劳快餐已经获得了其尊贵而显赫的地位,因为实质上所有的美国人以及很多其他国家的人,已在无数的场合下从它的金拱门下(或其免下车的效率店)通过。而且,我们大多数人整天被那些颂扬麦当劳快餐优点的商业广告包围轰炸。这些商业广告是针对不同的受众而量身定制的。这些商业广告也宣扬要把连锁方式引入新的食品行业,主张以新的竞争、新的销售搭配来促进变革。这种无时不在的商业广告,再加上人们不必走太远的路、开太远的车就能在一家麦当劳快餐店用餐的事实,已经把麦当劳快餐店深深地植入大众意识之中。有一项针对学龄儿童的调查,结果显示 96% 的学龄儿童认得出罗纳德·麦当劳,麦当劳老人在学龄儿童中的知名度仅次于圣诞老人。[2] 这些年来,麦当劳快餐店用了很多方式来吸引人们。该连锁集团说麦当劳快餐店一尘不染,食物都是新鲜的,并且有营养;员工都年轻且热情,经理都彬彬有礼且充满爱心;就餐体验本身似乎也充满乐趣;甚至人们在这里消费,就等于间接向帮助疾病患儿的麦当劳之家等慈善组织进行捐助。

八、本书内容安排

因为本书是一本社会科学著作,所以它不能仅仅主张和断言麦

---

[1] Bob Garfield. "How I Spent (and Spent and Spent) My Disney Vacation." *Washington Post/Outlook,* July 7, 1991. 也参见:Margaret J. King. "Empires of Popular Culture: Mcdonald's and Disney." In Marshall Fishwick, ed., *Ronald Revisited: The World of Ronald McDonald.* Bowling Green, OH: Bowling Green University Press, 1983, pp. 106–119.

[2] Steven Greenhouse. "The Rise and Rise of McDonald's." *New York Times,* June 8, 1986.

社会的麦当劳化（第9版）

当劳化正在整个社会扩张；它还必须为这种主张和断言提供各种证据。因此，本书每章都会列举各种例子，来揭示麦当劳化对社会的渗透已经达到了何种程度，以及这种渗透正在如何加速进行。

本书始终关注的是麦当劳化系统（如快餐店、大学）对人们的影响，特别是对到它们那里去消费和工作的顾客与员工的影响。第二章主要讨论麦当劳化的历史与现状，接下来的第三、四章集中讨论各种麦当劳化场所中的消费者，特别是本章所归纳的麦当劳化的四大基本原则——高效率、可计算性、可预测性和控制，以及它们对消费者的各种影响。第五、六章集中讨论在麦当劳化场景中的员工、生产者，以及他们的麦当劳化职业，特别是他们的麦当劳式工作岗位。与对顾客的讨论一样，我们对员工的讨论也从那四个维度进行。第七章将对麦当劳化的第五个维度及其矛盾性的因素——理性的非理性——进行探讨。尽管麦当劳和麦当劳化有很多积极的层面，包括其基本原则，但本书的大部分篇幅是对麦当劳化的批判，而第七章将最直接、最集中、最清晰地体现这种批判，特别是指出其各种非理性，其中最重要的就是无人性化。第七章还讨论了一些相关的争论，并就如何应对麦当劳化的非理性和无人性化进行了讨论。

第二章
麦当劳化的过去与现在

第二章 麦当劳化的过去与现在

第一章除了界定麦当劳化的概念并加以初步讨论之外，还讨论了麦当劳公司本身对其他重要的、实体性的大型消费场所的影响。本章第一部分讨论既可以用来分析这些实体性场所，又可以用来分析日益重要的、数字化的大型消费场所特别是如亚马逊的理论视角和理论框架。第二部分讨论和回顾麦当劳最重要的那些实体性先驱或前身。麦当劳化的基本原则至少有一部分源于这些先驱或前身，同时也至少在一定程度上与这些先驱或前身相适应。第三部分则检视当下麦当劳化的状态，特别关注麦当劳化与实体性和数字性消费场所之间的关系。为此，本章对当下的三家引领性的消费场所麦当劳、沃尔玛、亚马逊进行讨论与比较分析。通过对亚马逊的讨论，本章得出如下结论：大量的消费活动仍然是在麦当劳化的实体场所中完成的，但是数字化的场所越来越形成对前者的有力替代。诸如旅行租赁网站爱彼迎（Airbnb）之类的数字场所正在尝试麦当劳化[①]，而诸如亚马逊之类的网络场所甚至变得比实体店还要麦当劳化。然而，随着这两种世界逐渐相互拓展和渗透，实体世界与数字世界之间的边界日益模糊。实体世界与数字世界彼此的拓展和渗

[①] Katie Benner. "Airbnb Tries to Behave More Like a Hotel." *New York Times*, June 18, 2017.

透，导致的结果就是消费世界呈现出更加麦当劳化的前景。

尽管诸如麦当劳和沃尔玛之类的大型实体企业目前仍然十分兴盛，但是消费行业的其他很多实体企业正在苦苦挣扎或已经死亡。尽管一些实体消费场所消亡了，但绝大多数消费将在那些幸存的实体消费场所中完成。不过，很大一部分消费开始转移到网络中完成，在网络中，实际上几乎所有东西（除了汉堡，至少至今如此）都可以从数字化场所中获得，其中最为著名的就是亚马逊。沃尔玛有数千家生意兴隆的分店，因此仍然是一家强大的实体企业，但是它已成为数字世界中的重要竞争者。数字巨人亚马逊（占据43%的电子商务市场[①]）现在正在成为实体世界的一股重要力量。这一事实进一步模糊了实体世界与数字世界之间的界限。这些趋势表明，不仅实体世界与数字世界之间的区别正在消失，而且二者之间日益相互渗透融合和拓展，逐渐形成一个"实体+数字"的世界，并在此过程中造就了更多更强大的企业或公司。虽然实体世界与数字世界之间的区别正在消失，但是，为了更好地理解今天消费——以及工作——的麦当劳化，我们在头脑中有必要保持二者之间的区分。

一、实体世界的固体性、数字世界的流动性以及实体拓展的现实

我们可以根据齐格蒙特·鲍曼（Zygunt Bauman）关于固体性

[①] Nick Wingfield. "Amid Brick-and-Mortar Travails, a Tipping Point for Amazon in Apparel." *New York Times*, April 30, 2017.

第二章 麦当劳化的过去与现在

与流动性的理论视角[1],来分析实体世界与数字世界之间的区别以及它们彼此之间的关系。在这里我们所关注的具体对象,就是固定世界的大型的实体结构,以及那些更具流动性的现实——存在于数字世界中的那些数字化的大型企业。快餐店显然是固定结构的例子。本章指出,这些实体企业的先驱或前身,就是韦伯所讨论的科层组织,甚至在更极端的情况下就是鲍曼所分析的纳粹集中营[2]及其大屠杀[3](参见下文)。正如韦伯将科层组织视为固体的理性化结构,以及我把快餐店视为麦当劳化结构(一种更具当代色彩的理性化),鲍曼将集中营视为另一种固体的、理性化的结构。固体的结构往往会控制各种各样的流动,包括人口与产品的流动。上述所有的实体结构——科层组织、快餐店,特别是集中营等等——按照韦伯的说法都可以被视为"铁的牢笼"。

然而,鲍曼认为,实体结构特别是涉及消费的实体结构会继续存在,但是它们在很大程度上属于已经过去的、旧的时代。我们现在生活在一个日益具有流动性而非固体性的时代。正如他所指出的,"流动的生活,就是消费生活"[4]。这句话具有双重含义。一方面,流动性正在日益包围我们的生活;另一方面,消费日益等同于

---

[1] Zygmunt Bauman. *Liquid Modernity*. Cambridge, U.K.: Polity Press, 2000; 也见:George Ritzer and P. J. Rey. "From 'Solid' Producers and Consumers to 'Liquid' Prosumers." In Mark Davis, ed. *Liquid Sociology*. New York: Routledge, 2013, pp. 157-176; George Ritzer and Jim Murphy. "Solidity in a World of Liquidity: The Persistence of Modernity in an Increasingly Postmodern World." In Matthias Junge Kron, eds., *Zygmunt Bauman*. Stuttgart: Leske and Budrich, 2002, pp. 51-79 (in German).

[2] 关于大屠杀存在一种十分不同于理性化视角的观点,参见:David Cesarini. *Final Solution: The Fate of the Jews 1933-1949*. New York: St. Martin's Press, 2016.

[3] Zygmunt Bauman. *Modernity and the Holocaust*. Ithaca, NY: Cornell University Press, 1989.

[4] Zygmunt Bauman. *Liquid Life*. Cambridge, UK: Polity Press, 2005, p. 9.

流动性。的确，最近就有一篇文章提出了"流动的消费"的观点[①]。

从固体性转变为流动性的一个极好的例子，就是消费者获取电影与电视节目的方式的变迁。在不久以前，人们通过家庭录像系统来获取电影与电视节目，但很快人们就改成了用DVD。而现在，这些固定的形式在很大程度上都消失了，取而代之的是高度流动性的形式，例如通过网络从美国视频网站Hulu、奈飞（Netflix）、亚马逊以及正在快速增加的各种网站中在线获取。其结果就是那些流动性系统的同质化，消费者越来越不可能拥有电影、电视节目的固定的、物理性的产权，或者说不可能在物理上拥有它们。

用韦伯的话来说，我们周围更新的、更具流动性的，特别是消费领域中的结构，具有更加轻巧的外衣，而不是一种"铁的牢笼"。例如，随着快餐店的免下车、送货到家和网上下单服务的推出，快餐店与过去相比显得更加轻巧、更具流动性，也更少有限制性的结构。顾客过去则必须开车来店里，然后停车，亲自进入店里，最后又回到车中开车回家。然而，正是数字世界集中体现了这种流动性。例如，我们可以在数秒之内轻松便捷地进入亚马逊网站并下载一份电子菜单，或者以类似的方式在音乐服务网站Spotify上获得数字音乐。亚马逊通过高级服装（Prime Clothing）网络营销平台，使顾客在未付款的情况下，可以下单订购3～15件服装，从而强势进入服装销售行业。并且，其快递是免费的，退货也完全免费。为了使顾客能够最终购买他们下单的商品，亚马逊还向购买3件以

[①] Fleura Bardhi and Giana M. Eckhardt. "Liquid Consumption." *Journal of Consumer Research*, forthcoming.

第二章 麦当劳化的过去与现在

上服装者提供折扣价。消费者最终只需要支付打折后的产品价格[①]。这些网店（包括书店、唱片店、服装店等等）不仅本身比传统的实体店更具流动性，而且其提供和销售的很多商品比实体店出售的传统商品更具流动性。例如，数字化的书籍、唱片，显然比传统的纸质书籍、以光盘为载体的唱片更具流动性。

固定的实体消费场所，包括快餐店以及各种超市[②]和商场等等，确实是属于历史中的事物了，但它们永远不会完全消失。然而，随着时间流逝，它们将日益减少固体性并日益增加流动性。例如，今天在超市中销售的很多商品，诸如麦片、罐装食品、洗涤剂和保鲜膜等[③]，都可以通过网络买到。（然而，超市之类的消费场所的流动性程度肯定存在一定限度。例如，大多数消费者会认为还是有必要亲自去超市购买水果、肉和鱼等。）其结果就是，未来将日益属于诸如网络之类的更具流动性的领域，而且这些领域的流动性将会日益增加。各种麦当劳化的中心、越来越多的消费中心，以及其他各种场所，都将日益从实体结构走向数字世界，特别是走向网络世界。

1. 拓展的现实

虽然就目前而言，实体世界与数字世界确实还存在明显的区别，但是我们发现它们相互之间正在日益渗透和融合，并逐渐创造出一种新的、拓展的现实——其既不同于传统的实体世界，也不同

---

① Nick Wingfield. "Amazon Apparel Plan: Try Before You Buy, Send Back the Rest." *New York Times*, June 21, 2017. 该文虽然涉及消费者和消费过程，但重点是流动性的和固体性的消费场所。

② Michael Ruhlman. *Grocery: The Buying and Selling of Food in America*. New York: Abrams, 2017.

③ Julia Moskin. "Is the Supermarket Done For?" *New York Times*, May 17, 2017, p. D7.

于纯粹的数字世界[1]。

近年来，拓展的现实已频繁见诸报端。2016 年出现的《口袋妖怪 GO》游戏，就是一种拓展的现实。在其中，数字化的人物与现实世界的人物相重叠，各种数字性的事物出现在屏幕上，而看起来似乎就在观看者所在的物理位置。也是在 2016 年，斯纳普（Snap）软件引入了各种人物形象，用户可以将自己的照片添加上去，从而使自己呈现出各种不同的外貌。在 2017 年，脸书公布了几项计划，引入了"第一家主流的拓展的现实平台，目的是为人们提供一种途径，通过智能相机镜头来观看他们周围的、经过数字化处理的物理世界"[2]。

从消费的角度看，今天拓展的现实具有高度的流动性，所涉及的网址以一种无缝连接的方式把"数字的和物理的世界融合起来，使购买者可以在两种现实之间无缝转换。……消费者往往会在无通知和提示的情况下，在两个世界间不断地跳跃和转换"[3]。这些"实体的"行业涉及日益相互联系的现实。例如，麦当劳化的实体行业越来越涉及日益相互联系的现实，如越来越具有数字化的内容（在线订购；通过平板电脑在店内点餐），而数字化的行业也日益具有物质性的要素。沃尔玛与中国的一家在线直销公司合作，承诺中国的沃尔玛超市可以向顾客提供一小时送达的递送服务。[4] 沃尔玛超市开始允许消费者在其实体店中选取他们已经在网上定购的

---

[1] Nathan Jurgenson. "When Atoms Meet Bits: Social Media, the Mobile Web, and Augmented Revolution." *Future Internet* (41): 83–91.

[2] Mike Isaac. "New Gamble By Facebook: Augmented Reality Apps." *New York Times,* April 19, 2017, p.B1.

[3] Elizabeth Paton. "A Glimpse of Our Shopping Future." *New York Times*, April 13, 2017.

[4] Lindsey Rittenhouse. "Amazon Should be Terrified by This New Service Walmart is Testing in China." *The Street Video*, May 21, 2017.

第二章 麦当劳化的过去与现在

产品,从而免去了包装费和运费。在 2017 年,沃尔玛开始对从网上订购并到实体店自提的商品提供折扣。它还开始使用一种"提货塔"——基本上就是一种巨大的销售机,在此顾客可以在线选择产品,而不必与任何沃尔玛雇员打交道。① 尽管比起亚马逊来,沃尔玛的在线销售相形见绌,但沃尔玛目前通过强化自己的数字存在而越来越具有竞争力,并因此日益拓展其在实体世界的巨大影响力和优势。

达美乐在全世界有 1.2 万家实体店,也是另一个拓展的现实的极好例子。达美乐曾在 2008 年遭遇销售低谷,分店的开设也遭遇挫折,但是此后公司进行了重构。在重构的过程中,该公司并没有忽视实体店。事实上,近年来该公司花重金对实体店进行了彻底的重新设计;还有,在那些新设计的店面中,比萨仍通过劳动密集型的手工方式制作。然而,达美乐实际上进行了重大的变革,特别是花了很大精力通过各种网店来扩大数字订单和追踪订单。这些措施使达美乐日益获得了高科技公司的名声。自 2008 年以来,达美乐的股票价格增长了 6 倍,公司规模也呈现指数式扩张。②

达美乐和沃尔玛已经走向了数字化。而还有很多其他的公司,原本就是巨大的数字化公司,现在仍然如此。其中的一个例子就是时尚服饰电商 Stitch Fix。与亚马逊的高级服装平台一样,它会根据网络上顾客提供的尺码与陈述的喜好来快递服装。还有一些大型数字化公司,则在努力成为大型的、实体性的、固体性的、有形的销售商。

---

① www.finance.yahoo.com/news/wal-mart-offers-discounts-online-040809027.html.
② Susan Berfield. "Delivering a $9 Billion Empire." *Bloomberg Businessweek*, March 20-29, 2017.

例如，美国曾经最大的网络服装品牌 Bonobos①（2017 年被沃尔玛以 3.1 亿美元的价格收购）是一家在线男装零售电商，在美国已经开设了 30 家实体店。这使得顾客可以先在其实体店试衣，然后再去其网店购买。顾客在离开这些实体店时，不会同时带走他们试图购买的衣服；相反，顾客看好后会在网上下单，被订购的衣服会由生产中心制作，然后直接从仓储中心快递给顾客。②

更重要的是，除了产品的仓储和递送等业务外，亚马逊以前纯粹是一家数字化的电商，但是正如上文所言，其现在已大举进入实体世界，开设固定的实体书店（而且这些实体书店已经占据了整个美国几乎一半的图书市场）、无人便利店（即 Amazon Go）。而且更重要的是，亚马逊已经收购了全食超市公司。正是这一事实使我们看到，实体世界与数字世界之间曾经清晰、明确的界限正在快速消失。例如，Amazon Go 的"拿了就走"系统，使消费者可以亲自去实体店挑选即食食品，甚至是可以让人们在家里最多花 30 分钟就可以做好一顿饭的各种食材的餐包。由于 Amazon Go 把实体世界与数字世界整合在一起，顾客再也不必在收银台排队付款。Amazon Go 还提供免付款购物服务，所有的顾客只需在进入商店后打开自己的 Amazon Go App，对他们想要购买的商品进行扫码，然后就可以带着商品离开商店了。③Amazon Go 具有高度流动性的"在线虚拟现实购物技术"与网络直接相连，利用了计算机视觉、传感器和

---

① Michael de la Merced. "Walmart to Buy Bonobos, Men's Wear Company, for $310 Million." *New York Times*, June 16, 2017.

② John Taggart and Kevin Granville. "From 'Zombie Malls' to Bonobos: America's Retail Transformation." *New York Times*, April 15, 2017.

③ www.amazon.com.

第二章　麦当劳化的过去与现在

深度学习技术①。比起其他实体店或超市，所有这些服务都使得在 Amazon Go 购物更加麦当劳化（特别是更加高效）。优步也是这样干的，通过一个优步 App，乘客可以网上支付叫车，而在乘车时不再需要向司机支付现金。

虽然亚马逊将如何处理全食连锁超市还有待观察，但毫无疑问的是，亚马逊将会把它们整合进数字业务中。例如，亚马逊可能把这些超市作为网上订购的产品的销售中心，或者是其新兴的无人机递送系统的"发射台"。②事实上，亚马逊正在多向扩张，并形成一种让人恐惧的、现代的新垄断——类似于 19 世纪铁路运输垄断，它导致了反垄断法的出台③。

显然，我们还处于这种数字业务与实体业务的相互融合与拓展的初步阶段，数字世界与实体世界之间还在不断协调、不断融合。其可能的前景我们目前还无法准确描述，不过我们可以想象：

> 指示灯不停闪烁的机器人队伍在各种售货场所忙碌，……它们基于面部识别技术，根据消费者的喜好和消费支出历史调整销售策略和销售话语……通过基于语音控制的个人辅助技术，把所有色彩、款式的在售服装信息下载到消费者的智能手机中……3D 打印店……在店面中，飘浮着全息的产品展示图像，当消费者路过时，

---

① 深度学习是一种机器学习。在这种情况下，它是一个自动化系统，使用算法分析大量（大）数据，了解更多关于这些数据的信息，计算各种因素的相对重要性，并预测消费者的选择，告知 Amazon Go 需要（再）进哪些产品，并把那些消费者不需要的产品从货架上撤下来。

② Farhad Manjoo. "In Whole Foods, Bezos Gets a Sustainably Source Guinea Pig." *New York Times,* June 17, 2017.

③ Lina M. Khan. "Amazon's Growing Monopoly Bite." *New York Times*, June 21, 2017.

这些图像会不停地变换。……消费者也可以使用虚拟现实视听头盔以及虚拟的更衣间，在自己的家中完成整个购买过程。然后，无人送货飞行器会把衣服送到消费者的后院或门前。①

尽管数字世界与实体世界之间的区别在逐渐消失，但是在讨论中我们有必要把二者区分开来。这只不过是为了明确地揭示在20世纪实体世界的麦当劳化——这是本书以前各个版本的关注焦点，并进一步揭示世界的麦当劳化在21世纪早期所发生的巨大变迁。当然，实体结构可能仍然同样重要。时尚精品购物平台发发奇（Farfetch）网站的创建者说："我是实体商店的拥护者。它们不会消失，它们将处于刚刚开始的、震撼性的零售革命的中心。"② 然而，作为主要的实体消费场所的购物广场，则将急剧衰落。在这种购物广场中的餐饮区，曾经密布各种快餐连锁店，购物广场本身也往往被各种各样的麦当劳化连锁店占据。这种购物广场，就是下文将要讨论的"麦当劳化的先驱"之一。

2. 工作性质正在改变

上文的分析，主要关注的是消费与消费者，而员工实际上也受到上文所描述的那些变迁的深刻影响。例如，亚马逊无人便利店 Amazon Go 所采取的创新，以及亚马逊收购全食超市公司，对消费者和员工来说，都是十分重要的事件。

---

① Elizabeth Paton. "A Glimpse of Our Shopping Future." *New York Times,* April 13, 2017, p. D2.

② 同上注。

第二章　麦当劳化的过去与现在

目前整个美国大约有 10% 的适龄劳动者工作于零售领域[1]。其中，又有大约 350 万人是收银人员。而 Amazon Go 采用深度学习与人工智能（AI）背后的目标，就是建立自动运行、几乎不需要现场雇员的零售设施。然而，技术的变革，特别是人工智能的应用，所导致的工作岗位的损失，绝非仅仅包括收银岗位，还将包括"银行出纳、客服代表、电话营销员、证券交易员，甚至是律师助理、放射科医师……工厂工人、建筑工人、司机、快递员等等"[2]。以往的历次产业革命和计算机革命，都会创造新的工作岗位来取代旧的、过时的工作岗位，但人工智能革命则会同时消除低工资与高工资的工作岗位，而创造的新工作岗位却可能非常少。

全食超市公司需要很多员工，但当亚马逊收购它之后，极有可能大幅削减其员工数量。亚马逊开发电子支付系统的目的，至少部分在于减少人工收银人员。[3]一旦这一措施实行，那么我们完全可以想象它成为像 Amazon Go 一样的自动化的超市——主要由机器人经营，客户订单也将由无人机送货（亚马逊网站现在已经开始测试使用无人机送货）。

当然，收银员绝非仅有的、其工作因自动化与机器人化而面临日益增加的被取代风险的员工。例如，很多农场工作岗位早已因机械化而被取消。很多流动的农场员工的工作面临一种新的紧迫威胁，那就是用于作物收获的果实采摘机器人的出现，而直到最近，

---

[1] Michael Corkery. "Is American Retail at a Historic Tipping Point?" *New York Times* April 15, 2017.

[2] Kai-fu Lee. "The Real Threat of Artificial Intelligence." *New York Times*, June 25, 2017, p. 4.

[3] Nick Wingfield. "Amazon's Ambitions Unboxed: Stores for Furniture, Appliances and More." *New York Times*, March 25, 2017, p. 7.

人们一直认为这种工作过于微妙因此很难由机器来完成。华盛顿州一位拥有和经营一家大型家庭农场的人说:"我们现在确实在考虑能够提高我们效率的各种方式。"① 使用机器甚至智能机器来取代农场员工,完全符合麦当劳化的高效率的要求。

与之相关的是,工作的性质正在发生急剧变化。实体场景(如快餐店)中的固定工作岗位日益减少,而流动性的虚拟工作岗位增多,"工作日益虚拟化"②。换言之,越来越多的人,被迫或主动选择从传统的、全职的工作岗位转移到零工经济(gig economy)中。以前,他们能够从那种全职工作岗位中获得工资、福利(各种生活或养老补贴)等等③。而在零工经济(工作岗位)中,这些人是"按需"即时招聘、任务完成立马走人的劳动力队伍的一部分④。在这种零工经济中,人们常常从一个短期工作或零工换到另一个短期工作或零工。这样的工作常常不需要任何技能,工资极低。⑤ 我们可以认为,这些员工遭受着严重的剥削,因为他们的工作平台往往

---

① Nicholas K. Geranios. "Fearing Lack of Labor: Growers Look to Robots." *Sarasota Herald Tribune*, April 29, 2017.

② Ursula Huws. "Where Did Online Platforms Come From? The Virtualization of Work Organization and the New Policy Challenges It Raises." In Pamela Meil and Vssil Kirov, eds., *Policy Implications of Virtual Work*, 2017: 29-48.

③ Arne L. Kalleberg and Michael Dunn. "Good Jobs, Bad Jobs in the Gig Economy." *Perspectives on Work*, 2016: 10-19; 74.

④ Nathan Heller. "The Gig Is Up." *The New Yorker*, May 15, 2017, p. 52ff.

⑤ Antonio Casilli. "Venture Labor, Media Work, and the Communicative Construction of Economic Value: Agendas for the Field and Critical Commentary: How Venture Labor Sheds Light on the Digital Platform Economy." *International Journal of Communication* 11 (2017): 2067-2070.

第二章　麦当劳化的过去与现在

只有依靠"从其员工身上攫取价值"才能运转[1]。一些人会通过诸如跑腿兔（TaskRabbit，提供需要完成各种短期任务的微型工作岗位信息）、钟点工（Clickwroker，提供报酬低至以便士计的工作岗位信息）、同城快递（Postmates，提供递送工作信息）和宠物寄养（Dogvacay，提供宠物照料服务信息）之类的数字网站、网络在线平台和App，发布需求信息，零工们就通过这些平台和App与雇主联系。例如优步司机，就是通过网站和App从事类似的零工，同时自动获得报酬。

从事零工的人们，很难仅仅依靠他们从事的零工就能在经济上实现生存，而且这些工作没有任何稳定保障。这些工作毫无稳定性可言；从事零工的人们，属于"朝不保夕者"的一部分。[2]而且，这样的工作是分散且孤立地存在的，最多只与那些要求这样的工作的人相联系。从事这样的工作的人，与其他同类工人之间，不会发生接触与联系。正如有位零工所言："零工经济就是这样一种孤独的经济。"[3]

然而，在零工经济中也存在好的工作岗位，诸如好工作（Upwork）等网站就提供高技能的自由契约的工作（如软件开发等），需要进行开创性的、创造性的劳动，而一些人会辞掉其他工作来从事这种工作，变成零工。零工，特别是创造性的零工工作，

---

[1] Antonio Casilli. "Venture Labor, Media Work, and the Communicative Construction of Economic Value: Agendas for the Field and Critical Commentary: How Venture Labor Sheds Light on the Digital Platform Economy." *International Journal of Communication* 11 (2017): 2067-2070.

[2] Guy Standing. *The Precariat: The New Dangerous Class*. Bloomsbury, 2011.

[3] Nathan Heller. "The Gig Is Up." *The New Yorker,* May 15, 2017, p. 63.

往往也能够让人产生满足感,诸如更能发挥从业者的才能、允许从业者独立自主以自己的方式工作,在处理各种任务的时候拥有更大的灵活性,至少能够在短期打交道的过程中遇到很多新朋友,可以按自己的意愿休一下假。无论其问题与优势如何,在零工经济中工作的人的数量都正在逐渐增加。

事实上,实体性消费场所中的工作也正在受到深刻的影响,相关的人在将来甚至会更多地参与到他们所消费的东西的生产中。在Amazon Go,消费者需要自己挑选他们需要的商品,并且需要自己带着所选择的商品通过一系列扫描完成结账支付。也就是说,随着先进技术的应用,消费者需要无偿完成一系列任务,而这些任务以前在其他各种消费场所中主要是由雇员来完成的。在不久的将来,这将使这些雇员中的很多人(特别是收银人员)失去工作[1],而对没有失去工作的人来说,他们工作的性质也将发生改变。例如,在快餐店中,很多雇员会从后厨转到就餐区工作(例如收拾盘子、进行各种清洁工作等)[2]。

不过,必须指出的是,至少迄今为止,电子商务所创造的新工作岗位(其中很多是零工岗位),要比相应的实体部分所损失的工作岗位多得多[3]。电子商务中的全职工作岗位的薪酬也要比相应的实体工作岗位好得多。然而,那些在实体世界中失去工作的人,未

---

[1] Claire Cain Miller. "Amazon's Move Signals End of Line for Many Cashiers." *New York Times,* June 17, 2017.

[2] Julia La Roche. "McDonald's Is Hiring a New Kind of Employee." Yahoo Finance, April 27, 2017; www.financeyahoo.com.

[3] Dyer Gunn. "The Long and Painful Decline of the Retail Store." psmag.com/the-long-and-painful-decline-of-the-retail-store-2440e58fa57f.

第二章 麦当劳化的过去与现在

必就是在数字世界中找到全职工作的人。事实上，数字世界中的工作岗位主要为拥有更高的教育水平和更丰富的培训经历的人口群体所占据，他们不仅更熟悉数字世界，也有更多数字世界所需要的技能。这种变迁虽然对很多工人而言会产生不利的影响，但是由于使在线购物比在实体便利店或超市购物更加麦当劳化，而取悦了大多数的消费者。

上述关于固体性消费与流动性消费的深入讨论，使我们可以确立一种更好的立场，来讨论与理解麦当劳连锁以及麦当劳化的先驱或前身，以及消费与麦当劳化特别是数字世界的麦当劳化在当下的诸多发展。

二、麦当劳化的先驱

麦当劳与麦当劳化并非凭空出现，相反，它们以一系列的经济与社会发展为先导，这些发展不仅预示了它们的产生，而且赋予了它们基本的特征，我们在第一章中已经初步介绍了这些基本特征[①]。本部分首先将讨论纳粹大屠杀及其"固定的"集中营——一种大规模屠杀方法，其可以被视为韦伯所担心的理性化与科层化逻辑的极端发展。其次，将讨论作为麦当劳化先驱或前身的经济与社会相互交织的发展：随着19世纪末20世纪初泰勒（F. W. Taylor）、福特（Henry Ford）的生产流水线的发明而出现的科学管理、诸如莱维城

---

① 虽然本章讨论的那些先驱并没有耗尽作为麦当劳之先驱的那些理性制度，但它们是理解麦当劳和麦当劳化最重要的先驱。

之类的郊区开发项目以及实体性购物广场的兴衰。所有这些并非有趣的历史，它们大多仍然处于发展演变之中，并与今天密切相关。

1. 纳粹大屠杀：集中营与死亡的大批量生产

马克斯·韦伯对理性化与科层化进行过深入的批判性分析。几乎在一个世纪之后，齐格蒙特·鲍曼指出，韦伯关于这些过程可能出现的最坏后果的担心，已经在纳粹的集中营中变成了现实，而这一切就发生在韦伯逝世（1920年）后的短短一二十年之内。鲍曼认为："纳粹大屠杀乃是现代科层理性之典范。"① 与科层制一样，纳粹大屠杀是西方文明化的独特产物。事实上，鲍曼认为，纳粹大屠杀并不是一种意外或反常现象，而是"十分符合我们所熟知的我们文明的一切：它的指导精神，它的优先强调，它的内在世界观"②。也就是说，纳粹大屠杀需要以现代世界的理性为前提。在前现代、不那么理性化的社会中，这样的大屠杀不可能发生③。前现代社会中的那些程序效率太低了，因此如纳粹大屠杀那样的成百万、上千万人被系统地、有计划地屠杀不可能发生。

我们也可以认为，纳粹大屠杀是以完全理性社会为目标的一种现代社会工程的例子。纳粹认为，一个完美的社会，应是一个没有犹太人存在的社会，一个没有吉卜赛人、男女同性恋者和残疾人存

---

① Zygmunt Bauman. *Modernity and the Holocaust*. Ithaca, NY: Cornell University Press, 1989, p. 149.
② 同上注，p. 8。
③ 然而，在当代的卢旺达，在胡图族与图西族的内战冲突中，估计100天中就有80万人被杀害（是纳粹大屠杀期间犹太人死亡数量的3倍）。他们使用的工具——大砍刀——绝对是非理性化的。参见：Philip Gourevitch. *We Wish to Inform You That Tomorrow We Will Be Killed With Our Families: Stories From Rwanda*. New York: Farrar, Straus and Giroux, 1998.

第二章　麦当劳化的过去与现在

在的社会。希特勒本人把犹太人"鉴定"为一种"病毒",一种必须从纳粹社会中根除的疾病。

纳粹大屠杀有着理性化(因此也有着麦当劳化)的全部基本特征。它是一种毁灭大量人类成员的高效机制。例如,纳粹先进行了一些杀人实验,认为用枪杀死犹太人效率太低;后来,纳粹最终把毒气作为最有效的杀人方式。纳粹还发现,由犹太人自己实施各种杀人任务(如选择下一个被杀的族群)是高效的;而如果不如此,纳粹就得自己去完成这一任务[1]。很多犹太人之所以配合,是因为在那种理性化的系统中,杀人似乎是一种需要做的、"理性的"事情(他们因为能够屠杀他人或自己而感到荣幸)。

纳粹大屠杀也强调数量,例如强调在最短时间内以最低的成本屠杀最多的人[2]。当然,当犹太人一脸麻木地排队进入毒气室时,他们很少关注自己生存的质量,甚至也不关注自己死亡的质量。

从另一种量的意义上看,纳粹大屠杀完全可以被视为大屠杀最极端的例子:

> 与通过现代——理性的、有计划的、以科学为基础的、专业的、高效管理的和协调的——方式而完成的其他事情一样,纳粹大屠杀……使所有前现代的大屠杀都相形见绌、自愧弗如,与纳粹大屠杀相比,它们都是原始的、高成本的、无效率的屠杀。而纳粹大

---

[1] 正如第三章将指出的,快餐店通过使顾客(义务地)完成大量的任务而提高其效率。

[2] Zygmunt Bauman. *Modernity and the Holocaust*. Ithaca, NY: Cornell University Press, 1989.

屠杀远远超越了过去的种族灭绝事件。①

纳粹大屠杀还试图使大批量屠杀常规化、习惯化、例行化。整个纳粹大屠杀过程具有流水线的特征。一列列火车如蛇逶迤,按秩序开进集中营;被杀者排起长队,经历一系列的相关步骤。当这一杀人过程完成时,集中营中的"工人"就会"生产"出成堆的尸体,并进行系统处理。

最后,大屠杀的牺牲者还被强大的无人性的技术管理着:

[奥斯威辛集中营]也是现代工厂系统的一种简单复制。只不过,奥斯威辛集中营不生产商品,其原材料是人,最终生产的是死亡。在它的管理者的"生产表"上,每天详细标记着如此多的生产单元。它的烟囱,完全是现代工厂的标志,向外喷出人体燃烧所产生的酸性烟雾。还有一张巨大的、有组织的现代欧洲铁路网,不停地把新的原材料运到"工厂"。火车像运送其他货物一样运送着"人"这种原材料。……工程师设计了火葬场;管理者则设计了极具活力与运行效率的科层系统。②

毫无疑问,大屠杀表明理性最终会导致非理性。究竟还有什么东西能比以这样一种科层制机器来屠杀成百万、上千万的人更不人道呢?而且,如果要实现这种大屠杀,纳粹就首先必须把那些牺牲

---

① Zygmunt Bauman. *Modernity and the Holocaust*. Ithaca, NY: Cornell University Press, 1989, p. 89.

② 同上注, p. 8。

第二章 麦当劳化的过去与现在

者非人化,即把杀人"简化到可以量化的程度"①。总之,"纳粹德国的科层制机器被用来实现一种不可思议的、非理性的目标"②。

有些读者可能认为,把集中营视为一种被麦当劳化的场景,并进而讨论纳粹大屠杀,似乎太过极端了,甚至是不合理、不明智的。快餐店的气氛显然不同于集中营的气氛。然而,我有充分的理由可以把大屠杀视为麦当劳化的先驱之一。其一,大屠杀是根据形式理性的原则而组织起来的,极其依赖于那种理性的典范——科层制。其二,大屠杀也与工厂系统相关,下文将很快指出,这种工厂系统是麦当劳化的另一个先驱。其三,在今天,形式理性还通过麦当劳化过程而进一步扩散,这验证了鲍曼的"像大屠杀这样的事情会再次发生"的观点。

2. 科学管理：寻找最优方法

麦当劳化的一个虽不那么极端但同样重要的先驱,就是科学管理的发展。事实上,韦伯在讨论理性化过程时,不时提到科学管理。

泰勒在 19 世纪末 20 世纪初发明了科学管理。他的相关思想对整个 20 世纪的工作世界产生了十分重要的影响③。泰勒提出和设计了一系列使工作理性化的科学管理原理,这些原理被无数的巨型组织(如伯利恒钢铁公司)使用——它们在自己的大多数车间中推行

---

① Zygmunt Bauman. *Modernity and the Holocaust*. Ithaca, NY: Cornell University Press, 1989, p. 102.
② 同上注, p. 136。
③ Frederick W. Taylor. *The Principles of Scientific Management*. New York: Harper & Row, 1947; Robert Kanigel. *One Best Way: Frederick Winslow Taylor and the Enigma of Efficiency*. New York: Viking, 1997.

科学管理的思想。

　　泰勒发明科学管理的最初动因,是他认为当时美国深受"工厂的所有日常活动都十分低效"之困,因此需要"提高整个美国的效率";那些追随他的人,后来逐渐被称为"效率专家"。他的"时间与动作"研究,就是要设计一种他认为的"最优的方法"——完成某一工作并获得其结果的最优方式——来取代那些他所说的、在他那个时代处于支配地位的、低效率的、单凭个人经验来完成工作的方法。[1]泰勒认为,管理者需要对完成某项工作的时间与动作进行研究。并且他归纳出了这种研究需要遵循的一系列步骤,包括:首先,找到熟练的工人,研究他们完成工作任务的基本动作(包括他们使用的工具和实施、执行的动作);其次,仔细测量每步动作所需要的时间(可计算性),以找到完成每步动作的最优方式;再次,消除"所有错误、低效率、无用的动作";最后,把最有效的动作与工具结合起来,从而创造完成一项工作任务的"最优方法"。[2]科学管理也极为强调可预测性。显然,泰勒在归纳完成某项工作的最优方法的过程中,确立的是一种所有工人都要使用的方法。泰勒还认为,如果允许工人自己选择完成某项工作的工具与方法,那么必然导致生产力低下,以及产品质量低劣。因此,他试图使生产工具与工作过程完全标准化。泰勒还认为应建立清楚、详尽的标准,以确保所有工人都能够以同一种方法完成某一特定的工作,并因此从根本上保证工人持续进行高质量的工作和生产高质量的

---

[1] Frederick W. Taylor. *The Principles of Scientific Management*. New York: Harper & Row, 1947, pp. 6-7.

[2] 同上注, p. 11。

第二章　麦当劳化的过去与现在

产品。

总之，科学管理产生了一种无人性的技术，对员工施加了极大的控制。当员工遵循泰勒的方法时，雇主发现员工的工作变得更有效率。每个员工都以同样的步骤和速度工作（他们的工作更具可预测性和确定性），而只需要稍微增加员工的工资，就能生产出更多的产品（这是另一种强调可计算性的例子）。因此，泰勒的方法意味着，那些采纳这种方法的人，其收益和利润会大大增加。

与所有其他理性系统一样，科学管理存在诸多非理性。首先，它是一种无人性的系统，在其中，员工被视为消耗品，并被当作一种消耗品来对待。其次，由于员工在其中只能从事一种或少数几种任务，因此他们的大部分技能与能力无法发挥，也得不到利用。

尽管在泰勒的时代，"效率专家"以及时间与动作研究等的影响并不大，但后来它们的影响越来越大，甚至在麦当劳化的当今社会中，我们仍然能够感受到它们的强烈影响。例如，那些汉堡连锁店，会竭力寻找和实施烤制汉堡、烹饪法国煎饼、准备奶昔、应对顾客等等的"最优方法"。它们还把完成各种任务的最有效的方法，编成培训教材，传授给经理，而经理又将之传授给新的员工。快餐店的设计及其采用的各种技术，都是为了以最有效的方式来为更多的顾客提供食物。因此，麦当劳的很多做法，都不是它自己创造的，相反，正是麦当劳把科层制的原则和生产流水线的原则结合在一起，才促进了麦当劳化的产生。

3. 生产流水线：工人变成机器人

与现代科层制和科学管理一样，生产流水线也是在 20 世纪初出现的。科学管理的思想最先在科层化的汽车产业中应用，并促进了这个产业的形成和发展。福特发明汽车生产流水线的最初动机，在很大程度上是节约时间、能源与资金（也就是使汽车制造更加高效）。他认为，如果提高汽车的生产效率，就会提高汽车的产量，而汽车产量的提高会促进汽车价格的下降，而这又会提高汽车的销量，最终会给福特汽车公司带来更多的利润。[①]

在福特生活的那个时代，美国芝加哥肉牛屠宰加工行业通常使用一种架空轨道系统。而从这一系统中，福特获得了建立汽车生产流水线的灵感和启示。他发现，在肉牛屠宰加工工厂中，肉牛倒挂着，沿着架空轨道系统向前移动，并经过一排高度分工的屠宰加工工人——每个工人都实施某项特定的任务，当肉牛移动到终点时，就被完全屠宰分解和加工好了。这一系统显然比让每个屠宰加工工人单独完成所有的任务有效得多。

福特在这一经验的基础上，结合他对汽车生产业务的了解，提出了建立汽车生产流水线的一套原则。直到今天，这套原则仍然被认为是一种高效的模板而被推崇和实施，其内容包括：把与工作相关的动作减少到一个绝对的最小值；汽车组装过程中所需要的部件的移动距离要尽可能缩短；在组装过程的每一工序中，都尽量使用机械的而非人工的方式来移动汽车及其部件到下一工序；以及让工

[①] Henry Ford. *My Life and Work*. Garden City, NY: Doubleday, 1922; James T. Flink. *The Automobile Age*. Cambridge: MIT Press, 1988.

第二章　麦当劳化的过去与现在

人的"每个动作尽可能只完成一项任务",以消除各种繁杂的动作;等等。①

第二次世界大战后,日本采用了美国的生产流水线技术,并为进一步提高生产流水线的效率做出了自己的贡献。例如,日本用自己的备料系统取代了美国的备料系统。这两个系统的功能,都是为制造汽车的操作过程提供所需部件。在美国的备料系统中,所需部件被放在一个车间或箱子中,直到需要时才拿出来。这个系统在某种程度上影响了效率,例如部件的采购与储藏成本会很高,因为这些部件在采购回来后有很长一段时间并不会被用到。为了克服这种无效率,日本发展出了自己的备料系统,即让所需部件在即将被安装到车上时(或即将被用于制造时)才到达生产流水线。这样就使日本汽车公司的所有供应商事实上都变成了汽车生产流水线的一部分。

在这两种备料系统中,生产流水线都使很多生产过程和要素量化,并使汽车或其他产品的产量最大化。在生产流水线上,每个工人所做的任务,如把轮毂盖安装在经过他面前的每辆汽车上,是高度可预测的,并会生产出完全相同的产品。

这种生产流水线也使管理者可以使用各种无人性的技术来对工人进行最大限度的控制。在工人不能完成规定的任务(例如,在汽车经过生产流水线而工人不能及时安装轮毂盖)时,这种控制就显得十分明显。这种生产流水线为工人规定了完成每一工作任务的时间限制,使工人很少甚至根本没有机会采取创造性的方法来完成特

---

① Henry Ford. *My Life and Work.* Garden City, NY: Doubleday, 1922, p. 80.

定的任务。这样，生产汽车所需要的工人越来越少，甚至非熟练工人也能够生产汽车。更可怕的是，所有任务的专门化，使机器完全可以取代人工。在今天，汽车生产流水线上的任务，越来越多地由机器来完成，一些工厂甚至已经实现了全自动化与机器化。[①]

正如很多观察者已经详尽描述的，这种生产流水线存在很多非理性的地方。例如，它可能变成一种无人性的工作场景。在其中，原本具有各种技能与能力的人，却只需要重复地完成少数几种高度简化的任务。人们无法在工作中发挥与展示他们作为人的能力，而被迫压抑自己的人性，像机器一样活动。

这种生产流水线尽管存在诸多缺陷，但也向生产的理性化迈出了重大的一步，并被整个制造行业广泛使用。与科层制以及纳粹大屠杀一样，生产流水线很好地说明了形式理性的基本要素和特征。

生产流水线对快餐店的出现与发展也产生了深刻的影响。"那些开创快餐行业的人，都十分推崇福特的汽车生产流水线方法。"[②] 这种仿效最显著的例子之一，就是全球大型连锁快餐企业汉堡王使用传送带来制作汉堡。但更重要的是，人们很少看到，实际上快餐店的很多工作是以流水线的风格来完成的，其任务被分解为最简单的要素。例如，一个汉堡的制作，往往被分解为烘烤汉堡、把它们放在传送带上、涂上"特制的调味汁"、加入生菜和土豆、包装做好的汉堡等等。甚至来快餐店的顾客，也面临着一种生产流水线，

[①] McKinsey Global Institute. *A Future That Works: Automation, Employment, and Productivity*. San Francisco: Author, January, 2017.

[②] Jerry Newman. *My Secret Life on the McJob*. New York: McGraw-Hill, 2007, pp. 168-169.

第二章 麦当劳化的过去与现在

免下车窗口就是其中最明显的例子。正如一位观察者所指出的："随着配料分送机的出现，福特汽车工厂中的基本要素，显然都被引入了快餐业中……"[1]

作为一种"喂食机"的生产流水线的例子之一，就是英国人的"Yo！Sushi"——一家规模相对较小（只有90多家分店）的全球性寿司连锁餐厅。"Yo！Sushi"独特的地方在于，它使用了一种传送带，这种传送带把食物送到顾客面前，顾客可以在食物经过时挑选自己所需要的食物。从某种意义上说，这就是一种让顾客自己（而非店中员工）完成部分就餐准备的生产流水线；而在汉堡王中，这些工作都是由店员来完成的。[2]

在亚马逊公司拥有的，为制作在线订购的服装而形成的数字化即时按需生产系统中，我们可以发现这种生产流水线的最新发展。例如制作一件夹克所需要的各种布片，都会被自动地裁制成所需的大小，然后被放到一条传送带上，最后被一架自动化的制衣机器或一个人类助手拼接缝制成衣。[3]

生产流水线除了是麦当劳化的先驱之一外，还以另一种方式为麦当劳化奠定了重要的基础。汽车的大批量生产使更多的人能够买得起汽车，这又导致高速公路的急剧扩张，进而导致旅游产业沿着

---

[1] Bruce A. Lohof. "Hamburger Stand Industrialization and the Fast-Food Phenomenon." In Marshall Fishwick, ed., *Ronald Revisited: The World of Ronald McDonald.* Bowling Green, OH: Bowling Green University Press, 1983, p. 30; 也参见：Ester Reiter. *Making Fast Food.* Montreal: McGill-Queen's University Press, 1991, p. 75.

[2] Justine Griffin. "Sushi to Be Served Differently in Mall." *Sarasota Herald Tribune*, June 12, 2014.

[3] Nick Wingfield and Kelly Couturier. "Detailing Amazon's Custom-Clothing Patent." *New York Times*, May 1, 2017.

这些公路急剧扩张①。饭店、旅馆、酒店、停车场、加油站等等也大量出现，并促进了作为今日麦当劳化社会之核心要素的特许经营店的出现和发展②。

4. 莱维城：大批量速成住宅

在人们买得起汽车之后，不仅快餐业扩张成为可能，而且在郊区居住成为可能，特别是由莱维父子公司（Levitt & Sons）开创的大批量郊区住宅建设成为可能。在 1947—1951 年间，该公司在纽约的土豆田上修建了 17 447 套房子，从而使长岛的莱维城从天而降，短时间内就形成了一个包含 7.5 万人的社区。③ 而宾夕法尼亚的莱维城社区项目的第一期住宅，直到 1958 年都还在销售。这两座莱维城成了当代开发的无数郊区住宅的样板。郊区居民需要汽车，也日益买得起汽车，因此郊区居民在过去与现在自然都成了快餐的支持者与拥趸。

莱维父子公司认为，他们的建筑工地就是一座使用生产流水线技术的大工厂："它相当于底特律汽车生产流水线的一种倒置。……在那里，汽车不断移动，而工人待在他们的工位上不动。而就我们

---

① Marshall Fishwick. "Cloning Clowns: Some Final Thoughts." In Marshall Fishwick, ed., *Ronald Revisited: The World of Ronald McDonald*. Bowling Green, OH: Bowling Green University Press, 1983, pp. 148-151. James T. Flink. *The Automobile Age*. Cambridge: MIT Press, 1988.

② 通用汽车公司特别是在斯隆（Alfred Sloan）的领导下，使汽车产业科层结构进一步理性化。斯隆因为设计了通用的 M 型组织结构（multidivisional system）而闻名于世。在这种多部门制结构中，最高的职位负责长期决策，而各部门负责处理日常决策。这一创新后来被证明是如此成功，以至于其他汽车公司以及很多其他行业的公司都积极地采纳它。参见：James T. Flink. *The Automobile Age*. Cambridge: MIT Press, 1988; Alfred P. Sloan Jr. *My Years at General Motors*. Garden City, NY: Doubleday, 1964.

③ "Levitt's Progress." *Fortune,* October 1952.

第二章 麦当劳化的过去与现在

住宅生产流水线而言,则是工人在不断移动,在不同的地点完成同样的工作。"① 与汽车生产流水线上的工人一样,建筑生产流水线上的工人也完成他们各自专门的任务:"心理学家总是说,同一个人做同一件事情,一定会让人烦,这是一件坏事;但是,我们以提供绿色食品为报酬,似乎可以减轻工作的无聊程度。"② 因此,与福特对汽车工人所做的一样,莱维对建筑工人持有同样的态度,把建筑工人的工作理性化了。

住宅建筑工地及其工作被理性化了。莱维父子公司在建筑工地内部及周围建起了仓库、木工店、水管店,以及沙厂、碎石厂、水泥厂等等。因此,莱维父子公司不必先从别的厂家购买这些产品与服务,然后运回建筑工地,而是现制造这些产品和现提供这些服务,并控制它们的数量与质量。莱维父子公司也尽可能使用预制品。不过,其认为,完全用预制品来建造住宅的效率,比起自己部分制作预制品来建造住宅要更为低下。

实际上,莱维城的每栋住宅建筑的建造都严格遵守一系列明确规定和理性化步骤。例如,在框架完成后砌墙时,工人用不着测量或开凿,因为每块材料事先都已经被切好了。一面墙用 73 块大砖就可以砌成,并取代了以前人们通常用的 570 块小砖。所有住宅都使用高压喷漆,形成一样的双色图案——在乳白色上面再加上绿色。这种生产工序使得"一旦基础工程完工,整栋住宅就会迅速长高"③。当然,这在降低建筑成本的同时,导致建成的住宅几乎一模

---

① Richard Perez-Pena. "William Levitt, 86, Suburb Maker, Dies." *New York Times*, January 29, 1994.
② "The Most House for the Money." *Fortune*, October 1952.
③ 同上注,p. 153。

89

社会的麦当劳化（第9版）

一样。

该公司对住宅数量因素的强调，超过了对住宅物理结构异质多样的强调。莱维城的住宅广告，强调"住房面积大，值钱"[1]。换言之，莱维城与那些日益走向理性化的后来者一样，竭力试图使消费者相信，消费者如果购买它们的房子，就会以最少的钱获得最多的东西。

这些原则起初只被用于廉价住宅，但后来日益被用于高价住宅。现在的"麦当劳式住宅"，与那些巨大且装修奢华的、用工厂预制模件建成的住宅，越来越没有什么区别了。[2]

很多人对生活在高度理性化社区的那种一模一样的住宅中表示不满与批评。甚至有人把美国的这种非城非乡的郊区（suburbia）称为恐怖社区（*Disturbia*，《恐怖社区》，又译《后窗惊魂》，一部拍摄于2007年的以连环杀人案为主题的美国电影，通过一个小孩的眼睛表现其所生活的社区的恐怖），把这种郊区住宅描述为"错层陷阱"（split-level trap）。[3] 然而，我们也可以看到这种理性化的郊区的某些改进。例如，莱维城的很多住户，现在可以定制他们独特的住宅，所以不再像以前那样认为他们的住宅是同质的。[4] 还有一些观察者发现，在莱维城和郊区居住有很多优点。例如，美国著名社区研究专家赫伯特·甘斯（Herbert Gans）对建在新泽西的第

---

[1] Herbert Gans. *The Levittowners: Ways of Life and Politics in a New Suburban Community.* New York: Pantheon, 1967, p. 13.

[2] Patricia Dane Rogers. "Building..." *Washington Post/Home,* February 2, 1995; Rebecca Lowell. "Modular Homes Move Up." *Wall Street Journal,* October 23, 1998.

[3] Richard E. Gordon, Katherine K. Gordon, and Max Gunther. *The Split-Level Trap.* New York: Gilbert Geis Associates, 1960.

[4] Georgia Dullea. "The Tract House as Landmark." *New York Times,* October 17, 1991.

第二章　麦当劳化的过去与现在

三个莱维城进行了研究，指出："莱维城虽然存在不少不完美的地方，但确实是个生活的好地方。"① 但是，我认为，莱维城不管是否"是个生活的好地方"，都肯定是个理性化的地方。

5、实体性购物广场的兴衰

与快餐店一样，全封闭式的购物广场或大型购物中心也是由于汽车的兴起以及居住的郊区化而得到快速发展的②。现代大型购物中心的过街楼模式，承袭了诸如意大利米兰的伊曼纽尔二世拱廊（1877年完工）以及美国有计划地建设的第一座户外购物中心［建设于1916年的伊利诺伊州的莱克福里斯特（Lake Forest）］的风格。然而，在根本上具有开创性的、完全封闭的大型购物中心，是明尼苏达州伊代纳市（Edina）的南谷购物中心（Southdale Center），该购物中心在1956年开始营业，此后不久克洛克的首家麦当劳快餐店开始营业。今天在美国，每个月都有数亿购物者来到数万家购物中心购物。目前美国最大的一家大型购物中心，是位于明尼苏达州布卢明顿的美国购物广场（the Mall of America），它于1992年开始营业。美国购物广场包括4座百货商场、520家专卖店（其中很多是连锁经营店）、50家餐馆，还有一家游乐场（Nickelodeon Universe）——它有24条乘游轨道。③ 而且，大型购物中心已成为全球现象。世界上10个最大的巨型购物中心，有8个在亚洲。④

---

① Herbert Gans. *The Levittowners: Ways of Life and Politics in a New Suburban Community.* New York: Pantheon, 1967, p. 432.
② William Severini Kowinski. *The Malling of America: An Inside Look at the Great Consumer Paradise.* New York: William Morrow, 1985.
③ www.bloomingtonmn.org/page/1/mall-of-america.jsp.
④ http://theseoultimes.com/ST/db/read.php?idx=1962.

社会的麦当劳化（第 9 版）

到目前为止，世界上最大的巨型购物中心是中国东莞的新华南广场（the New South China Mall），面积有 710 万平方英尺，而加拿大和美国的巨型购物中心与之相比，则显得相形见绌。新华南广场有 1 500 家店面，而现在它已经被认为是一座"死广场"（参见下文）。尽管世界上最大的巨型购物中心在中国，但在菲律宾、迪拜、土耳其、吉隆坡、哥伦比亚、泰国和巴西也能看到一些巨型购物中心。在这些巨型购物中心中，可以发现各种主题区、溜冰场（甚至处于沙漠地区的迪拜也开了一家）、可水下观看的水族馆，以及高耸入云的大酒店等等。

大型购物中心与麦当劳化的连锁店相互利用，关系十分密切。大型购物中心为麦当劳化的连锁店提供了一种可预测的、格式统一的、获利多多的场所。对这些连锁店而言，它们能够在大多数的大型购物中心找到开设店面的空间；而如果没有这些连锁店，那么这类购物中心也将不复存在。作为快速移动的汽车时代的同步产物，大型购物中心与连锁店二者之间相互利用，共同促进了麦当劳化的过程。

具有讽刺意味的是，购物中心在今天已经变成青年人以及老年人的社交中心。很多年龄较大的人，会把购物中心作为健身与社交场所。小孩在放学后，青年人在周末，则会徜徉在购物中心，进行社交活动，追逐最新时尚，享受流行娱乐活动。因为有些父母会带着自己的小孩到购物中心去"玩"，所以很多购物中心现在提供儿童游戏室（往往免费，有时是盈利性的小店，只需门票，并提供免费电子游戏和免费电影等）。[①] 与促进这个社会日益麦当劳化的其

[①] Janice L. Kaplan. "The Mall Outlet for Cabin Fever." *Washington Post/Weekend*, February 10, 1995.

第二章　麦当劳化的过去与现在

他诸多因素一样，购物中心也在从摇篮到坟墓的各个环节上竭力吸引着顾客。

威廉·科温斯基认为，购物中心"是所有美国梦——不管是优雅高尚的美国梦还是卑污狂乱的美国梦——的高潮，是第二次世界大战后这一人间天堂模式的最终实现"①。有些人可能与科温斯基一样，强调购物中心的影响，并进而探讨"美国过度的购物中心化"。然而，在我看来，快餐店是一种更强大、更有影响的力量。不过，我们应该认为麦当劳化与购物中心一样，"既是优雅的，又是疯狂的"。

值得指出的是，今天很多购物广场面临关门的危险，其中一些正在关门，一些已经关门大吉了［例如，俄亥俄州克利夫兰市的兰德尔公园购物广场（Randall Park Mall）就关门歇业了；丹·贝尔（Dan Bell）专门制作了一个关于"死广场"的视频，读者可在YouTube上观看②；deadmall.com网站上还详细列举了已经关门的购物广场的详细名单］③。而有很多购物广场虽然没有关门，但空店铺越来越多；它们已经成为"僵尸广场"——营业的店铺很少，半空壳化。新泽西州的伯林顿中心曾经有100多家租客，现在只剩下不到20家了④。购物广场的这种灾难性场景，对它们试图努力营造的

---

① William Severini Kowinski. *The Malling of America: An Inside Look at the Great Consumer Paradise*. New York: William Morrow, 1985, p. 25. 关于购物中心在消费史上的意义的讨论，参考 Lizabeth Cohen. *Consumer's Republic: The Politics of Mass Consumption in Postwar America*. New York: Knopf, 2003, 尤其是第6章。

② Steven Kurutz. "An Ode to Shopping Malls." *New York Times*, July 27, 2017, pp.D1, D8.

③ John Taggart and Kevin Granville. "From 'Zombie Malls' to Bonobos: America's Retail Transformation." *New York Times*, April 15, 2017.

④ 同上注。

繁华景象产生了不利影响，因而无法吸引顾客和回头客[①]。很多以购物广场为基础的商店是麦当劳化的连锁店（例如各种有限公司、美国平价鞋店 Payless Shoesource），但它们都面临缩减规模或破产。大多数购物广场有大型餐饮区，里面开设有主要的麦当劳化的餐饮连锁店，这些连锁店也因为"死广场"或"僵尸广场"而面临威胁。店铺的关闭意味着购物广场所有者的利润将减少，购物广场的生存将更加困难。

一些购物广场已经被夷为平地，或者完全改头换面变成了其他场所，如博物广场、大学、健康中心。虽然一些购物广场挣扎着试图重构重组，竭力保持购物功能，但是它们不再仅仅是购物场所，也使自己容纳更多的餐饮、娱乐、健康或教育机构。[②] 购物广场的支柱性入驻商已经不再是传统的西尔斯或梅西百货等等。

不仅购物广场在苦苦挣扎以求生存，很多其他类型的实体百货商店也同样如此。很多百货商店，已经成为遥远的过去。幸存下来的百货商店，诸如梅西百货等等，都在大量关闭门店。2017年，百货商店行业巨头西尔斯宣布，对自己能否生存下去"严重存疑"。[③] 其宣布将关闭109家K-mart门店。百货商店以前一直是购物广场的支柱，因此百货商店的衰落最终也会导致并进一步加剧购物广场的衰落。

---

① David Montgomery. "Deep in the Malls of Texas, a Vision of Shopping's Future." New York Times, June 21, 2017, p. B6.

② Anne D'Innocenzio. "Clothing Retailers Feel the Brunt of Change." *Sarasota Herald-Tribune,* March 24, 2017, p. D3.

③ John Taggart and Kevin Granville. "From 'Zombie Malls' to Bonobos: America's Retail Transformation." *New York Times,* April 15, 2017.

第二章　麦当劳化的过去与现在

除了购物广场与其他实体消费场所在日益衰落之外，还有很多其他消费场所正在被下文要讨论的、日益兴盛的在线消费场所取代。2016年在线消费总额达到了1 020亿美元，而实体场所消费总额为12 400亿美元，在线消费总额还不到实体场所消费总额的10%（准确地说只有其8.2%）。[①]然而，在线消费增长迅猛，从2010年到2014年，就增长了300亿美元，而从2015年到2017年，年均增长400亿美元[②]。

三、麦当劳化与今天的消费

在我写作关于麦当劳化论题的第一篇论文之后很久，甚至到本书第一版出版之时，网络以及电子商务才刚刚出现——亚马逊公司成立于1994年[③]。在没有诸如亚马逊之类的网络消费场所的背景下，关于麦当劳化命题的分析焦点，完全是诸如麦当劳餐馆之类的实体性消费场所。正如我们所看到的，尽管很多实体性消费场所特别是麦当劳在这些年迅猛扩张，但比起网络消费场所的快速扩张与广泛发展，真的相形见绌。

例如，当亚马逊开始营业之时，麦当劳已经是商业界的巨人，但是在不久以后，亚马逊的规模就已经比麦当劳大得多了，而且在将来的很多年里，亚马逊都会保持并不断扩大其优势。在亚马逊变

[①] Michael Corkery. "Is American Retail at a Historic Tipping Point?" *New York Times*, April 15, 2017.
[②] 同上注。
[③] George Ritzer. "The McDonaldization of Society," *Journal of American Culture* 6, Spring, 1983: 100–107.

得越来越强大的同时，中国的阿里巴巴集团迅速成长，规模变得比亚马逊还要大。印度最大的电子商务零售商 Flipkart 在此期间也日益壮大起来（而今已被沃尔玛收购）。然而，正如前文所述，如果我们孤立地看零售行业，那么实体零售仍规模巨大，且规模大过数字零售，但实体零售总体上正在逐渐萎缩[①]。

在此我不再关注实体或数字零售的总量或者规模，而关注麦当劳化的过程及其对消费的影响。我们现在已经看到一种越来越明显的趋势，那就是尽管大量的消费活动仍然在实体场所中完成，但是（大量的）消费的麦当劳化的中心场所，以及消费的极端麦当劳化的例子，都不再是实体场所，而是数字场所。数字化的网络场所中的消费，往往比实体场所中的消费更加高效，更具可预测性、可计算性和可控制性。这种情况对于消费者是如此，对于很多在这些网络场所中完成的"工作"也是如此。在网络中工作的人之间的直接联系已降到最低限度，甚至在很多情况下，完成工作不再需要任何直接联系，网络中的工作越来越由各种非人类的技术来完成，而不需要人的直接参与。作为个体（而非整体）的人类往往是低效、不可预测、非计算性、失去控制的主要根源，数字化的系统则使作为个体的人类的角色最小化甚至完全消除了个体的角色，从而产生了在实体世界中无法想象的麦当劳化程度（当然在数字化的系统中，会有人在数字场景的后台操纵、创造、改善与维持这些系统）。

然而，正如我们所看到的，Amazon Go 体现了实体世界

[①] 然而，除了与实体销售点展开竞争的网络销售平台外，还有更多的网络 P2P 平台，其销售额也不可小视。

第二章 麦当劳化的过去与现在

与线上场所进行竞争的努力。为了实现这一点，前者限制了人工直接参与的程度，并在此过程中提升了麦当劳化程度；其还利用了一系列的技术进步，提高了消费者成为生产-消费者的程度。

不过，正是在数字世界以及实体世界与数字世界融合而拓展的新世界中，麦当劳化达到了新的、史无前例的高度。总的来说，线上线下融合的世界以及线上线下融合的消费在变得越来越麦当劳化，而我们仍然只不过处于这一过程的早期阶段，在将来其可能以更快的步伐加速发展。

麦当劳化仍是当今恰当的时代标签？

上述趋势所引发的一个问题，就是继续使用麦当劳化一词，是否还能够体现本书所关注的过程。在讨论这个问题的时候，我主要关注消费领域的三个庞然大物及其麦当劳化——麦当劳、沃尔玛和亚马逊，然后探讨用"沃尔玛化"或者"亚马逊化"是否比用"麦当劳化"更适合描述上述过程。这三个公司分别代表了三种经营模式：麦当劳代表的是由实体场所支配的经营模式，沃尔玛代表的是虽由实体场所支配但其场所中的消费越来越数字化的经营模式，而亚马逊代表的是完全数字化却在实体世界寻找重要立足点的经营模式。

我们对这三个庞然大物的案例分析，再一次表明了把实体世界与数字世界区分开来已经是越来越不可能的事情了。正如我们所描述的，它们相互补充、相互完善，创造了一种拓展的现实。亚马逊通过开设实体书店、便利店和收购全食超市公司而日益成为一种物质现实，而沃尔玛则急切地想成为数字世界中的更大的博弈者。相较而言，麦当劳似乎有点不同。因为其所销售的东西——食物——是其无法更改的，至少在可以预见的将来其都不可能销售其他东西。而食物在今天完全是一种实体，至少在找到一种直接通过数字向顾客传输食物的方法之前，这一切都无法改变。而另一类重要的实体性消费场所——酒店——则已经大步迈向数字化：提供平板电脑供顾客使用，并通过各种 App 使顾客可以订房间、登记与退房、叫优步车。① 当所订房间准备好后，酒店还会通知顾客，甚至会在顾客到来之时自动开门。

通过对麦当劳、沃尔玛和亚马逊的比较分析，我们可以看到很多差异和反讽之处。首先，尽管麦当劳是麦当劳化过程的典型范例，从商业角度来看麦当劳至今至少是成功的，但是，从其营业收入与利润规模来看，麦当劳在三者之中是最少和最小的。其次，与其他两家企业相比，麦当劳的未来前景是暗淡的。其原因在于，作为一家只出售食物的大型实体连锁集团，麦当劳能够从事的业务种类受到相当大的限制。与正在快速数字化的沃尔玛和基本上仍然属于完全数字化的亚马逊相比，麦当劳受到的限制十分明显，而前二者之类的公司可以销售种类极其多样且丰富的产品。再次，虽然麦当劳的食物与其一般模式已经全球化，但麦当劳销售的食物很难实现与沃尔玛和亚马逊销售的绝大多数商品程度同样高的全球化。沃尔玛和亚马逊在全世界的不同市场中，可以根据当地市场的需要，上架或下架不同的商品，从而可以轻松地改变或更换自己所销售的

---

① Harriet Edleson. "Putting the Front Desk in the Hotel Guest's Pocket." *New York Times*, April 24, 2017.

第二章　麦当劳化的过去与现在

商品，但麦当劳不管在什么地方，都只能提供基本的菜单，偶尔提供合乎当地特色的新食品。麦当劳最著名的餐品，不过一两种，如巨无霸汉堡和烟肉蛋麦满分等，而基本上不会发生任何变动。为了成功地实现麦当劳化，麦当劳公司必须使其菜单项目十分有限。全世界的消费者都知道，其菜单项目就只有那几种，不会有多大改变。最后，大型实体商业企业比起大型数字化企业来，更加难以麦当劳化。物理上的实体结构往往会限制麦当劳化过程，而在流动性的数字世界中，麦当劳化过程根本不会受到这种限制。诸如此类的原因，使麦当劳成为这三家企业中麦当劳化程度最低的一家。而亚马逊因为属于完全数字化的企业，在实现更高效率、更可预测、更具可计算性和更可控制的过程中，面临的障碍要小得多。

下面，我从消费和麦当劳化这两个方面，对这三家消费行业巨头进行更加具体和深入的比较分析。

四、麦当劳、沃尔玛与亚马逊之比较

1. 三家企业在消费方面的差异

迄今为止，沃尔玛是消费行业中规模最大的企业。2016年沃尔玛的销售总额达到5 000亿美元，而2016年亚马逊的销售总额是13 60亿美元［亚马逊的创立者杰夫·贝佐斯（Jeff Bezos）在2017年一度成为世界首富］[①]。麦当劳的销售总额则相对少得多，2016年

---

① Jeff Sommer. "Amazon's Mind-Boggling Ascent." *New York Times*, July 30, 2017, p. 4.

只有 250 亿美元。如果考虑到数字化的优势,那么我们可以预期,建立于 1994 年的亚马逊将在销售方面处于领先地位。不过,建立于 1962 年的沃尔玛,其销售额要远远领先于亚马逊。而在 1955 年,克洛克的麦当劳帝国便开始建立。沃尔玛的领先地位及其全球性扩张,使它与亚马逊相比,又拥有巨大的优势。然而,就线上电子商务而言,投资者往往认为亚马逊比沃尔玛有更加光明的前景。事实上,亚马逊的市场资本总额是沃尔玛、塔吉特(Target)、好市多(Costco)、梅西百货、科尔士百货公司(Kohl's)的总和。①

  传统观点认为,在未来数年里,沃尔玛在销售方面的优势可能日益下降甚至消失,除非其进一步迅速加快数字化的步伐,成为数字化的商业企业。尽管沃尔玛在网络销售方面的力量在不断加强,但是电子商务销售额不到其销售总额的 5%。不过,在 2017 年第一季度,沃尔玛的网络销售出现了急剧增长(60%)。其部分原因在于沃尔玛在 2016 年年末以 32 亿美元的价格收购了网络零售商 Jet.com。2017 年,沃尔玛又收购了规模更小的 Bonobos。沃尔玛的首席执行官则说,沃尔玛网络销售的增长一直都是有机的,将来也会如此。他还指出,这种网络销售的增长实际上与实体销售的增长密切相关。他说:"我们正在采取措施加快数字资源与实体资源的结合,以使消费者购物更加容易和轻松。"② 沃尔玛还通过加快结账付款速度和让消费者更多地使用手机 App,来改进数字与实体融合的营业模式。沃尔玛还通过大力发展在线百货业务,从而成为越来

---

  ① Ravi Gandhi. "Amazon Almost Crushed Me, and I'm Not Even a Retailer: CEO OP-ed." *CNBC,* May 17, 2017.

  ② Nicole Sinclair. "Walmart's online business is booming." *Yahoo Finance May* 18, 107.

第二章 麦当劳化的过去与现在

具有数字化特征的企业。虽然沃尔玛和亚马逊都销售食物，但是其该项业务所占比重都要小于麦当劳，而麦当劳几乎所有的营业收入都来自销售食物的收入。

在将来，阻碍麦当劳和沃尔玛进一步发展的，就是它们仍然保持大量的实体业务这一事实，但沃尔玛所面临的阻碍程度可能比麦当劳更小。正如我们所看到的，沃尔玛正在努力加强与亚马逊的网络销售竞争，而麦当劳实际上是一个非数字世界的玩家。亚马逊的网络销售业务将继续强于沃尔玛，沃尔玛不太可能在网络销售业务方面与亚马逊旗鼓相当，更别说超过亚马逊了。沃尔玛即使再努力，投入再多的资源，也不太可能赶超亚马逊或者收购亚马逊，因为亚马逊的网络销售优势巨大，而且仍在不断地创新和探索新的选项。例如，亚马逊已经开始试探进入年利润高达3 000亿美元的药品销售行业。[1]

2. 三家企业在麦当劳化程度方面的差异

由于沃尔玛的运行高度理性化，其仍然比亚马逊要大，其业务规模也比麦当劳要大，因此我们可能会认为，用沃尔玛来描述本书所探讨的主题比用麦当劳化更为适当。然而，沃尔玛仍然主要以实体店为主，这限制了其理性化的能力——至少与今天完全数字化的亚马逊相比如此。当然，麦当劳以及整个快餐行业，受到实体世界的限制程度更深。因此，具有讽刺意味的是，从餐饮行业的实际情况看，麦当劳实现麦当劳化的能力确如其所做的那样十分"优

---

[1] Christina Farr. "Amazon Is Hiring People to Break Into the Multibillion-Dollar Pharmacy Market." *CNBC* May 16, 2017.

秀"；然而，麦当劳进一步演化与推进麦当劳化过程的能力，则远远不如沃尔玛，更不如亚马逊。

在麦当劳餐厅，准备原料、配送与储存各种新鲜的配料、制作汉堡、向顾客提供就餐服务，以及等顾客走后收拾餐具和垃圾等等，都是复杂的、劳动密集型的过程，这些过程很容易出现各种问题或错误。其中最明显的就是大量快餐连锁店不时发生的健康卫生问题（例如，美国的快餐连锁店小辣椒2015年就爆发了大肠杆菌和诺如病毒事件）。沃尔玛虽然也出售各种食物，但其中大部分是生食，由顾客带回家制作。而食物在亚马逊营业总额中所占份额相对较小。

沃尔玛和亚马逊向顾客销售的很多产品与服务，是通过十分复杂的递送过程而最终到达顾客那里的，但也有很多产品自生产者把它们装进包装盒之后，就从来没有离开过包装盒。虽然沃尔玛和亚马逊都实现了该过程的高度麦当劳化，但亚马逊更有优势。它砍掉了沃尔玛那种进货和储藏产品、让消费者来到商店、让销售人员上班并回答各种问题和完成销售、让收银员在柜台结账收钱，甚至把很多产品送到购买者家中等等复杂且麻烦的步骤。沃尔玛的程序尽管远不如麦当劳烦琐，但比亚马逊的在线交易要烦琐得多。

它们之间的差异还反映在雇员数量的差异上。其中，沃尔玛因为拥有全球经营的庞大规模，所以正如我们所预料的，确实是实体世界中的大企业，2016年拥有230万员工，其中包括美国的140万。麦当劳的员工有37.5万，营业额达250亿美元。亚马逊的营业规模比麦当劳更大，却只有2.5万员工（在后来收购了全食超市

第二章 麦当劳化的过去与现在

公司后，员工增加了9万多人）。沃尔玛的营业额比亚马逊高，当然也比麦当劳高，但其员工数量也要多得多。正如我们已经多次指出的，在麦当劳化过程中，人类工作者不仅价格高昂，而且是这个过程中的最大障碍，特别是因为主要源于他们的非理性。例如，人类工作者往往是低效的、不可预测的，所做的事情难以量化。事实上，麦当劳化过程中的控制维度，主要就是创造非人的技术来控制人类工作者（虽然并非总会成功）。而且，这些技术的最终目标，就是用自动化的技术和机器人等来取代人类。

各个经济领域的机器人化正在进行得如火如荼。人类工作者正在教机器人各种知识，以至于某一天，也许就在不久的将来的某一天，机器人甚至会取代这些教机器人的工作者[①]。目前机器人所接受的工作培训，甚至包括了旅游代理、搜索法律文件的律师、客服代表、软件工程师等。这些机器人还被用来促进这些工作领域的麦当劳化，如果机器人还不能胜任，就会不断地接受教育和调试，直到能胜任为止。在绝大多数情况下，机器人将不再是麦当劳化的障碍，而更可能会极大地促进和加速麦当劳化过程的扩张。

人类消费者也是麦当劳化的障碍，但他们比人类工作者更容易被摆脱，甚至在将来的某一天，更加先进的技术将用他们的化身来取代他们。不过，至少在可以预见的将来，如果没有赋予其生命的人类消费者，消费系统就不能运行。由于认识到人类消费者是麦当劳化的障碍，快餐店已经竭力试图使消费者尽可能本人不来店里，而是安排他们经过免下车窗口把食物带走，或者如达美乐公司以及

[①] Daisuke Wakabayashi. "People Who Train Robots (to Do Their Jobs)." *New York Times*, April 30, 2017.

其他比萨连锁店一样，把食物递送给消费者。

从中我们可以获得的启示之一，就是实体企业需要更多的员工，而数字企业需要的员工则更少，而这正是实体企业实现麦当劳化的能力不如数字企业的主要原因之一。与之相关的是，把消费者变成在线世界中的生产-消费者（有时同时既是生产者又是消费者）要容易得多。的确，如果网络企业和其他数字场所要成功地运行，那么消费者首先必须是生产-消费者。尽管很多实体企业已经长期努力于此，竭力想让消费者完成以前由工作人员完成的某些工作，但是网络企业和数字场所实现这一点却要容易得多，而且由消费者完成的工作要多得多。在网络企业或者数字场所中，对消费者而言，他们很难找到人类工作人员来帮助自己，往往除了自己完成那些工作外别无选择。

实体场所必须与物质的现实和要素相关联。消费者与员工必须在物理上接近实体场所才能消费，产品必须被送到实体场所，产品在被出售给消费者之前必须经过处理，消费者必须把他们购买的产品带回家，等等。在网络场所和在线消费中，所有上述步骤都简化了，甚至在诸如电子书、电子音乐之类的数字产品的消费中，所有上述步骤都省去了。

鉴于诸如沃尔玛特别是麦当劳这样的实体场所的局限性，我们可以把本书所关注的过程重新命名为"亚马逊化"吗？有些人可能会强烈支持给麦当劳化过程重新命名。但是，正如我们所看到的，麦当劳化的基本原则，完全适用于甚至更适用于诸如亚马逊之类的数字场所，而不是诸如麦当劳之类的实体场所。亚马逊公司和其他

第二章 麦当劳化的过去与现在

很多成功的数字企业可以说比实体企业更加麦当劳化——它们比麦当劳还要麦当劳化。现在以及今后,都属于数字世界的时代,亚马逊之类的公司将成为主宰,但是麦当劳仍然是麦当劳化过程的开创先驱。因此,尽管该过程已经成为数字世界的重要特征,在数字世界中这一过程得到了不断优化,但我们仍然使用麦当劳化来指称该过程。

3. 数字麦当劳化方面的差异

虽然亚马逊是大型的数字麦当劳化最重要也是最有力的例子,但是还有一些其他的重要的例子,其中就包括优步、爱彼迎和易贝(eBay)。还有一些不那么知名的数字性的大型在线公司,诸如全球性的独立奢侈女装和时尚精品购物平台Farfetch、家政服务公司Hello Alfred(这家家政服务公司可以迅速派出签约工作人员去客户家完成日常重复性的家务),以及清洁服务和办公室日常维护公司Managed by Q。虽然这些公司是数字化的,但我们不能忘记,这些数字化公司十分依赖于极其复杂的物质基础设施,包括电脑硬件、光缆和路由设备,所有这些都需要由网络服务商来提供。这种情况表明,实体世界与数字世界之间并不存在清晰的界限,相反,它们之间因此而相互融合与拓展。

所有的数字网络场所,都是所谓的"平台资本主义"的一部分。平台就是"各种数字资本主义,使两个或者更多的群体之间得以互动"[①]。也就是说,它们提供数字平台,将各种行动者汇集到一起。而那些在用户特别是买家与卖家之间发挥中介作用的行动者收

---

① Nick Srnicek. *Platform Capitalism*. Cambridge, UK: Polity Press, p. 43.

益最大。[1] 在实体世界中，Amazon Go 在这方面走得很远。至少在当前看来，它消除或排除了销售者，并且通过电子方式将购物者与他们感兴趣的产品聚集在一起。优步以及其他各种类似的交通运输网络公司（包括美国的 Lyfft、中国的滴滴出行等等），把那些需要车的人与能够提供车的人对接起来。优步也正在试图回避交通运输规则，例如在欧洲，其试图通过把自己打造成一种对接平台而不是一家运输公司而回避交通运输规则。不过，2017 年欧洲法院做出了一项裁决，认为优步基本上主要是"一种综合性的、及时响应的城市运输系统"[2]。爱彼迎把那些需要租房的人与有房子待出租的人对接起来。跑腿兔与亚马逊土耳其机器人（Mechanical Turk）把寻找短期、临时、零散工作的人与提供该类工作的人对接起来。亚马逊则是其中最为成功的平台，因为人们所需要的一切几乎都能够在它那里找到。亚马逊甚至把那些非亚马逊雇员，例如出售二手书的人，与那些有意购买二手书的人对接起来。Stitch Fix 也是一家平台，通过专门的程序把大量的女性消费者与各种服装对接起来。[3] 其自动地把顾客通过"式样菜单"选择的五件衣服送到顾客手中供其挑选（顾客即使一件不买也没关系）。这对实体服装店来说，是一个巨大的威胁。

在 2017 年，亚马逊达到了另一个高峰，其超越作为实体商店

---

[1] John Herman. "Platforms Might Soon Consume Huge Swaths of Our Economy—But What Do They Want With Their Power?" *New York Times Magazine*, March 26, 2017, pp. 16-20.

[2] Mark Scott. "A Legal Opinion Is a Blow for Uber in Its Fight to Conquer Europe." *New York Times*, May 12, 2017, p.B4.

[3] Michael J. de la Merced and Katie Benner. "As Department Stores Close, Stitch Fix Expands Online." *New York Times*, May 10, 2017.

第二章　麦当劳化的过去与现在

的梅西百货，成为美国最大的服装销售商[1]。与图书市场等一样，服装市场已经到达了"奇点"，可能将成为又一种逐渐以在线销售为主的市场。亚马逊为了拓展在服装市场中的份额和巩固其地位，正在探索通过网络在线"试穿"来销售服装的可能性。其正在开发一种相机程序，可以捕捉并上传消费者的测量尺寸。

诸如脸书和谷歌之类的以网络为基础的平台，则把那些需要信息的人与拥有信息的人对接起来。虽然这些网站或网络平台并不会直接向用户销售任何产品，但它们拥有的无数用户使它们可以从各种广告中获得巨额收益。那些打广告的公司则希望通过脸书或谷歌之类的平台招揽顾客，并最终销售其产品与服务。

还有一些平台——诸如 okCupid、Match.com 和 Tinder——则是"约会市场"，使人们可以相互接触、见面或约会。约会市场一词，大概指的就是在那种市场中，人们是"可以获得"的商品。约会市场大大推进了人们基于各种不同原因而见面、约会的过程的麦当劳化。

虽然这些平台包括大量重要的物质性要素，但它们也正在取代其他物质现实，诸如出租车、旅馆、社会俱乐部等等。随着这些网络场所继续从"交易使能者"转换成"参与看门人"，它们将会不断增强其控制那些发生在其平台中的交易的能力。这些平台为数字世界提供了物质基础结构，而这个数字世界正在使我们所知的资本主义与工商业发生根本性的变革。这些平台也使麦当劳化发展到在实体世界中不可能达到的程度。本书对此还将进行更加深入的论述，并讨论更多关于数字化世界麦当劳化的案例。

---

[1] Nick Wingfield. "Amid Brick-and-Mortar Travails, a Tipping Point for Amazon in Apparel." *New York Times*, April 30, 2017.

第三章

针对消费者的高效率与可计算性

第三章　针对消费者的高效率与可计算性

第二章初步讨论了作为麦当劳化过程的先驱的组织与系统，以及麦当劳化过程的各种表征。正如我们所看到的，麦当劳化过程的各种早期形式包括官僚科层制、产业组织、生产流水线，当然也包括快餐店。第二章还初步讨论了一种新的、巨大的数字世界，其中最有名的就是亚马逊公司——在此，麦当劳化已经达到了一种新高度。显然，人们已经生存于这样的网络场景中。在这些网络场景中的人，同样也分为两种人：消费者（或者顾客、客户）与生产者（或者员工）。然而，我们必须认识到，在物质世界中越来越难看到纯粹的生产者，而在数字世界中，根本就不存在纯粹的生产者。我们第二章关于平台经济的讨论，指出了这样的平台为数字消费场所提供了支持，而赫尔曼（John Herrman）认为，这样的平台是"轻员工"平台[1]。例如，亚马逊网站每1 000万营业收入只需要14个员工就可以完成，而实体企业要实现同样的营业收入往往需要50个员工[2]。优步根本不会雇用司机，其认为那些司机是独立的签约人，不享有作为员工的权利；同样，爱彼迎也不会雇用房主。这些

---

[1] John Herrman. "Platform Companies are Becoming More Powerful, but What Exactly Do They Want?" *New York Times*, March 21, 2017.

[2] Jeff Bercovici. "Amazon vs. Book Publishers, By the Numbers." *Forbes*, February 10, 2014.

司机与房主本身是从他们提供的服务所产生的收入中提取一定比例的报酬的。例如，爱彼迎让房主获得收入的大头。房主支付给爱彼迎 3% 的费用，入住的客人支付给爱彼迎 6%～12% 的费用。优步让司机获得收入的 15%～25%。然而，这些公司会雇用员工来管理其系统。优步的营业收入为 110 亿美元左右，它却只有 7 000 左右员工。这些公司还被认为是"轻资产"公司，而正是"轻员工"与"轻资产"使这些网络公司的麦当劳化达到了一种新的高度。例如，优步自己没有车，那些为优步开车的人，开的是自己的车，并且要自己支付购买（或租用）与保养车的费用。同样，爱彼迎也不是自己拥有住房，那些在该平台上提供住房出租的人拥有的是自己的房子，也需要自己花钱来维护自己的房子。这些网络公司由于拥有的雇员与物质资产相对较少，因此能够使麦当劳化程度达到最大化。不过，需要指出的是，为这些网络公司工作的人——司机或房主——则几乎不能使自己的工作麦当劳化。另外，作为"零工经济"的成员，他们往往只能获得相对较小的收益份额，也没有工作保障。其中的原因，部分在于他们没有传统意义上的工作，这使得优步、爱彼迎等等公司可以在很大程度上剥削他们。

在接下来的四章中，我们将继续沿用消费者与生产者这样的传统区分。本章和下一章讨论消费者，第五章和第六章讨论生产者。不过，已经有越来越多的学者反对生产者与消费者这样的非此即彼的二分法，而更多地使用"生产-消费者"一词，即认为人们越来

第三章　针对消费者的高效率与可计算性

越既是消费者又是生产者[①]。实际上，在现实生活中，生产者和消费者二者都是生产－消费者，因为生产者必然要进行一定程度的消费，而消费者也必然在一定程度上进行生产。我们将对生产－消费者进行更加详细的讨论，不过本章暂且搁置该概念，而将消费者与生产者分开讨论。

本章将从麦当劳化的四个维度中的高效率与可计算性这两个维度，来讨论消费者。第四章则从可预测性与控制这两个维度来讨论消费者。尽管我们在这两章中关注的是消费者，但是其中一些地方也不可避免地要涉及员工——生产者。

在接下来的两章中，我将讨论形形色色的消费者，包括游客、学生、野营者、就餐者、病人、父母、准母亲、购物者（包括网络购物者）、节食者、健身者、约会者（或者仅仅是为性而约会者）。

一、高效率：免下车与指间美食

通常说来，高效率是一件好事。它能给消费者带来明显的好处，使消费者花更少的精力就可以获得更多更快捷的服务。同样，高效率使员工能更快、更轻松地完成任务。经理与老板也可以从高效率中获利，因为员工完成了更多的工作，更多的顾客得到了服

[①] Jeremy Rifkin. *The Zero Marginal Cost Society: The Internet of Things, The Collaborative Commons, and the Collapse of Capitalism*. New York: Palgrave Macmillan, 2014; George Ritzer and Nathan Jurgenson. "Production, Consumption, Prosumption: The Nature of Capitalism in the Age of the Digital Prosumer." *Journal of Consumer Culture* 10 (2010): 13-36; George Ritzer. "Prosumption: Evolution, Revolution or Eternal Return of the Same?" *Journal of Consumer Culture* 14 (2014): 3-24.

务，而老板自己也可获得更多的利润。但是，尽管人们日益追求高效率，但在麦当劳化及其所有维度中，也会出现诸如惊人的低效率、对员工和顾客的非人道对待等非理性问题。最极端的情况就是，实体店与网络公司对高效率的追求，导致了一种非理性的后果，那就是对人类工作人员的需求急剧减少，甚至可能完全排除人类工作人员。随着自动化技术的发展与应用，生产－消费者日益无偿承担并完成以前由拿工资的雇员完成的工作。

高效率意味着选择最优方式去获取结果。然而，获取结果的真正最优方式却很难找到。因为受到诸如历史条件、金融环境、组织背景等因素以及个人缺陷的限制，个人与组织很少能最大化其效率。① 然而，组织仍会不断努力，以期在最大限度上提高其效率。现在的组织越来越接近最大化其效率的目标，因为无论是在网络上、实体店中，还是在二者相互融合而拓展出的新空间中，越来越多的工作由生产－消费者无偿地完成。

在一个麦当劳化的社会中，消费者与生产者本身很少寻求实现某种目的的最优方式；相反，他们往往依赖于以前发现的和制度化了的方式。因此，当人们开始一项新的工作时，我们不要期待他们自己会思考如何最有效地完成这项工作。相反，人们在培训中接受的是那些过去发现和设计的最有效的工作方式。一旦到了工作岗位，人们就可能发现很少有技巧能够帮助他们更有效地完成某种任务。即使有这种技巧，组织也一直鼓励人们把这种信息传递给管理者，以使所有承担这一任务的员工，都能够更有效地完成这一任

---

① Herbert Simon. *Administrative Behavior*, 2nd ed. New York: Free Press, 1957.

第三章　针对消费者的高效率与可计算性

务。久而久之，效率（和生产力）会逐渐提高。事实上，20世纪晚期、21世纪初期的经济繁荣，在很大程度上可归功于效率与生产力的急剧提高，以及由此导致的低通货膨胀条件下的经济增长。甚至自2007年开始出现经济大衰退以来，效率也在不断提高，但是这一次效率提高，则是由于雇主使用更少的员工来生产更多的产品和服务，自动化技术和机器人日益广泛应用，以及无偿的生产-消费者作为"工作着的消费者"无偿完成的工作越来越多（参见第四章）。

就消费者本身而言，他们往往关心的是如何以最有效的方式到达某家商店或购物广场完成购物，到达某家快餐店完成就餐，游遍某个主题公园或大型游轮，或者上到正确的网站并找到自己所需要的东西。为了使这一切更加容易，这些实体或者数字公司已经创造了各种系统，来指导甚至强迫消费者以最高效的方式行事。至少它们已经部分这样做了，出于利益它们就会这样做。能够更迅速地去到想去的地点并获得想要的商品与服务的消费者，也就能够购买到更多的商品与服务。他们因此也就会花更多的钱为商家创造更多的利润。而这又与技术的进步同行——自动化、机器人化、人工智能、网络的普及等等，又进一步减少了对人类工作人员的需要。随之而来的是工作岗位的不断减少，特别是机器人化，已经导致了所谓的"机器人狂欢"（robocalypse）。[①] 付薪工作岗位的减少，将进一步使无偿工作的消费者在消费过程中发挥更大的作用。

快餐店当然不会导致人们对高效率或者对提高效率的方法的渴

---

① Jack Ewing. "Robocalypse No? Bankers Ask, Will Automation Kill Jobs?" *New York Times*, June 29, 2017, p.B4.

求，因为这种高效率在以前就是泰勒制与科学管理原理的产物，而人们对于泰勒制与科学管理原理的反人性特征深有感触（参见第二章）；但是，快餐店确实在把高效率转变成一种普遍现实的过程中发挥了重要的作用。很多社会部门或行业已经被迫进行变革，以便确立那些习惯于快餐店免下车通道生活方式的人所要求的高效运行方式。同时，高效率的很多表征，都直接根源于促进快餐日益兴旺的因素，这些因素有很多在快餐出现之前就已存在，并促进了快餐的出现和扩张。不过，所有这些因素都对人们由于麦当劳化的刺激而对高效率的追求产生着重要的影响。有很多因素是在麦当劳建立之后才出现的，发展于20世纪晚期网络时代的到来。不过，所有这些因素都促进了人们对高效率的关注，甚至是绝对的强调，而这种高效率特征可以说是麦当劳化最好、最根本的特征，或者说对于这种对高效率的强调或着迷，麦当劳化仍然是最恰当的描述词。网络由于使人们甚至可以在不离开家的情况下，毫不费力地处理各种任务，从而进一步刺激了人们对高效率的渴求。

下面三部分主要讨论如何实现高效率，包括使经营过程流水线化、简化产品、使消费者成为生产-消费者并参与到工作中等。

1. 过程的精简

（1）快餐业：加速客流的进出过程

正如第一章所指出的，克洛克专注于促进麦当劳的经营过程的流水线化，以便不仅仅提高其员工的效率，更要提高消费其食物者的效率。麦当劳公司已经"进行了各种尝试，来加速消费者的进出

第三章 针对消费者的高效率与可计算性

过程"①。例如，让消费者进入然后走出快餐店的过程，已经以不同的方式实现了流水线化。停车场紧邻快餐店，并提供泊车十分方便的停车位，从停车位到柜台的距离步行极近。虽然消费者有时不得不排队等候，但是他们一般都能很快下单、领取食物并付钱。快餐店菜品十分有限的菜单，使就餐者的选择相对容易，而有些传统饭店的菜单很丰富，就餐者较难选择自己到底要吃什么，从而影响了效率。(快餐店设在加油站的"卫星店"与"外卖店"甚至更具流水线特征。)就餐者在获得食物之后，只需几步就可以走到餐桌边，并开始"体验就餐"。由于没有什么诱因使就餐者四处走动，因此他们往往很快吃完，并收拾剩下的包装纸、泡沫塑料盒子和各种塑料用具，把它们扔进附近的垃圾桶，然后回到车子里，开车去进行下一项活动（往往也是麦当劳化的）。

那些快餐店经理发现，免下车窗口可以使整个过程更加高效。这种免下车窗口不再需要就餐者完成先停车，然后去吧台排队等候、点餐、把食物拿到桌子上，最后吃饭和收拾餐桌等等"艰辛"和"极其低效"的过程；免下车窗口让就餐者直接把车开到窗口，然后拿着食物离开，从而为就餐者提供了十分简单的选择。就餐者如果想更有效率的话，那么还可以边吃边开车。免下车窗口对快餐店来说，也是如此高效率。随着越来越多的人开车通过免下车窗口，快餐店不再需要那么多的停车空间、餐桌与员工。而且，就餐者在开车离开时，带走了他们的垃圾，这也就减少了快餐店所需要的垃圾桶和雇用来定期倾倒垃圾的员工。

---

① Arthur Kroker, Marilouise Kroker, and David Cook. *Panic Encyclopedia: The Definitive Guide to the Postmodern Scene.* New York: St. Martin's, 1989, p. 119.

社会的麦当劳化（第9版）

现代技术更是进一步促进了流水线的发展。下面的这段文字描述了加利福尼亚州一家塔可钟餐厅利用技术来提高效率的情况：

在店内，那些急于获得玉米煎饼和玉米卷的顾客，可以通过一台触摸屏计算机，自己下订单。在店外，免下车的顾客则盯着电子显示屏，看反馈到屏幕上的他们的顺序和菜单，以免出现错误。然后他们可以通过很多银行都使用的那种免下车气动导管来付钱。当他们驾车行驶到取货窗口时，他们的食物和找回的零钱都已经在等着他们了。并且，如果免下车窗口排队太长，那么塔可钟员工会走进汽车队伍中，用无线键盘来为顾客下订单。[①]

塔可钟和麦当劳等等的顾客与员工通过使用触摸屏计算机，促进了点餐下单和结账的流水线化，从而降低了对柜台人员与收银员的需要[②]。

而信用卡和借记卡等银行卡在快餐店的日益广泛使用，也进一步提高了效率。对顾客（和员工）而言，从自己的钱包中找出一张适当面额的纸币付款，然后等待找零，特别是可能收到一大把没有多大用处的硬币，显然不如在终端机或 POS 机上刷卡消费来得方便。而在将来，人们甚至可以使用具有射频识别功能的银行卡，不需要在终端机和 POS 机上刷卡，用射频枪近距离一扫就可以结账。

---

① Michael Lev. "Raising Fast Food's Speed Limit." *Washington Post*, August 7, 1991.
② www.cnet.com/news/mcdonalds-hires-7000-touch-screen-cashiers/.

第三章 针对消费者的高效率与可计算性

（2）家庭烹饪（等相关现象）："我没有时间做饭"

在 20 世纪 50 年代快餐时代刚刚起步时，人们如果不外出吃快餐，基本上就在家中做饭吃。当时，人们往往从商店和超市购买各种原材料回家做饭。这种方法比起以前的诸如狩猎、采集水果和蔬菜来，效率已经高得多了。各种烹饪指南也提高了家庭烹饪的效率。人们在烹饪指南的指导下，不再需要自己创造各种菜品。人们可以根据烹饪指南进行烹饪，这提高了烹饪的效率。

不久后，家用冰箱的普及导致了冷冻食物生产的扩张[1]。最有效率的冷冻食物是"盒饭"（到现在对很多人来说还是如此）。斯旺森（Swanson）于 1953 年发明了盒饭，他把食物装在一个盒子里，第一年就卖出了 2 500 万份[2]。大冰箱还提高了其他一些方面的效率，诸如有了它，人们就可以一次购买很多东西放在冰箱中，而不必频繁购物。

然而，随着微波炉烹饪技术的发明，从冰箱中取出原材料并以传统方式烹饪开始显得不再那么有效率[3]。用微波炉烹饪快于用其他传统的炉子，人们也可以用微波炉制作各种各样的食物。也许最重要的是，微波炉会勾起那些已习惯于在快餐店就餐的人对制作各种食物（包括微波汤、比萨、汉堡、炸鸡、炸薯条和爆米花）的回忆。例如，由荷美尔公司（Hormel）生产的、用微波炉加热一下就

---

[1] Mark Kurlansky. *Birdseye: The Adventures of a Curious Man.* New York: Anchor Books, 2012.

[2] Jim Kershner. "Trays of Our Lives: Fifty Years After Swanson Unveiled the First TV Dinner, Meals-in-a-Box Have Never Been Bigger." *Spokesman Review,* March 19, 2003.

[3] "The Microwave Cooks Up a New Way of Life." *Wall Street Journal,* September 19, 1989; "Microwavable Foods: Industry's Response to Consumer Demands for Convenience." *Food Technology* 41 (1987): 52–63.

能够吃的第一批食品，是以饼干为基础的早餐三明治，类似于麦当劳快餐店的烟肉蛋麦满分。[1] 正如一位大堂经理所言："你不用到麦当劳快餐店去吃早餐了，你可以从你的冰箱这种杂货柜中拿出一份来，放入微波炉中加工好就可以吃了。"[2] 在某种程度上，"家制"快餐比由快餐店提供各种快餐更为有效率。至少我们不必再开车在快餐店与家之间来回奔波，我们只需要把喜欢的食物从冰箱取出来放进微波炉中就可以了。然而，制作微波食物需要我们预先去超市购物。

超市里充满了各种各样的成品，它们使在家做饭流水线化，使人们没有必要再去快餐店。有了这些成品，在家做饭不必完全从头开始，人们可以用预先组合好的混合材料在家中"制作"蛋糕、煎饼、薄饼、华夫饼等等。实际上，今天所有的饭菜在超市都可以买到预制盒装的成品。人们完全可能把 Dinty Moore 公司的各种招牌炖肉菜买回来，"在几分钟内做成一顿热气腾腾、丰盛可口、快速方便的大餐"。该公司还出售各种"大碗"牛肉炖菜，消费者买来后连碗都不用换，只需用微波炉加热便可食用，吃完后可把碗扔进垃圾桶，连碗都不用洗和烘干，就餐变得更加高效便捷。

以前人们需要在家做饭，现在人们越来越倾向于在超市直接购买现成的熟食回家吃。人们只需在回家的路上停下车，到超市购买盒装的主食、辅料甚至所需要的所有饭菜，根本不用烹饪，打开包装，加热一下，就可以享受一顿饭菜。

---

[1] "Microwavable Foods: Industry's Response to Consumer Demands for Convenience." *Food Technology* 41 (1987): 54.

[2] Eben Shapiro. "A Page From Fast Food's Menu." *New York Times*, October 14, 1991.

第三章　针对消费者的高效率与可计算性

餐包外卖行业更是体现餐饮日益麦当劳化的一个极好的例子，只不过这种餐包在买回来后还需要烹饪。在美国，从事基于消费者菜谱的半成品生鲜配送的蓝围裙公司（Blue Apron）是该行业的领导者，但其他类似的公司如 Plated、Sun Basket、Hello Fresh、Marley Spoon，以及亚马逊也是该行业中的重要公司。其中，亚马逊在 2017 年年中开始开展在线餐包销售业务，其口号是"我们做准备，你当厨师"。[1] 虽然这些稍有不同，但是从麦当劳化的角度看，它们提供每周数餐所需要的菜谱和所有原材料，因此仍然具有麦当劳化的特点。蓝围裙公司常常为消费者提供一般在超市难以找到的原材料（如童话茄子、粉红柠檬等等）。不过，这些独特的原材料以及蓝围裙公司的整个经营过程，都是高度麦当劳化的。消费者一旦获得了他们的餐包，就成了生产-消费者，要完成做饭的工作，包括切削、搅拌、烹饪这些原材料，以及进行各种饭后清洗工作[2]。不过这家公司的一位股东说："饭菜几乎都是做好了的。"[3] 蓝围裙公司的竞争者 Munchery 公司则沿着这一方向推进，提供和出售仅仅需要"微波加热"这一道制作工序的餐包。

蓝围裙公司从根本上促进了从农场生产到餐包递送再到烹饪制作整个过程的理性化。它通过预制和配备消费者所要求的各种原材料要素，从而大大提高了生产能力。蓝围裙公司在原材料制成

---

[1] Sarah Halzack. "Why This Start-Up Wants to Put Vegetables You've Never Heard of on Your Dinner Table." *Washington Post*, June 15, 2016.

[2] 生产-消费者还为蓝围裙公司提供了"大数据"（见本章后面的讨论），例如他们喜欢和不喜欢的食谱，这些数据的作用需要进一步合理化。

[3] Sarah Halzack. "Why This Start-Up Wants to Put Vegetables You've Never Heard of on Your Dinner Table." *Washington Post*, June 15, 2016.

后不久，就将其送到消费者手中。公司制作其"销售菜单"，而农场主被组织起来种植和生产各种原材料，包括童话茄子之类的新奇东西。公司需要多少，农场主就生产多少；农作物没有多余和浪费，这实际上也就是提高了效率。但这需要高度的控制、协调和组织，因为在配送给消费者的餐包所需要的农产品确定之前一年甚至更早，农场的生产计划就要制订好。不过，在整个过程中，计划会随时调整；万一出现某种农产品歉收或者种植失败，那么也可以进行灵活调整。虽然在蓝围裙公司的订单履行中心（fulfillment centers），也还有很多未麦当劳化的手工切削和包装工作，但是该公司正在日益走向自动化。其供应链组织程度极高，以至于各种配料只需在各个订单履行中心停留几个小时，就会被拼配、装盒并在第二天递送出去。

就其饭菜本身而言，其是高度量化的，因为消费者获得的每种配料，其分量都是精确的。然而，每种配料都被单独包装，这造成了巨大的浪费。消费者在网上订购他们所需要的饭菜时，往往是通过配料项目勾选过程来完成的，他们的饭菜所需要的配料每周都会被送到家门口。蓝围裙公司的系统之美，在于消费者认为他们在烹饪的过程中自己具有创造性，有时他们使用的是独特的配料，但实际上其中所涉及的一切都是高度麦当劳化的。正如一位厨师所言："对我来说，这种餐包听起来好像是在骗人，而不是在烹饪。"[①] 所有一切都失去了魅力，特别是在被量化的情况下，失去的是烹饪的热情与快乐。[②] 蓝围裙公司的消费者可能感觉他们在抗拒麦当劳化，但实际上他们完全

---

① Amanda Cohen. "You Don't Need a Meal in a Box." *New York Times*, June 30, 2017.
② 同上注。

第三章　针对消费者的高效率与可计算性

处于一种从农场到餐桌都高度麦当劳化的系统的控制之下。

食物的准备与消费的麦当劳化，导致了减肥产业的繁荣。例如，吃太多的快餐食品，往往会导致肥胖。而减肥往往又是一件困难且耗时的事情，但是减肥手册承诺可以使减肥更快、更容易。低热量食物的制作因此也已经流水线化。减肥者现在不需要从头准备减肥食物，只需购买各种已经准备好了的减肥食物，放在冰箱中或用微波炉加热食用。而那些讨厌效率低下的减肥餐的人，也会消费诸如节食奶昔、蛋白棒（例如 Slim-Fast）等产品，而这只需要几秒钟的时间。追求更高效的减肥者，可以服用各种药丸——如现在已被禁售的食欲抑制药"芬 - 芬"（fen-phen），以及今天仍然可以服用的处方药赛尼可（奥利司他）——加速减肥。后面这两种药物，还被冠以减肥药阿莱（Alli）的名字，当成非处方药销售。而且，人们还可以通过做抽脂手术，甚至采用一些更激烈、更具伤害性的方法，如做胃转流手术等来减肥。

在外减肥也是高效的。诸如珍尼·克莱格体重管理公司（Jenny Craig）[①] 和慧俪轻体公司（Weight Watchers）[②] 之类的公司，都是实体性的减肥中心。但是，现在流水线化的网络咨询兴起，人们已经不再需要耗时许久开车去实体减肥中心减肥。除了在线减肥咨询外，现在已经出现了大量的智能手机 App，人们通过这些 App 就能处理与减肥和健康等相关的问题。这些 App 很容易就可以获得，

[①] 在此我借鉴了多拉·吉姆萨（Dora Giemza）关于体重管理公司的看法，谨表谢忱。也参见："Big People, Big Business: The Overweight Numbers Rising, Try NutriSystem." *Washington Post/Health,* October 10, 1989.

[②] Lisa Schnirring. "What's Behind the Women-Only Fitness Center Boom?" *Physician and Sports Medicine* 30 (November 2002): 15.

并使获取关于如何减肥的信息这样的事情变得更加高效。

(3)购物:创造更有效的销售机器

现在不仅仅是食物的购买过程,几乎所有的产品和服务的购买过程,都已经大大简化了。百货商店比起散布在城市与郊区的各种专营店来,显然是一种更为高效的购物场所。大型购物中心把各种百货商店和专营店整合在同一屋檐之下,从而提高了效率。① 对零售商来说,这种购物中心是划算的,因为专营店与百货商店结合在一起,带来了大量的客流。对消费者而言,这种购物中心也是高效的,因为在同一个大商场中,他们就能看到各种商店,并且可以在其中的餐饮区就餐(那里往往快餐连锁店云集),还可以看电影、喝咖啡以及去健身中心或减肥中心。

购物广场现在也是流水线化的,同时也是高效率的,但是如果拿它与诸如亚马逊之类的线上商城相比,就显得十分低效了。此即购物广场、百货商店以及其中的连锁店日益衰落的主要原因之一。

那些觉得没有时间去大型购物中心的消费者,可以待在舒适的家中,通过诸如宜家产品目录之类的商品目录购物。现在这类商品目录日益可以在线获得。② 还有一种不去大型购物中心的替代选择,那就是在家中通过电视购物。诸如美国联邦快递(Federal Express)、美国联合包裹速递服务公司(UPS)等包裹快递系统的完善,使通过商品目录、电视特别是网络进行购物的效率进一步大幅提高,包裹逐步实现了次日送达甚至同日送达。

---

① William Severini Kowinski. *The Malling of America: An Inside Look at the Great Consumer Paradise*. New York: William Morrow, 1985, p. 61.

② Wendy Tanaka. "Catalogs Deck Halls to Tune of Billions: Mail Order Called 'Necessity' for Consumers." *Arizona Republic*, December 9, 1997.

第三章　针对消费者的高效率与可计算性

虽然购物广场衰落了，但开车购物仍然是高效的。"7-11"便利连锁店以及类似的连锁店［例如 OK 便利店（Circle K）、AMPM 便利店，以及 Wawa 便利店］现在已经成为微型、迷你的购物广场，允许人们直接开车到门前，只不过可能不会提供免下车服务。这些商店的效率已经大大提高，因为它们也提供加油服务，加油站离商店往往只有几步远。如果购买者只需要一些小商品，那么开车去一家流水线化的"7-11"便利连锁店（在世界上有超过 56 000 家分店）①，比开车到一家大型购物中心，可能更为高效（虽然商品价格可能要高一点）。在大型购物中心，购物者需要把车开进一个大停车场，推一辆购物车，走过无数的通道寻找自己所需要的商品，在收银台排队结账，然后提着购物袋回到有时比较遥远的汽车中；而在"7-11"便利连锁店，人们可以把车就停在眼前，然后很快找到自己需要的商品。与提供高度有限菜品的快餐店一样，"7-11"便利连锁店只出售种类有限的、常见的商品，包括面包、牛奶、烟、阿司匹林甚至录像机，以及诸如咖啡、热狗、微波炉三明治、冰苏打水和思乐冰饮料等需顾客自己动手加热或接取的商品。"7-11"便利连锁店往往只出售数量非常有限的品牌的代表性产品，从而提高了它的效率。

消费者如果要使自己具有更大的选择范围，就必须去相对不那么高效的大型超市。当然，大型超市也在竭力采取措施使购物者的购物过程流水线化，如通过开设制度化的自助结账通道（见下文）、将出售的每种商品的品牌限制在 15 种以内、为那些只能付现金不

---

① http://corp.7-eleven.com/aboutus/funfacts/tabid/77/default.aspx.

能刷卡的顾客提供专门付款通道、自动结账等等措施，来提高自己的效率。

（4）高等教育：麦当劳式大学的多任务化

在当代理性化的大学[1]（常常被讥讽为"麦当劳式大学"[2]）中，学生（大学中的消费者）通过使用他们的个人电脑和智能手机以各种方式来完成多种任务，从而在课程方面变得越来越有效率。如果学生在课堂上用电脑通过谷歌搜索相关信息，那么对于教育可能是有助益的，但是如果学生在课堂上用电脑来玩网络游戏、写博文或者用智能手机来发短信，那么起到的可能是反作用。还有，在诸如"评价我的教授"（RateMyProfessor.com）之类的网站上，学生还可以高效地评价他们的教授，查阅其他学生对某个教授的评价。

无论是老师还是学生，都已经把维基百科作为一种高效的重要信息源。曾经有一段时间，大多数教授对使用维基百科持批评态度，但后来越来越多的教授转而支持使用维基百科。他们不仅仅自己使用维基百科，甚至鼓励学生使用维基百科。

还有一种"学术效率"值得一提，那就是学生能够在线购买现成的学年论文。现在有很多网站[3]向学生廉价兜售原创的、可供定制的研究论文。它们可以提供任何主题或领域的论文，而且宣称每篇论文"收费很低"，甚至低至每页12.99美元。你可以（但我不

---

[1] Clyde W. Barrow. "The Rationality Crisis in U.S. Higher Education." *New Political Science* 32 (2010): 317-344.

[2] Dennis Hayes and Robin Wynyard, eds. *The McDonaldization of Higher Education*. Westport, CT: Bergin & Garvey, 2002; Martin Parker and David Jary. "The McUniversity: Organization, Management and Academic Subjectivity." *Organization* 2 (1995): 1-19.

[3] 例子参见：www.12000papers.com 或 http://myessayservices.com/research_paper_for_sale。

第三章　针对消费者的高效率与可计算性

建议你这样做）在网上花 130 美元购买一篇关于麦当劳化的长达十页的论文。① 很多网站甚至为那些拖延到最后时刻的学生提供快捷服务和随时的特快专递服务（如果你需要在 48 小时内得到这种论文，那么每页价格为 14.99 美元）。但是，同学们，要小心，因为有一些网站能用一种高效的系统（如 Turnitin 论文查重检测系统）来甄别学生的论文是否剽窃，可以帮教授发现学生剽窃和抄袭，从而"战而胜之"②。

（5）医疗：多科医生集中于一处的医疗室

人们可能以为，现代医疗与其消费者——病人——不会追求效率，总体上也不会受到理性化的影响。然而，事实却相反，医疗已经麦当劳化了。

关于美国医疗精简、高效化的最好例子，也许就是诸如杜安里德（Duane Reade）之类的"来了就做、做了就走"的手术中心或急救中心的增多③。在这里，有麦当劳式医生（McDoctors）、"多科医生集中于一处的医疗室"（docs-in-a-box）或者全科医生，向需要简便、高效医治的病人服务。这些中心或医疗站都高效、精简地处理一些常见的小伤小病。尽管缝合病人的一处小伤口，并不能做到如给顾客一个汉堡那样迅捷高效，但也应用了很多同样的原则。对患者而言，看社区医生比到大医院看医生要简单、高效得多，他们去看社区医生并不需要预约，而去大医院看病，先要预约医生，然后开很久的车、走很远的路，一直要等到预约的时间才能看病。

---

① www.exclusivepapers.com/essays/Informative/mcdonaldization-of-society.
② 参见：www.turnitin.com.
③ www.drwalkin.com/home.

对于小手术，诸如缝合小伤口，由一个麦当劳式医生来快速处理，比一个大医院的手术室的各种环节的折腾更加精简高效。人们建立医院的目的，主要是处理严重疾病。虽然面对这种大病，精简高效的医疗并非通常做法，不过很多医院已开始雇用专业的急诊医生和医疗团队，以推进急诊的精简高效。多科医生集中于一处的医疗室或应急医疗中心，也比私人医生办公室更有效，因为这类设施的建筑布局，不允许私人医生对患者提供患者所期望的、个人化的看护（因为这样会降低医疗效率）。换言之，它们使医患关系简单高效化了。

药店甚至超市、折扣商店、仓储式连锁商店都建立了"分钟诊所"[①]。这种诊所雇用的职员主要是实习护士、医生助理，他们能为遇到一些小的病痛的病人，提供一些精简高效的帮助。现在，在社区药房或超市接受流感疫苗注射，已是越来越常见的事情（可能是在一个肉铺附近由一名屠夫来注射——只是开个玩笑！）。

（6）娱乐：客流的高效流动和垃圾的快速清运

很多人已认为走很远的路去所在地电影院看电影，不再是一件高效的事情。有一段时间，卖 DVD 以及出租 DVD 的商店十分流行与兴盛。百视达———一度是美国最大的音像出租公司——曾经自封"音像出租行业的麦当劳"[②]，但它在 2010 年年底就破产了，主要原因在于与各种新兴的、更便捷高效的替代选择相比，租 DVD 已

---

① http://minuteclinic.com/en/USA/; www.forbes.com/sites/greatspeculations/2014/07/11/cvs-continues-to-expand-its-minuteclinic-footprint/.

② Mark Potts. "Blockbuster Struggles With Merger Script." *Washington Post/Washington Business*, December 9, 1991, p. 24; Eben Shapiro. "Market Place: A Mixed Outlook for Blockbuster." *New York Times*, February 21, 1992.

第三章　针对消费者的高效率与可计算性

经不再便捷。

以影碟租赁机为例。红盒子（Readbox）——产权曾为麦当劳所有——这款影碟机曾经十分流行。然而，从诸如奈飞、亚马逊和iTunes等网站和播放软件在线观看付费电影，则要高效便捷得多。人们还可以通过各种有线电视公司收看按次收费的电影。人们不仅可以待在家中观看由这些网络提供商提供的电影，还可以在各种移动终端上观看网络视频。很多网站和播放软件允许顾客下载自己爱看的节目，而他们在下载时还可以浏览其他内容，重看或"暂停"电视直播。有些人甚至还可能不付费，观看盗版电影，当然这常常是非法的。

另外，人们可以通过卫星网络便捷高效地观看足球比赛。通过网络，球迷甚至可以同时观看几场比赛。在直播节目"NFL RedZone"中，人们可以观看某一天的所有比赛中球离双方球员20码①范围内的所有画面。因此，通过删减和消除所有"不必要"的画面，看球也显得更加精简高效。通过这样的技术手段，其中60%的比赛画面不必再看了。

娱乐世界的另一种高效率，就是现代游乐场——特别是迪士尼乐园与迪士尼世界——能够让客流快速移动的系统②。一系列的道路每天都使数千辆汽车开到适当的停车点，小型公共汽车则把人们运送到游乐场入口。游客一旦进入游乐场，就会发现自己身处巨大人流之中，由"传送带"从这条道路或这个景点传送到那条道路或那

---

① 约为18.3米。——译者注
② Stephen Fjellman. *Vinyl Leaves: Walt Disney World and America*. Boulder, CO: Westview, 1992.

个景点。一旦他们到达各个景点，各种传送工具，如汽车、轮船或电动步道等，就会使他们迅速流动、进出各个景点。

迪士尼世界已经成为其所取得的成功的受害者：即使其能够十分高效地使其客流移动，也还是难以招架旅游旺季蜂拥而来的人群。自1999年以来，迪士尼一直试图通过更加高效的快速通道系统来解决这个问题。这一系统允许参观者选择特定的时间去参观某个景点，并通过单独的、更快的通道进入这个景点。当然，开放的快速通道数量是有限的。如果让每个游客都通过快速通道进入每一景点，那么反而会弄巧成拙。目前在迪士尼世界，仍然存在排长队等候的现象，甚至那些快速通道也不那么快速了。2014年，为了进一步提高效率和减少游客的等待时间，迪士尼又引入了一种更加精简高效的快速通道系统，让游客可以预约并快速去往三个景点。[1]

迪士尼世界需要高效处理的事情，不仅仅是客流的快速移动问题[2]。这些常去游乐场的人群，吃得也很多（吃得最多的是快餐，特别是指间美食），并因此制造大量的垃圾。如果迪士尼世界只在每天结束时才清理和倾倒垃圾箱，这些垃圾箱早就被塞满了。为了防止出现有碍观瞻之处（因为整洁有序——某些人甚至会说无菌——是麦当劳化世界尤其是迪士尼世界的关键要素，所以必须防止出现垃圾暴露在游客面前这种情况），大批员工必须不断清扫、收集、倒空垃圾。因此，在整洁的迪士尼客流后面，是一支清洁工大军，他们无处不在，一有游客扔下垃圾或有动物留下粪便，他们就

---

[1] https://disneyworld.disney.go.com/plan/my-disney-experience/fastpass-plus/.

[2] Michael Harrington. "To the Disney Station." *Harper's,* January 1979, pp. 35-39.

第三章　针对消费者的高效率与可计算性

必须即时处理掉。在短短的数分钟内，他们就可以清理刚刚经过的客流留下的任何痕迹。迪士尼世界还应用复杂的地下管道系统，当垃圾桶内的垃圾倒入地下管道系统后，被以每小时60英里的速度送到远离游客视野的垃圾集中处理厂。迪士尼世界不只在某一个方面，而是在很多方面都是一种"魔幻王国"。有位观察家把现代的、高度理性化的游乐场——如弗吉尼亚州布希花园（Busch Gardens），与这种游乐场的前身——如乡郡集市和康尼岛——进行了比较，发现"那些充满灰尘的游乐场，已经消失了。……而在其消失的地方，规模宏大、自成一体、设备齐全的新型游乐场巍然耸立……这种游乐场具有大多数城市达不到的高效率"[①]。

（7）各种网络购物网站与精简高效化

网络以及网络与实体消费场所共同创造的拓展的现实，显然是导致消费的效率极大提高的重要原因。正如我们在第一章中所看到的，亚马逊公司通过Amazon Go和新开的实体书店，大大提高了实体店购物的效率，但是，其效率仍然根本无法与在亚马逊等网站上购物的效率相比。例如，与在实体店购物不同的是，网络购物网站一年365天、一周7天、一天24个小时都是"开放的"。随着大量的产品信息（包括产品图片、视频）被放在网站中，顾客可以随意地在线浏览，在线消费所需要的信息更加充分。而已经购买了产品的顾客，会在其购物的网站或专门的评价网站留下关于产品与服务的评论，供其他人在线查看。人们还可以在社会化的媒体网站（如博客、论坛、贴吧等）查找其他消费者的各种评论与推荐信息。

---

① Lynn Darling. "On the Inside at Parks à la Disney." *Washington Post*, August 28, 1978.

人们对于各种产品的评级、比较变得更加容易，因此购买决策也更加容易做。人们甚至不必查看那些评论，只需用眼睛扫一下网站或网店的等级评分，就可以决定买或不买。还有一些搜索引擎，可以让在线购物者快速且便捷地找到同一种商品标价最低的网店。

人们现在根本不需要到或远或近的实体店，而只需要通过电脑或手机，就可以通过虚拟网络找到所需要的任何商品。以图书为例，我们现在已经完全没有必要费劲去那些大型的书店、书城，更没有必要在一个个小书摊间徘徊，而只需要上到亚马逊网站，就可以浏览成千上万个书目，并轻易查找和搜索到自己所需要的图书，看到该书的封面、目录甚至部分正文文字。[①] 消费者在点击所需要的图书标题，将图书加入购物车，然后在线付款后，就可以静静等候快递公司把书送到家门口。通常在两天甚至一天之内，图书就会来到消费者手中。而亚马逊网站上的无数其他商品，购买起来更别说有多方便了。另外，一些网络购物网站或网店还提供包邮服务，并且越来越多的商店选择采用诸如此类的促销策略。甚至一些网店还实行免费退货政策。

而各种电子书和电子阅读软件 [如亚马逊公司的 Kindle、巴诺书店（Barnes & Noble）的 Nook] 的出现，使购买和阅读图书变得更加便捷。现在，非纸质的图书可以在网上订购、即时下载和通过点击实现快速翻页。2011 年，亚马逊的电子书销售额首次历史性地超过了纸质精装与平装图书的销售额。[②] 从 2014 年到今天，电子书

[①] www.amazon.com/gp/help/customer/display.html/ref=help_search_1-5? ie=UTF8&nodeId=14101911&qid=1258841029&sr=1-5.

[②] http://phx.corporate-ir.net/phoenix.zhtml? ID=1565581&c=176060&p=irol-newsArticle.

第三章　针对消费者的高效率与可计算性

的销售比例越来越高。在美国，电子书的销售额已经占到整个图书销售额的 30%，在售出的电子书中有 20% 带有 Kindle 的标志，目前亚马逊占有 65% 的电子书市场[1]。

人们在苹果音乐（Apple Music）、谷歌音乐（Google Play Music）、Spotify、Pandora、YouTube 等等类似的平台上，可以即时且便捷地欣赏在线音乐。1999 年是整个音乐市场的销售高峰时期，当时 CD 唱片的销售十分火爆，但是自此以后，CD 唱片的销售量急剧下降，整个音乐市场的销售额也日益下降，但是数字音乐市场的销售额则在增长——仅 2016 年就增长了 11.4%。出现这种情况绝非巧合，正是在 1999 年，第一家数字音乐网站——纳普斯特（Napster）——开始运营。[2] 这类数字音乐网站所具有的高效率，就是人们根本无须出门，无须进入任何一家还在出售 CD 唱片的商店，就可以在网站上收听任何一首自己想听的音乐，那种老式唱片更是无人问津了。随着出售 CD 唱片与老式唱片的商店的持续衰落，店面日益减少，人们去购买 CD 唱片来听的做法就显得更加麻烦和不便了，因为他们可能需要花更多的时间、走更远的路才能买到唱片。

视频游戏也存在类似的趋势。以前，游戏驿站（Game Stop）公司在全世界开设了 7 000 多家实体店出售视频游戏机和游戏卡，但是现在直接从网络上下载网络视频游戏要方便、高效得多。其结果就是，游戏驿站日益衰落。越来越多的游戏爱好者或玩家已经不

---

[1] George Packer. "Cheap Words." *New Yorker*, February 17, 24, 2014; Jeff Bercovici. "Amazon vs. Book Publishers, By the Numbers." *Forbes*, February 10, 2014.

[2] Ben Sisario. "Streaming Drives Up Music Sales in U.S., but Hold the Celebrations." *New York Times*, March 31, 2017, p. B2.

再去游戏驿站，而是到 Xbox Live、PlayStation Network 等在线网站上玩网络游戏。

还有很多其他数不清的网站（如 Overstock 等），向人们销售各种虚拟产品。很多网络银行向人们提供网络信贷服务；很多网络药店、网络水果店、网络花店，向人们提供十分便捷、送货到家的销售服务。现在，通过各种 App 或者网站，人们可以在线咨询医生和看病。① 另外，还有网络拍卖与竞拍，买卖双方、消费者与商家可以通过网络高效且便捷地完成交易。试想一下，如果没有易贝之类的网络交易平台，那么这类交易的双方找到彼此并进行交易该有多么困难与低效！在 2007 年易贝收购 Stubhub 之后，在线证券交易变得更加方便，大大拓展了在场交易的空间，使更多的人可以参与其中。而在没有网络交易平台的时候，人们进行证券交易十分不便和低效，只能靠在交易所中随机寻找交易伙伴，交易的完成具有偶然性。而同样是易贝旗下的第三方支付平台 PayPal，使在线支付更加轻松与便捷高效。而且，更重要的是，我们在进行网络购物的时候，还可以进行手头的工作，这是网络购物高效率的另一个层面。② 雇主可能觉得在工作时间进行网络购物会影响工作效率，但是从员工（消费者）的角度看，这样无疑是十分高效的。

使网络购物更加高效的动力仍在继续。现在已发明了购物机器人，可以提供"在线比较服务"。它可以就顾客所选择的某种商品自动进行全网价格比较，并发现标价最低、快递耗时最短的网站或网

---

① Robin Herman. "Drugstore on the Net." *Washington Post/Health*, May 4, 1999.
② Doris Hajewski. "Employees Save Time by Shopping Online at Work." *Milwaukee Journal Sentinel*, December 16, 1998.

第三章　针对消费者的高效率与可计算性

店。[①] 例如，使用谷歌的"谷歌购物引擎"，顾客可以"根据不同的产品种类——仪器、电脑、鲜花等等——进行浏览，或者顾客只需输入一个查询词条，它就会自动搜索并列出与之相匹配的产品目录，并且每种产品都会链接或附有简短的描述、图片、价格，以及相应的网络销售商名称和网址"[②]。然而，现在更加高效的做法则是直接进入亚马逊网站，该网站中的每一种商品都会以全网具有竞争力的价格甚至最低价销售，顾客也就根本用不着再去在线比较价格了。

随着银行信用卡或借记卡的普及使用，以及诸如易贝旗下的第三方支付平台 PayPal 之类的各种在线支付系统的开通，购物特别是网络在线远程购物已经变得越来越高效便捷。以诸如此类的方式进行交易，显然比用现金进行交易（现金结账、现金定金）要高效便捷得多，甚至人们再也不必去自动取款机 ATM 或银行提取现金了。各种各样的在线交易，在很多情况下完全不再依靠现金、支票或预付金就可以完成。

对消费者而言，数字化的网站的确更加高效，与到实体店消费相比，网络消费可以说使效率得到了极大提高。几乎所有的交易，如果能够在网络上完成，那么一定比在实体店完成高效便捷得多。

其结果就是各种实体店的衰落，例如实体书店或图书城已经大大衰落了。近年来，实体书店已经有一半关门了。美国书店连锁巨头鲍德斯集团（Borders）的图书超市已经有 2 011 家破产关门了，而巴诺书店现在经济困难重重。然而，正如我们所看到的，亚马逊

[①] Bruno Giussani. "This Development Is One for the Books." *Chicago Tribune*, September 22, 1998.

[②] Leslie Walker. "Google Turns Its Gaze on Online Shopping." *Washington Post*, December 15, 2002.

公司却逆势而动，收购了全食超市公司，在美国开设了数家实体书店，并计划开设更多的实体分店。① 当然，与其在线业务相比，其实体业务规模还相当弱小。

A. 优步化：专注于提高效率

优步是众多"共享出行"或网络化营运运输公司之一，这种新型的公司之间彼此竞争激烈，也与传统的出租车行业存在激烈的竞争，而且整个世界的情况都是如此。网络化营运运输公司，通过竞争使运输行业更加便捷高效，特别是在城市或都市地区。优步已经成为交通运输网络化运营产业中的佼佼者，我们甚至可以用"优步化"一词来体现其显要的行业地位，创造一个可以与"麦当劳化"一词比肩的新术语。这种共享出行公司相对于传统出租车公司所具有的巨大优势，就是前者在能够提供与传统出租车公司一样的交通运输模式（汽车运输）的同时，深深地嵌入了网络数字世界。在优步的运营系统中，乘客可以通过手机 App 在线召唤司机和汽车。而离乘客最近的司机，会更可能回应乘客的召唤，跑完一单生意。一旦乘客与司机在 App 中确定了订单，App 系统就能实时告知乘客司机和汽车在什么位置，离乘客还有多远，赶到乘客那里还需要多少时间。在诸如纽约之类的大城市，优步司机之间竞争激烈，所以乘客往往数分钟内就可以叫到一辆优步网约车。叫车者还能够获得所叫网约车的状况——它们往往就在叫车者附近。叫车者还可以准确获知车费是多少，并且车费会从银行卡中自动扣除，账单可以随时查看。乘客很少再需付给优步司机小费，公司也不鼓励乘客付给优

---

① Nick Wingfield. "Amazon-Whole Foods Deal Clears Last Two Major Hurdles." *New York Times*, August 23, 2017.

第三章　针对消费者的高效率与可计算性

步司机小费，因为这样会大大降低效率，而有些出租车司机会告诉乘客应付多少小费、小费大概是车费的几个百分点等等。而叫网约车，在到达目的地之后，乘客可以立即下车走人，不需要其他任何付费步骤。总而言之，坐优步车比起坐传统的出租车来，存在上述便捷优势。

十分显然的是，优步的关键特征之一，就是其高效率。优步前首席执行官特拉维斯·卡兰尼克（Travis Kalanick）是一个充满争议的人物，2017年年中被解雇，因对市场支配、利润与高效的极度追求而出名。实际上，在来到优步公司之前，他已经建立了两家以网络为基础的新公司，其中一家是音乐和媒体文件对等共享网络公司Scour，另一家是大数据文件共享网络公司Red Swoosh。一位曾经任职于Red Swoosh公司的经理人说："Scour专注于效率，Red Swoosh专注的也是效率，他一门心思追求的或者所考虑的一切问题，就是效率。现在优步的运转特点，就是高效率。它是乘客从此处到彼处最快、最便宜、最高效的方式。"①

相反，传统的出租车在很多方面都是低效率的，特别是乘客能否打到出租车具有不确定性，打车的过程是低效的。人们如果要坐出租车，那么可能得去出租车专用的上客点或招手站，但这样的地方不一定很近，可能很远。当然，乘客也可以不去那里，而就站在街边等候一辆刚好经过的空出租车。但不管如何，乘客都需要一定的时间来等候。更重要的是，有时候出租车会拒载，特别是当乘客要去的地方太远、太偏僻或者太危险时。在繁忙大城市的早高

---

① 这非常接近于第一章关于高效率的界定，参见：Mike Issac. "Uber's Tallies the Costs of Its Leader's Drive to Win at Any Price." *New York Times*, April 24, 2017, p.A16.

峰和晚高峰时段，以及突然出现的恶劣天气等情况下，人们往往很难打到出租车。与此相比，共享出行公司有巨大的优势。特别是在这些情况下，这些公司会标出更高的价格，吸引司机去接送乘客，这样，司机能够挣到更多的钱，而公司或平台获得的抽成也就更多。

B. 网上约会：只需一个"对眼"就能表示你感兴趣

对年轻人来说，在一个他们可以轻浮地"闲逛"或"勾搭"的时代里，约会已经变得"过时"且低效。然而，"闲逛"对每一个人来说，都是十分耗时的，对年龄稍大的人来说，"闲逛"的可能性更低，"闲逛"也没有多大的吸引力。约会原是一个十分低效的过程，现在由于网络的出现，约会已经变得简捷高效了，人们可以通过速配网站（诸如 eHarmony.com 和 Match.com 等）的在线服务来找到另一半并进行约会[①]（对于那些对性而非低效率的约会过程更感兴趣的人来说，还有各种成人交友网站[②]）。人们只需轻点鼠标，就可以在特定年龄阶段群体中找到某个邻近地区的男子或女子（不需要走太远的路就可与之见面）。网站还提供各种关键词（如"迷人的""精力充沛的"等），以使人们可以更容易地找到特定类型的人，可以很快地搜寻到和浏览符合某种标准的潜在约会对象的资料。一旦锁定一个感兴趣的人，只要轻点某个图标，就可以与对方"对眼"（wink）并可能实现约会。人们还可以进行一些其他的点击操作，把潜在的约会对象加入"好友名单"，从而如果一次约会不成功，那么人们还可以很快锁定和接触另一个约会对象。

[①] www.eHarmony.com; www.match.com.

[②] www.adultfriendfinder.com; http://sfbay.craigslist.org/i/personals? category=cas.

第三章 针对消费者的高效率与可计算性

一个人在点击并选择了一个约会对象后，约会有可能永远不会真正实现。在这种情况下，被冷落的追求者就不再可能进一步了解对方的基本情况。此时他的最好选择，就是马上回到网上的约会场景中，从其中或从自己的好友名单中找到一个替代者。

在线约会网站提供了各种各样的为用户所喜欢的优势。例如，比起去酒吧或俱乐部来，人们可以在在线约会网站遇到更多的人。婚恋交友网站 PlentyofFish 的名字就恰如其分地表明了这一点。的确，前文所提到的这些网站，都有一个吸引人之处，那就是它们能够提供比其他方式多太多的潜在约会对象。一个人可以快速实现在线约会，其速度比去一个酒吧闲逛要快得多。通过 Tinder 网站提供的配对功能，用户可以从大量的照片中找到一个潜在的约会对象。用户在浏览照片时，可以把不感兴趣的人的照片左划，而把感兴趣的人的照片右划，并尝试与之建立约会关系。用户可以与之在线聊天，如果彼此有意，就可以建立进一步的关系。在绝大多数情况下，用户通过诸如此类的网站，可以实现一次"短暂的见面"（如在咖啡店见上一次面）或短暂的关系。众多诸如 Tinder 之类的网站，设计的主要目的是让用户快捷地建立短暂的"约会"关系，而不是让他们建立长期的、严肃的关系。

最近，通过智能手机和相关的手机应用程序、全球定位技术，在线约会变得更加方便、高效，人们能够更加高效地找到就在附近的人。这意味着，人们在路上边走边找，就能够实现约会，而再也不需要待在计算机旁边。其结果是，通过智能手机，人们可以更快速、更高效地实现约会。

2. 产品的简化

自不必说，以复杂菜谱为基础的复杂食物，肯定不符合快餐店的常规。这个行业的主要食物（如汉堡、比萨），只需要成分相当少的原料，且预备和服务程序简单，吃起来也很方便。快餐店往往都会提供指间美食，人们不需要餐具就可以吃下去。

近年来出现了很多创新，增加了指间美食的品种和数量。烟肉蛋麦满分——包含了鸡蛋、加拿大熏肉、英国松饼——完全可以充当一顿早餐。人们吃这种汉堡，比坐下来用刀叉吃满盘的鸡蛋、熏肉和松饼更为高效。麦乐鸡——也许是一种终极的指间美食——的发明，反映了如下事实：在麦当劳快餐店看来，原来的鸡肉吃法是相当低效率的，因为硬骨、软骨与鸡皮等会影响我们吃鸡肉的效率。而通过麦乐鸡的做法，那些阻碍吃鸡肉效率的硬骨、软骨与鸡皮都被去除了。消费者可以用手抓几块炸鸡块放进嘴里，甚至在开车时也可以吃。如果那些大规模的鸡肉供应商可以饲养一种没有骨架、软骨与鸡皮，可以高效率消费的鸡的话，那么我想他们肯定会那样干[①]。另外一个高效率的例子，就是麦当劳苹果派，苹果馅完全被用面团包裹着，消费者吃它就如吃汉堡一样。

然而，从消费者角度看是高效率的东西，在餐厅老板及其雇员看来，则可能不是高效率的。以麦当劳的快餐卷（snack wrap）为例。[②]它是一种经典的麦当劳化食物。其一是因为它是一种指间美食，消费者可以快速且高效率地吃下它。其二是因为它的原材料在

[①] 他们已经把繁殖、饲养、宰杀肉鸡的过程麦当劳化了。
[②] Janet Adamy. "For McDonald's, It's a Wrap." *Wall Street Journal,* January 30, 2007.

第三章　针对消费者的高效率与可计算性

麦当劳快餐店无须另备，炸鸡肉条、玉米饼、碎生菜、奶酪、牧场酱都是现成的。但是，麦当劳已经基本上不再卖这种食物了。首先，麦当劳已经发现，诸如全天候早餐[1]之类的创新食物，更加吸引消费者，也更受消费者欢迎。其次，其存在的一个较大的问题是，尽管消费者吃起它来方便高效，但是麦当劳的雇员制作起它来相当麻烦。雇员们需要花很多时间来制作玉米饼，甚至要花更多的时间来切菜和把各种原材料塞入玉米饼中，卷起来，并把它装进一个小的纸质盒子中。[2]

很多其他的快餐店如肯德基、温迪汉堡等会继续提供各种在顾客看来十分有吸引力的、可以高效率消费的点心，甚至以此作为自己的特色与招牌。塔可钟推出的是"早餐脆卷"和"三双脆饼"。一种墨西哥玉米卷饼，也许是经典的卷饼，在很多快餐店特别是在墨西哥风味快餐店小辣椒中十分受欢迎。

限制菜品的数量促进了快餐店的高效率。麦当劳快餐店不会提供鸡蛋卷，塔可钟则不会提供炸鸡。诸如"我们按照你喜欢的方式来做"或"你的方式，就是正确的方式"之类的广告，表明了快餐店似乎乐意提供专门化的、满足特殊要求的服务。但是，真正到了快餐店中，你会发现，快餐店最不愿意做的一件事情，就是按你的方式去做。对于有特殊要求的顾客，它们只能表示抱歉，因为它们的高效率主要来自，它们总是仅以一种高效的方式来制作千篇一律的食物。有些顾客会提出一些冒失的要求，比如要不全熟的汉堡或

---

[1] Stephanie Strom. "All-Day Breakfast Helps McDonald's Post Higher Earnings." *New York Times*, January 26, 2016.

[2] Leslie Patton. "McDonald's Cuts Wraps from Menus After Millennials Don't Bite." *Bloomberg*, April 14, 2016.

炸成褐色的薯条，但他们可能要坐很长时间的冷板凳，才能等到这些"另类的"食物。不过，很少有顾客愿意等那么长时间，因为这样有损去快餐店就餐的好处。很久以前，福特说："我们可以把小汽车涂成顾客想要的任何颜色，但前提是他想要的是黑色。"① 而在快餐店，与之相似的一句话，就是"在快餐店，顾客可以购买任何一种汉堡，但前提是必须是快餐店已经做好的汉堡"。

出于追求高效率的目的，除了快餐以外，很多其他产品也都被简单化了。诸如5小时能量（5-hour Energy）与红牛（Red-Bull）之类的能量饮料，往往都是简单化的饮料，能够快速提供大量的咖啡因。代餐饮料公司Soylent [名字取自1973年的科幻电影《超世纪谍杀案》（*Soylent Green*），在这部电影中，死尸被转化成可食用的薄脆饼，以应对食物短缺] 生产的是一种粉状产品，加水就可以兑成一种饮料，能够提供人体需要的所有养分。有一位杂志专栏作家在一周半的时间里以此为主食，然后发现"其简单得十分讨厌、无趣……Soylent公司的一切，完全是出于满足功能需要的目的，而毫无趣味。虽然它可以给我们提供所需的一切养分，但是我们从这样的食物中找不到任何的美感与情感的愉悦"。②

香蕉也是一个十分有趣的、能够体现产品简单化的例子。当然香蕉本身并没有被简单化，但它的市场已经被一种香蕉的市场支配地位简单化了，至少在美国是如此。这种简单化也适用于其他水果和蔬菜，例如苹果。在一段时间内，"Gros Michel"品牌的香蕉处

---

① Henry Ford. *My Life and Work*. Garden City, NY: Doubleday, 1922, p. 72.
② Farhad Manjoo. "The Soylent Revolution Will Not Be Pleasurable." *New York Times,* May 28, 2014.

第三章　针对消费者的高效率与可计算性

于市场支配地位，但是后来这种香蕉因为病害而衰败，在美国和很多其他国家被卡文迪什（Cavendish）香蕉取代。人们之所以如此选择，是因为卡文迪什香蕉对病害的抵抗力更强而非其品质和口感更好。其结果就是，这种品种的香蕉被称为"香蕉中的麦当劳"。[①] 印度有数百种香蕉，但是卡文迪什香蕉被称为"宾馆香蕉"。

越来越多的地方提供简化的产品与服务，美国 AAMCO 汽车传动公司，主打的产品与服务就是简化变速器，而弥达斯消声器公司（Midas Muffler）把自己的业务范围严格限制于消声器的安装。美国 H&R 布洛克税务公司设有将近 12 000 个营业点，其中有很多设在海外，但都只代理税收申报业务，代理数量不计其数。因为它雇用了很多兼职与季节性员工，不能像注册会计师（CPA）那样提供完整的税收与金融服务，因此那里显然不是完成复杂的税收申报的最好去处。[②] "麦当劳化牙医"（例如 AspenDental）可以进行简单的牙科治疗，但病人如果要在这里进行根管治疗，那就显然欠考虑了。虽然配立得眼镜公司提供眼科检查，但患上严重眼疾的病人，就应去看眼科医生。还有，《今日美国》为读者提供的，只不过是高度简化的、麦当劳式的"麦乐鸡新闻"。

3. 让消费者工作

在麦当劳化的世界中，还有一种提高效率的终极机制，那就是让消费者工作。对员工或者雇员来说，让消费者自己动手，会效率更

[①] Annie Correal. "The Secret Life of the New York Banana." *New York Times*, August 6, 2017, p. 23.

[②] www.hrblock.com/company/index.html.

143

高，当然这种高效率只是对员工或雇员而言的，对消费者自己而言，并非总是如此。那些在消费的过程中自己动手、参加生产的消费者，参与的是一种"产消一体"的过程。[1] 正如上文所言，生产－消费同时包括了紧密关联的生产与消费过程，生产－消费者是工作着的消费者[2]。具体说来，他们参与没有报酬的"自我服务工作"[3]。也正如上文所指出的，所有的生产都涉及某些原材料或要素的消费。同样，所有的消费都涉及某些原材料或要素的生产，或者都涉及工作。

一方面，很多人愿意成为生产－消费者，例如在购物、教育和保健领域，因为这给他们自由感，甚至使他们觉得自己并非无能的。而另一方面，产消一体可能具有疏离异化的功能，给人们留下这样一种感觉：他们在很大程度上只是他们自己，而不能与其他人进行互动。

（1）快餐店：顾客为自己完成一切

不比那些提供全方位服务的饭店中的顾客，快餐店的顾客需要自己动手无偿地完成很多任务："虽然麦当劳快餐店的口号或标语是'我为你完成一切'，但实际上，在麦当劳快餐店，是顾客为快餐店完成一切。顾客自己排队端取食物到餐桌、处理垃圾、收拾餐

---

[1] George Ritzer and Nathan Jurgenson. "Production, Consumption, Prosumption: The Nature of Capitalism in the Age of the Digital 'Prosumer.'" *Journal of Consumer Culture* 10 (2010): 13-36; George Ritzer, Paul Dean, and Nathan Jurgenson. "The Coming of Age of Prosumption and the Prosumer" (Special double issue). *American Behavioral Scientist* 56 (April 2012); George Ritzer. "Prosumption: Evolution, Revolution or Eternal Return of the Same?" *Journal of Consumer Culture* 14 (2014): 3-24; Daniel Bell. *The Coming of Post-Industrial Society: A Venture in Social Forecasting.* New York: Basic Books, 1973.

[2] Kirsten Rieder and G. Gunter Voss. "The Working Customer: An Emerging New Type of Consumer." *Journal Psychologie des Alltagshandelns / Psychology of Everyday Activity* 3, no. 2 (2010): 2-10.

[3] Marie-Anne Dujarier. "The Three Sociological Types of Consumer Work." *Journal of Consumer Culture*, published online April 2014.

第三章　针对消费者的高效率与可计算性

盘等。随着劳动力成本的上升、技术的发展，顾客越来越需要自己动手完成这些工作。"[1] 那些通过免下车窗口购买快餐的顾客，同样可以被视为他们自己要完成就餐过程中包括处理垃圾和餐盘之类的工作。让顾客排队等候和端取食物、处理垃圾等，对快餐店来说是高效率的，但对顾客自己来说则是无效率的。你自己去点菜与让服务员来为你点菜相比，哪个更有效率或更便捷？或者，你自己去扔纸张、泡沫塑料盒子与由勤杂工来为你做这些事情相比，哪个更为有效率或方便？

塔尔萨餐饮公司（Steak'n Shake's，在美国、欧洲与中东总共约有500家分店）[2] 在电视广告中攻击快餐店，把快餐店描述为"工作餐馆"（workaurants），并攻击快餐店让顾客自己动手的偏向[3]。塔尔萨餐饮公司则相反，它强调自己用的是中国瓷器餐具、就餐全程由侍者服务的事实。实际上，今天所有的快餐店，都可被视为需要顾客自己动手的"工作餐馆"。

沙拉吧是让顾客自己动手的很好的例子。顾客"购买"一个空盘子，然后自己去盛装那天店里提供的各种蔬菜与其他食物。由于很快发现了这种机制的好处，很多超市都开设了让顾客自己动手的沙拉吧。每到午餐时间，沙拉爱好者便在快餐店如一个沙拉厨师那样工作，然后在晚餐时间，同样又在超市中自己动手制作沙拉。快餐店与超市获得了很高的效率，因为它们只需要很少的员工，只要保证各种原材料供应充足就可以了。

---

[1] Thomas R. Ide and Arthur J. Cordell. "Automating Work." *Society* 31 (1994): 68.
[2] www.steaknshakefranchise.com.
[3] www.worldwidepartners.com/newsletter? newsletter=21305.

社会的麦当劳化（第 9 版）

还有一种让你吃到饱的连锁餐厅，如 Souplantation（通常又叫 Sweet Tomatoes）。它是一家自助沙拉连锁店，在美国 15 个州开有 128 家分店。[①] 尽管其在 2016 年年底提出了破产申请，但其仍有希望通过破产关掉 100 家左右分店而保留部分分店。它的吸引力主要在于，它是一种冗长的沙拉吧（实际上是一种流水线沙拉吧），顾客一进入店中，就会遇到这种流水线。在午餐与晚餐时间，沙拉吧台的两边通常会排起长长的队伍。在高峰期，队伍甚至会排到门口乃至停车场。就餐者慢慢沿着沙拉吧台移动，自己把想要的食物夹到盘子里。在沙拉吧台的末端，有两台收款机，排队的顾客分别在这两处结账付钱。在店的角落，还提供其他食物与甜品，顾客在吃完自己的沙拉后，可以自己去取——有时候会一次又一次地去取。[②] 在汉堡王和其他各种快餐店中，顾客往往需要花上几分钟充当"冷饮售货员"——自己动手去取冰块或接饮料。同样，在各种流行的自助餐馆，诸如去肖尼家族式餐饮连锁店（Shoney's）吃大众自助早餐或去必胜客吃自助午餐，顾客往往需要动手为自己服务。2017 年，必胜客自助午餐的价格是每位 4.99 美元，外加饮料钱。这样的自助餐包括各种比萨、面食、沙拉，以及其他能吃的东西。

正如上文所指出的，麦当劳的一些分店正在使用一种数字化的自主下单机器，在将来，这样的设备肯定会被普遍使用。这些设备使顾客可以通过触摸屏来自助点餐（奇力的餐桌旁也有这样的设备）。它们使顾客——生产-消费者——完成以前由快餐店柜台人员完成的事情。顾客自己要在屏幕上找到所需要的食物，并点击相

[①] www.sweettomatoes.com/ourcompany/.
[②] www.souplantation.com/pressroom/companyfacts.asp.

第三章 针对消费者的高效率与可计算性

应的图片，完成下单。[1] 麦当劳还推出了一种在线 App，使这些生产-消费者在下单或点餐的过程中发挥更大的作用，使该过程更加快速高效[2]。而且，我们还发现，在诸如 Sheetz 便利店和 Wawa 便利店这类汽车加油站的旅游购物休息服务中心，也出现了增加让顾客自主下单的设备的趋势。Nextep 公司也是这样的公司，其在机场、免下车中心和娱乐场的各家分店中，不断增设这样的设备。该公司主张，这种设备与通过人工展示吸引顾客的食物图片、提供额外分量诱使顾客购买更多食物等做法相比，效果要更好。[3]

最近还有一个让顾客参与消费过程的工作的例子，那就是让顾客自我服务的、通过触屏控制的"自由式可口可乐饮料机，可以提供一百多种口味的可乐"[4]。这种机器在各种快餐连锁店、AMC 剧院等等消费场所已经越来越普遍。生产-消费者通过一系列的选择，可以创造出诸如"桃汁雪碧"这样的定制饮料。

（2）其他实体场所：消费即工作

购买食物的过程，可以给我们提供很多把工作强加给顾客的例子。那些需要售货员寻找并取出顾客所需商品的旧式杂货店，已被新超市取代了。在这样的超市中，顾客可能每周都花几个小时，像旧式杂货店员工一样"工作"——经过长长的、似乎没有尽头的走道，沿着货架努力寻找自己想要的商品。顾客在找到想要的商品

---

[1] 参见：www.supermarketguru.com/page.cfm/25603.

[2] Candice Choi. "Golden Arches to the Future." *Sarasota Herald Tribune* July 14, 2017, pp. D1, D3.

[3] www.nextepsystems.com/Home/tabid/36/Default.aspx.

[4] Brooks Barnes. "To Woo Young Moviegoers. AMC Thinks Like McDonald's." *New York Times*, April 10, 2017, p. B4.

后，还要把商品推到收银台并卸下商品，在有些情况下，顾客甚至要自己把商品装袋然后拿走。

当然，某些超市的收银台，现在甚至要求顾客自己扫描结账，因此不再需要收银员了①。这样一种自助结账的终端机，在美国和世界其他国家都在迅速增多，近年来更是成倍增长②。这种扫描支付系统允许顾客使用信用卡支付，因此是消除收银员的必要性的又一种方法。这种扫描支付系统的开发者预测说，在不久的将来，"自我服务的杂货购物结账技术，会如现在的银行 ATM 一样普遍"③。有一位顾客，显然是麦当劳化的铁杆拥趸，说这种系统"十分快捷、容易操作和十分高效。……有了它，你可以即进即出"④。但正如超市职员工会的一位官员所说的："说它对顾客来说更为方便，那简直是在颠倒黑白。……总而言之，让顾客自己完成更多的工作，绝非为顾客服务。"⑤

但是现在，那些会给顾客加油、检查燃油、清洁车窗、收取现金或刷信用卡的加油站服务人员已经不见了；司机现在每周都要花费数分钟来充当无报酬的服务员。尽管有人可能认为，取消加油站的这些服务，汽油价格应会降低——从短期来看确实应该如此，但是有与没有服务员的加油站的汽油价格并没有多大的差异。可见，这一切都只不过是石化公司和加油站老板发明的一种手段，用来迫

---

① Eric Palmer. "Scan-Do Attitude: Self-Service Technology Speeds Up Grocery Shopping." *Kansas City Star,* April 8, 1998.
② 参见零售银行研究发布的《全球 EPOS 和自助结账报告 2009》。
③ Eben Shapiro. "Ready, Set, Scan That Melon." *New York Times,* June 14, 1990.
④ 同上注。
⑤ Chris Woodyard. "Grocery Shoppers Can Be Own Cashiers." *USA TODAY,* March 9, 1998.

第三章　针对消费者的高效率与可计算性

使顾客自己动手做那些老板们曾经花钱雇人来完成的工作。

在某些医生的办公室里，病人现在必须自己称体重，自己量体温。更重要的是，病人在医疗系统中，日益必须自己动手来完成越来越多的测试，从而完成很多以前由医生和护士完成的工作。病人有两项基本工作必须自己完成：监视仪器和使用诊断设备。[①] 监视仪器包括血压计、血糖仪、胆固醇测量仪，以及一些出售给父母以测试其小孩是否吸食大麻、海洛因等等的家用小型仪器。诊断设备则包括怀孕测试器、排卵预测器、HIV 测试器，以及大便潜血探测器等。因此，病人现在必须自己熟悉以前绝对属于医生、护士或训练有素的技术人员的职责范围的各种技术。另外，病人现在必须自己提供体液（包括血液、尿液）或粪便样品，而这些以前都是由专门医疗人员非常细致认真地采集的。但是，在医疗费用畸高的年代，对病人来说，自己监视仪器与自己动手进行测试，更为廉价和有效（不用去医生办公室或实验室）；自己在家测试，还可以发现以前不这样做就不可能发现的问题，但是可能发生误测，特别是可能出现"假阳性"误测结果，并导致病人虚惊一场。在这些情况下，我们现在很多人在"自己动手"，无偿地完成以前由技术人员完成的工作。

ATM 使我们每个人都必须自己动手，像银行工作人员那样无偿地工作一定时间（并且常常还要为这种"权利"付费）。某些银行为了鼓励人们使用 ATM，还对那些通过银行工作人员办理业务

[①] Robert Kisabeth, Anne C. Pontius, Bernard E. Statland, and Charlotte Galper. "Promises and Pitfalls of Home Test Devices." *Patient Care* 31(October 15, 1997): 125ff.

的顾客另行收费。①

当你家里的卫星电视接收器不再工作时,你会联系卫星电视网络公司,该公司会给你邮寄新的接收器。该公司还要求消费者把失效的接收器装进新接收器的盒子里寄回去。更重要的是,消费者需要自己安装新的接收器。当然,如果消费者需要——其实确有必要,那么卫星电视网络公司会通过电话指导安装。卫星电视网络公司也可以派出员工为你安装新的接收器,但时间可能会拖延很久,而且收费很高。这迫使大多数消费者不得不自己动手。

在今天,当我们给许多企业打电话时,在接通我们希望接通的分机和电话接线员之前,必须按一系列让人眼花缭乱的数字与代码②。有位幽默作家对这种"电话对话",以及打电话者所要进行的工作做了如下描述:

你试图联系的那一方——比如托马斯·沃森(Thomas Watson)——现在不能接通。要留言,请听到"嘟"声后进行。要回看你的信息,请按"7"。在回看你的信息之后要修改你的信息,请按"4"。要增加信息,请按"5"。要接通另一方,请按星号键进入四位数的分机。要听背景音乐,请按"23"。要从这种肯定让人感到完全徒劳的电话邮件中摆脱出来,以接通人工,请按"0"——

---

① Barry Meier. "Need a Teller? Chicago Bank Plans a Fee." *Washington Post*, April 27, 1995.

② James Barron. "Please Press 2 for Service; Press ? for an Actual Human." *New York Times*, February 17, 1989.

第三章　针对消费者的高效率与可计算性

因为我们对待你就如对待他人一样。[①]

美国现在的人口普查，不再由政府人口普查员入户拜访。人们常常会在信箱中收到一份问卷（这是一种没有任何解释和说明的问卷），需要自己把它填好再寄回去。在 2010 年的人口普查中，这种自填式问卷占了入户调查的 74%。[②] 这为人口普查员节约了 3/4 的信息收集时间，只有当居民不寄回这种问卷时，他们才会进行人工调查[③]。

（3）网络在线消费场所与工作的消费者：达到史无前例的高度

在上文所描述的各个场所中，生产－消费者的角色与作用无疑正在变得越来越突出，但是在数字化的网络在线消费场所，要求消费者参与并完成的工作与任务达到了史无前例的高度。因为消费者在进入这些网站后，在线网络场所中并没有人，消费者必须自己完成网上冲浪的所有活动，特别是在进行网络消费时，他们必须自己完成所有的购物活动。很多网站的设计，故意让消费者难以通过邮件或者电话直接联系到工作人员。在线网店不鼓励进行这样的联系，因为从网店所有者的角度看，这样会影响效率，让消费者自己在网店中完成所有任务则更为高效。当然，对网店老板或网络公司来说，如果向消费者提供网络购物服务，那么人工成本会十分高

---

① Michael Schrage. "Calling the Technology of Voice Mail Into Question." *Washington Post,* October 19, 1990, p.F3.

② www.census.gov/2010census/news/releases/operations/new-interactive-maps-showing-participation-rates.html; http://usatoday30.usatoday.com/news/nation/census/census-participation.htm.

③ 参考我的助手迈克·瑞安（Mike Ryan）与美国人口统计局的罗丝·考恩（Rose Cowan）的私人通信。

昂。事实上，在有些情况下，要想与一个网店的相关工作人员联系是根本不可能的。对网店来说，这导致了高效率，而对那些想在网店中进行消费的顾客来说，则是十分不便和低效的。

对经验丰富的互联网用户和经常访问某些特定网站的消费者来说，在数字网站上进行的活动似乎微不足道。单独来看，它们的确微不足道，但把它们加在一起，情况便非如此了。对很多人来说，特别是对那些年龄较大的人来说，这些事情比较困难，有时是不可能的。他们甚至会被排除在这个过程之外，或者不得不咨询年轻人（例如他们的孙子、孙女），以便找到适合的消费网站等。当然，随着这些消费者的年龄不断增长，他们也会经历这样的场景，使此种问题一直出现。让我们以一个数字订购音乐网站——Spotify——为例，来讨论我们要在这个网站上搜索并播放某首音乐时需要完成的步骤和选择。

首先，我们必须点击位于屏幕顶部的唱片，因为其提供商可能花钱购买了那个显要的位置。鼠标点击此处后，它下面会跳出一系列的栏目，包括排行榜、各类音乐、新上网音乐以及音乐会等。如果点击各类音乐，我们很快就会看到多达40多种各类音乐及其介绍，包括宗教音乐、乡村音乐、运动音乐、睡前音乐、韩国流行音乐和放克音乐（funk music）等。点击其中任何一类音乐，又会跳出很多选择。例如，在放克音乐一类，我们可以选择排行榜，可以选择放克音乐机的类型，可以选择新发行的歌曲，以及可以选择是否循环播放等。

这类如此烦琐、处处可见的在线与线下活动，意味着现代的消

第三章　针对消费者的高效率与可计算性

费者必须花更多的时间与精力来完成无偿的劳动。虽然各种商业组织实现了高效率，但消费者却常常要牺牲便捷性和效率。然而，十分显然的是，日益增多的网络消费者，并没有意识到这些困难，而是在浏览这些网站时自得其乐。可以预期的是，随着时间的流逝，网民的这种看法会在网络中扩散，任何关于网民实际上是在为网站无偿工作的残留意识，都将烟消云散。

　　因此，正是在网络中，作为生产－消费者的消费者所面临的任务，才达到了史无前例的高度。网站的雇员，会做大量的工作来建设、监管和更新网站并获取报酬，但是当网站建设好并开始运行之后，生产－消费者就必须在很大程度上依靠自己搜索浏览，评估各种标价，选择其中的一些产品，并提供快递这种产品所需要的信息。过去在实体店中，这些工作都是由领取报酬的雇员来完成的，但是现在变成完全由生产－消费者免费完成了。从很多方面来看，对待在家中的消费者来说，这样做是高效率的，他们不用再辛苦外出去实体店购物；对网络商家来说，让消费者成为生产－消费者并完成无数以前由雇员完成的工作，当然效率更高了。

二、可计算性：巨无霸、算法与大数据

　　麦当劳化还具有可计算性（calculability）这一重要特征，即对很多不同的事情进行测算、计算和量化。其"量"已经逐渐体现出替代其"质"的趋势，也就是说，其量的重要性日益胜过其质的重

要性[①]。麦当劳化对各种过程（例如生产）和最终结果（例如商品），都设置了数字化的标准。就过程而言，重点放在了速度（速度通常很快）上，而就最终结果而言，关注点放在了所生产和服务的产品的数量，或者说它们的多少（通常很多）上。

这种对可计算性的追求，产生了很多积极的结果，其中最重要的就是人们可以迅速地生产和获得大量的产品与服务。快餐店中的消费者，能够快速获得更多的食物；经理与老板们，则能够从他们的员工那里获得更多的工作贡献；而对工作人员来说，工作会完成得更快。然而，对于量的强调，往往会对过程与最终结果的品质产生不利影响。对顾客而言，可计算性常常意味着匆匆忙忙地吃完（很难说是一种"高质量"的就餐体验），并且消费的似乎总是普通的食物，且制作快速、成本低廉。对员工而言，可计算性往往意味着他们很难或根本不能从工作中获得个人意义或满足感，因此工作、生产与服务都成了让人痛苦的事情。

可计算性与麦当劳化的其他维度往往相互交织。例如，可计算性使人们能够更好地决定什么是有效率的，即人们往往认为那些所花时间最少的步骤，就是最有效率的步骤。产品与过程一旦被量化，就会变得更加可预测和更加确定，因为所有分店使用的原材料相同，并且它们通常在相同的时间提供相同产品的生产与服务。量化也与控制相互关联，特别是与无人技术的发明有关，这种无人技术可以在给定时间内完成各种任务，或者能够制作特定重量或尺寸的

[①] 就如同质量被等同于数量一样，质量也被等同于麦当劳化的其他层面，诸如可预测性等。参见：Ester Reiter. *Making Fast Food*. Montreal: McGill-Queen's University Press, 1991, p. 107.

第三章 针对消费者的高效率与可计算性

产品。可计算性显然也与非理性存在联系,因为强调数量往往会影响品质。

长期以来,消费场所一直十分重视可计算性,而在数字化的网店中,这种可计算性达到了一种新的水平或高度,这些数字化网店使用高深的数学运算来分析它们所产生的或者使用的大数据。对此,本节将详细讨论。

1. 强调产品分量而非质量

麦当劳快餐店一直强调产品尺寸越大越好,很多快餐连锁店都有一种"越大越好的心态"[1]。长期以来,体现这种强调的一个明显标志,就是各种"大汉堡"图片——它们常常被放在麦当劳那更大的金拱门标志之下,每年向人们兜售数百万甚至数十亿的汉堡。这是一种让每个人都知道麦当劳的巨大成功的虽强大却拙劣的方式。(近年来,由于世人都知道了麦当劳快餐的巨大成功,它不太再需要如此趾高气扬了——因此这类图片在减少和缩小,金拱门也没有以前那么大了。而公众抗议金拱门太大,也起了一定的作用[2]。)汉堡销售量的迅猛攀升,不仅向潜在的顾客表明这家连锁店是成功的,而且强化了这样一种概念:其汉堡之所以销售量巨大,是因为其汉堡的质量很高。因此,"分量"似乎最终就是"质量"了。

(1)快餐业:充斥着"大汉堡"与"超大杯"

麦当劳产品与服务的名字,更是完全体现了它对量的强调。其

---

[1] Bruce Horovitz. "Fast-Food Chains Bank on Bigger-Is-Better Mentality." *USA TODAY*, September 12, 1997.

[2] 另外,正如你将在第六章中看到的,对于这类过分花哨的标志的抵制,有助于导致它们彻底消失。

中最有名的例子，就是"巨无霸"。麦当劳认为，人们肯定需要大汉堡，因为这可以为消费者提供量更大的食物。麦当劳还引导消费者认为，只需要更少的钱，消费者就能获得一份量更大的食物。具有计算性的消费者，于是带着"吃了一顿好饭"——甚至是吃到了麦当劳最好的食物——的满足感而离开麦当劳。

很多其他的快餐店，也与麦当劳一样强调量。汉堡王说，它的狠霸王牛堡、皇堡、双层皇堡，甚至是三层皇堡量十分大。汉堡王的鱼肉汉堡被叫作狠霸王鱼堡。其他公司也不甘示弱，如 Jack in the Box 推出了"真正的巨鸡"，哈迪斯（Hardee's）推出了"怪物厚汉堡"（内含重量超过 0.6 磅[①] 的牛肉），肯德基推出了"大盒子"和"双层炸鸡汉堡"（不是小汉堡，而是包括两块炸鸡、两片熏肉和两片奶酪的大汉堡），塔可钟推出了包括半磅重的大豆与大米的"大钟盒饭"。[②] 同样，"7-11"便利连锁店向顾客出售各种"超大杯"以及更大的"双倍杯"饮料，还出售名叫"大亨堡"的热狗。

然而，正是由于这一原因，快餐店招致了一些批评，批评者要求它们取消那些十分容易导致肥胖的产品。例如，汉堡王已经不再出售超大汉堡（BK Stacker）。其以前之所以出售这种产品，是因为其认为人们可以吃下这种包括数量多达三块肉饼、两片奶酪、三片半熏肉的超级大餐。在汉堡王的广告中，一位"超大汉堡工厂"的领班，正在向努力生产一个更大的汉堡的员工呐喊："肉要更多！"汉堡王说，这种产品是专门为"明火熏肉爱好者制作的汉堡，也就

[①] 约为 272 克，1 磅约为 454 克，下同。——译者注
[②] "Taco Bell Delivers Even Greater Value to Its Customers by Introducing Big Fill Menu." *Business Wire,* November 2, 1994.

第三章　针对消费者的高效率与可计算性

是说，这种汉堡不允许加入蔬菜，只能加肉"[1]。一个肉食爱好者，在吃下这种汉堡时，身体就相当于摄入了650卡路里的热量（而一个三层皇堡的热量高达1 140卡路里）、1 020毫克的钠（三层皇堡还要多一些），可以满足人体半天的饱和脂肪需求。卡乐星（Carl's Jr.）公司同样不甘示弱，也推出过"六美元厚汉堡"，但这种双层汉堡包含了一个人每天正常应摄入热量的75%（我们在吃完一个这样的汉堡后，在一天的其余时间里已经基本不能再吃其他东西了）。显然这种汉堡量太大了，因此最后被抛弃了。

之后，还有一家名叫Denny's的快餐店，因为推出各种"大满贯"（Grand Slam）早餐而闻名。该公司不仅强调食物的数量，还强调食物的低价格。该公司的广告明显体现了这一点，在广告中有个男子说："我想花更少的钱，吃更多的东西。"[2]但是，这种"大满贯"早餐的消费者，最终"支付"的将是他们的健康，因为这种产品包含的热量、脂肪与盐太多了。

快餐店现在提供各种各样标价低廉的食物。例如，肯德基提供各种标价5美元的、管吃饱的菜品，其中包括主菜（例如两块鸡肉）、一份较大的（难道还有更大的？）炸薯条、一份饼干、一中杯饮料以及一份巧克力曲奇。在2016年，麦当劳曾再次推出其特价的5美元二代汉堡套餐，在三层芝士汉堡、1/4磅芝士汉堡、麦香鱼、十块装的麦乐鸡当中，消费者可以任选两种，而这四种菜品中有三种的分量很大。

---

[1] Melanie Warner. "U.S. Restaurant Chains Find There Is No Too Much." *New York Times*, July 28, 2006.

[2] 同上注。

社会的麦当劳化（第 9 版）

多年来，麦当劳还一直出售一种分量超级大的炸薯条，比大份薯条还要多 20%，该公司也怂恿消费者超量食用这种薯条[①]。然而，摩根·斯珀洛克（Morgan Spurlock）导演的纪录片《大号的我》(*Supersize Me*) 引起了轰动，导致麦当劳放弃了"超级"这个词，但其仍然提供那些强调量要大的食物。然而，与哈迪斯和卡乐星相比，麦当劳算是落后了，前两家快餐店都提供重量超过半磅的汉堡。[②] 有趣的是，关于汉堡太大的争论，已导致快餐店提供尺寸更小的汉堡，但是它们仍然强调数量而非品质。其例子包括汉堡王的 BK 迷你汉堡和 Jack in the Box 的小腊肉奶酪汉堡。在这种情况下，我们已经不知道该如何看待哈迪斯推出的"小而浓的奶酪汉堡"了——它确实是小的，但也是大的！

快餐店对于产品的量的强调，表明它们很少关注和推崇产品的品质[③]。如果它们关注产品的品质的话，就应把产品命名为"麦当劳美食""麦当劳美味"或者"麦当劳精华"等等。但事实是，那些麦当劳常客知道自己根本得不到高品质的食物："没有人……准确地知道这些汉堡的馅饼是用什么东西做的。……让我们直面它吧。也没有人会思考在麦当劳的小圆面包之间的是什么东西。你购买、吃下、扔掉垃圾，然后像个独行侠一样离开那里。"[④]

还有一位观察家指出，人们去麦当劳就餐，根本就不是为了美

---

① Philip Elmer-DeWitt. "Fat Times." *Time,* January 16, 1995.

② Jane Wells. "Supersizing It: McDonald's Tests Bigger Burger." *CNBC,* March 23, 2007; www.msnbc.msn.com/id/17757931/fromET.

③ Barbara W. Tuchman. "The Decline of Quality." *New York Times Magazine,* November 2, 1980. 例如，美国联合航空公司并不会告诉旅客与他们许多航班的品质相关的任何事情，诸如它们的飞机可能晚点等。

④ Marion Clark. "Arches of Triumph." *Washington Post/Book World,* June 5, 1977.

第三章 针对消费者的高效率与可计算性

食或就餐的快乐,而只是为了给自己"加油"①。麦当劳快餐店只不过是一种用热量与碳水化合物填充你的胃的地方,之后你可以继续进行下一种被理性化地组织起来的活动。为"加油"而吃饭,比为享受一种厨房烹饪过程而吃饭,要高效得多。

快餐店忽视食物品质的倾向,也反映在哈兰德·桑德斯(Harland Sanders)上校的悲惨经历中。哈兰德·桑德斯是肯德基的创立者,他的食物制作方法强调品质,并且他拥有配制调味汁的秘方(他都是让妻子亲自调制、包装与供应这种调味汁的),所有这些使他在1960年便开设了大约400家特许经营店。桑德斯特别强调食物的品质,特别是强调调味汁的品质:"对桑德斯本人而言,他的手艺与产品的最重要要素,就是他的调味汁,这是草药与香料的混合物,是花很长的时间精心熬制的。他的抱负就是要制作出特别好的调味汁,以至于人们愿意只喝调味汁,而扔掉那'可恨的鸡肉'。"②桑德斯于1964年卖掉了他的公司,之后他成了一个无足轻重的人,而只能充当肯德基的发言人与形象代言人。新老板不久就原形毕露,抛弃了桑德斯的做法,强调速度而非品质。新老板说:"我们不得不承认,上校的调味汁真是太奇妙了……但是制作起来太复杂、太耗时、太费钱。我们必须换掉这种调味汁,因为它根本不属于快餐食品。"克洛克对桑德斯本人十分尊敬,他记得桑德斯曾说过:"那些该死的伪装……他们把我拥

---

① A. A. Berger. "Berger vs. Burger: A Personal Encounter." In Marshall Fishwick, ed., *Ronald Revisited: The World of Ronald McDonald*. Bowling Green, OH: Bowling Green University Press, 1983, p. 126.

② Max Boas and Steven Chain. *Big Mac: The Unauthorized Story of McDonald's*. New York: Dutton, 1976, p. 121.

有的所有东西都偷走了。我有世界上最伟大的调味汁,那些王八蛋,他们把它挖出来,然后掺水冒充,我真的要疯了。"① 消费者能够从快餐店获得的,至多也不过是品质有限但非常刺激味觉的食物——诸如高盐或高糖的法国炸薯条、高度作料化的调料,以及糖精奶昔等。如果说消费者对食物的品质的期待极低,那么他们对数量的期待高得多。他们希望花更少的钱获得更多的食物,认为只有这样自己才划得来。

众所周知,即使是那些层次更高的麦当劳化连锁饭店,尽管食物的分量很大,但品质也很平庸。有位评论家在谈到橄榄花园饭店时说:"但到底为什么顾客要开着车涌入这种大众化的连锁店?这仍然是一个迷。那里的食物品质确实十分寻常,虽不算太差但也绝对算不上好。而且,这样的食物肯定不是真正的意大利美食。"其实,原因就是量大。"分量……大……因此你可以填饱肚子,但绝对不会让你十分满意。"② 芝乐坊于 1978 年在比弗利山庄(Beverly Hills)开业,到现在它已拥有大约 185 家连锁店,它也是一家因分量特别大而闻名的、层次较高的饭店(它的很多拥趸认为,它的食物比诸如橄榄花园之类的饭店质量要好一些)。其菜单上有 250 多种食物,包括 50 多种芝士蛋糕和沙拉,每种分量都很大。③ 考虑到分量比较大,在芝乐坊吃一顿饭还是相对比较便宜的。

---

① Max Boas and Steven Chain. *Big Mac: The Unauthorized Story of McDonald's*. New York: Dutton, 1976, p. 117.

② A. C. Stevens. "Family Meals: Olive Garden Defines Mediocrity." *Boston Herald*, March 2, 1997.

③ "The Cheesecake Factory Restaurants Celebrate 25th Anniversary." *Business Wire*, February 25, 2003.

第三章　针对消费者的高效率与可计算性

（2）高等教育：等级与分数

在教育系统中，很多大学课程有标准的开课周数以及每周课时数。人们很少关注某门课程最好要上多少周，每周最好要上多少小时。人们关注的，似乎是通过这个系统能够培养多少学生（产品）、他们应获得什么等级，而不是他们获得的知识和技能的质量，以及他们教育经历的质量。

现在学生们的高中与大学的教育经历，完全可以被概括为一个数字，即平均绩点（GPA）。学生基于 GPA，可以参加诸如美国医学院入学考试（MCAT）、美国法学院入学考试（LSAT）、学术能力评估测试（SAT）和研究生入学考试（GRE）等高级别考试，并获得量化的分数。大学、研究生院、职业学院在决定是否接收某个学生时，可以在三四名候选人中根据分数进行选择。

对学生而言，他们之所以选择就读某所大学，可能完全是因为这所大学的排名。在美国，我们关注的是，这所大学是否是美国排名前 100 名的大学。（如果奥巴马总统关于对全美 7 000 所大学与学院进行排名的建议被付诸实施，那么这样的排名在美国可能更为流行[①]。然而，特朗普总统不可能建立这样一种排名系统。）这所大学的物理系是全美前十吗？这所大学的运动队排名处于前列吗？更重要的是，这所大学是排名前十的派对大学吗？

大学排名在英国甚至更为流行，不同的排行榜以不同的方式对大学进行排名。这类排名对英国的大学来说十分重要。排名靠前的大学会获得更多的回报特别是资金，而排名靠后的大学获得的资

[①]　Michael D. Shear. "Colleges Rattled as Obama Presses Rating System." *New York Times*, May 26, 2014.

金往往比较少，那些排名最低的大学甚至会衰落甚至关闭。"因此，大学不得不花非常多的时间来确保自己的排名，或者使自己的排名位次上升。"①

网络大学的成功，可以归因于各种量化的因素（现在网络大学有过度泛滥的危险）。这种网络大学的学习费用比起四年制在校学习的大学来要少得多，并且学分还可以转入传统的大学。例如，在网络大学中，学生支付 750 美元就可以获得 7 个学分，而在传统的大学中，要获得同样多的学分则可能需要支付 2 800 美元。在西部州长大学（Western Governors University），要拿到医疗保健管理硕士学位只需要花费 9 000 美元，而在传统的大学中，拿到这一学位的花费则高达 4 万美元。②而有一家网络教育公司（StraighterLine）拥有 1 000 多名学生，"注册者每个月只需支付 99 美元的注册费，外加每门课程 59 美元，'一个新生入学头一年'只需要花费 1 000 美元"③。在 2017 年年初，该公司声称已为学生（纳税人）节省 1.3 亿美元。

雇主在招聘人员时，可能会根据学生成绩、年级排名以及就读学校排名来决定是否雇用。学生为了使他们的工作前景更美好，会寻求获得更多的学位、证书，并希望未来的雇主相信拥有更多学位的学生，工作质量也会更高。而学生的个人求职推荐信，往往被标准化的量化评分（例如，"全班前 5%""在全班 25 人中排名第 5"等）表格取代。

---

① Dennis Hayes. "Beyond the McDonaldization of Higher Education." In Dennis Hayes, ed. *Beyond McDonaldization: Visions of Higher Education*: London: Routledge, 2017, p. 8.
② "Weekly Prompts From a Mentor." *New York Times,* August 21, 2011.
③ "A Way to Speed the Pace." *New York Times,* August 21, 2011.

第三章　针对消费者的高效率与可计算性

一个人拥有证书的多少，对他能否获得某一职位会起重要作用，但对工作过程本身并无决定性影响。例如，那些求职者可能会在名字之后加上长长的学位缩写，以使招聘者相信他能胜任某种工作［例如，我拥有的文学学士（BA）、工商管理硕士（MBA）和博士（PhD）学位可能使读者认为，我有能力写这本书。但如果我拥有一种与"汉堡学"相关的学位，那么可能会更有意义］。有位保险鉴定人就在自己的名字后面加上了美国标准协会（ASA）会员、拍卖人和估价者协会（FSVA）会员、美国科学家联合会（FAS）会员、临床监查员（CRA）和欧洲大学联合会（CRE）会员等等头衔。他说："你在自己的名字后面加的名号越多，给你未来的雇主的印象就越深刻。"[1] 然而，仅仅是一纸证书，并不能说明炫耀证书者的能力到底如何。而且对证书数量的强调，导致人们创造了在他们名字后面加上各种缩写的做法。例如，一个营地负责人（camp director）在自己的名字后面加上了"ABD"（准博士），以给那些潜在的露营者的父母留下深刻印象。所有的专业学者都知道，这种非正式的（在很大程度上是负面的）标签，代表的是"除了学位论文"，是那些已经完成了他们的学位课程和考试，却没有完成自己的学位论文的人的标签。对此，我们还应注意的是出现了这样一些组织，它们存在的唯一理由就是提供毫无意义的证书，并且往往是通过电子邮件提供这种证书的。

2. 消费网站：大数据及其分析算法

关于当下社会麦当劳化特别是可计算性的任何讨论，都离不开

---

[1] Susan Gervasi. "The Credentials Epidemic." *Washington Post,* April 30, 1990.

如下主题：电脑、智能手机，特别是网络的后果和影响[①]。电脑和智能手机在日常生活中的应用和普及，使人们可以更快地进行量化计算，获得关于各种各样的事物的量化数据。就本书的分析目的而言，我们必须看到，这些新的技术手段使我们可以方便地进入数字世界。在网络中我们鼠标的每一次点击，都在有意无意之中为各种网站创造巨量的、可以量化分析的数据。今天，真正的革命不是技术革命，而是各种网站上数据的生成及其大规模、批量化积累。正是由于有了这些数据以及计算机积累、贮存和处理海量数据的能力，当今社会的诸多方面在进一步量化，整个社会正在发生巨大变迁。拥有海量数据的组织［谷歌、脸书、亚马逊、推特、政府（尤其是美国政府）］，以及那些正在积累越来越多的数据的组织，逐渐成为拥有巨大权力的实体。它们会以各种不同的方式利用这些数据，例如它们可以利用这些数据来影响我们的购物选择。虽然在计算机技术达到今天的水平之前，社会就已经不断走向可计算性或量化，但计算机的出现和应用极大地加快和拓展了这一趋势。

例如，谷歌说服了很多学区使用它价格低廉的网络笔记本电脑（Chromebook）和 App 来学习与完成作业（在 2012 年时谷歌移动产品在中小学生市场中的占有率不到 1%，但到 2016 年其占有率已达到 58%）。其结果就是，谷歌获得了这些学生及其学习过程的巨量数据，并可以利用这些数据来预测学生的消费选择和行为，更重要的是可以利用这些数据来影响学生未来的消费选择和行为。[②] 当

---

① Shoshana Zuboff. *In the Age of the Smart Machine: The Future of Work and Power*. New York: Basic Books, 1988.

② Natasha Singer. "How Google Took Over the Classroom." *New York Times*, May 13, 2017.

第三章 针对消费者的高效率与可计算性

然，某些机构还可以利用这些技术和谷歌等组织积累起来的数据，来实现更为"重大"的目标，包括监视、干预和控制民众的生活。

谷歌之所以能在这些学区中取得成功，在很大程度上是因为其巧妙地利用了生产-消费者。谷歌在开发"课堂"App时，曾想方设法让10万名教师试用，并帮其改进App，这为谷歌提供了大量宝贵的数据。谷歌需要教师的支持，以使学区管理者采购这款App以及相关联的谷歌电脑，并最终使这些产品到达学生手中。其中十分关键的一点，就是这些教师与今天的很多生产-消费者一样，为谷歌无偿地完成了很多工作。试想，如果真的雇用10万名教师来完成这些工作，那么谷歌的花费将有多大。

谷歌在该领域的成功，对整个故事来说只不过是沧海一粟，还有很多其他的组织或机构，正在把我们引向一种数据化的[1]、计算量化的文化时代[2]。这种时代的目标，就是将尽可能多的事物转化成数据，甚至是通过诸如Fitbit之类的自我跟踪设施将其自身转化成数据，就是要让客体性取代主体性[3]。小说《点球成金》及其同名电影（*Moneyball*，2011）[4]就是一个说明数据化的很好的例子，其描述的是一场关于团队人事流动的争论。争论的一方是头发苍白的棒球球

---

[1] Dana boyd and Kate Crawford. "Critical Questions for Big Data." *Information, Communication and Society* 15 (2012): 662-679.

[2] Andrew McAfee and Eric Brynjollfson. "Big Data: The Management Revolution." *Harvard Business Review,* October, 2012, pp. 60-69; Victor Mayer-Schonberger and Kenneth Cukier. *Big Data: A Revolution that Will Transform How We Live, Work and Think.* Boston: Mariner Books, 2013.

[3] Deborah Lupton. *The Quantified Self: A Sociology of Self-Tracking.* Cambridge: Polity Press, 2016.

[4] Michael Lewis. *Moneyball: The Art of Winning an Unfair Game.* New York: W.W. Norton, 2004.

探，强调棒球的传统基础和他们对球员的主观判断。另一方则根据对棒球资料的统计分析[①]来评判球员，即根据球场上实际产生的数据来分析球员。争论的结果是后者胜出，即认为一个球队应根据球员在球场上的数据表现来选择球员和组建球队。

数字网站能够轻易地收集到大量相关的数据——这是新的、日益重要的大数据世界的一部分[②]。这些数据往往是消费者和供应商在不知不觉中免费提供的。例如，消费者提供的数据，包括他们在亚马逊网站上每一次点击相关产品时产生的数据（在此过程中显示了他们对不同产品的偏好信息），而亚马逊会提取并以各种方式利用这些信息，特别是会根据不同目标客户的偏好而精准地推送产品广告。谷歌会对用户的搜索数据进行萃取，"并通过一种日益自动化的竞拍系统，向广告商出售精准定向广告投放位"[③]。2016年第一季度，这样的数据产生的销售额分别占到谷歌和脸书的营收额的90%和96%。但是，真正创造和产生这些数据的人是消费者（生产－消费者），不过他们并没有因为自己的贡献而获得一厘一毫的报酬。

亚马逊对全食超市公司的收购，体现出大数据越来越重要。连锁超市一直不能创造或获得大数据，而全食超市公司如果归入亚马逊旗下，就可以获得丰富的大数据。而有了这样的数据，再加上亚马逊的优势，全食超市公司恐怕会成为超市行业的支配者，并且会

[①] Benjamin Baumer and Andrew Zimbalist. *The Sabermetric Revolution: Assessing the Growth of Analytics in Baseball*. Philadelphia: University of Pennsylvania Press, 2014.

[②] David Lazer and Jason Radford. "Deux ex Machina: Introduction to Big Data." *AnnualReview of Sociology* 43 (2017): 7–21.

[③] Nick Srnicek. *Platform Capitalism*. Cambridge, UK: Verso, 2016, p. 52.

第三章 针对消费者的高效率与可计算性

变得越来越大。而其他超市连锁集团会发现自己越来越难以在市场竞争中立足。而且,全食超市公司的加入,使亚马逊公司能够收集和积累食品销售方面的大数据。利用这些数据,亚马逊公司不仅可以增强全食超市公司在超市行业中的地位,而且可以改善亚马逊公司在在线食品销售领域中的地位。

关于数字网站量化的主要例子,就是各种各样的评级系统,它们利用用户免费提供的评论、评分或评级。例如,亚马逊公司有很多评分、评级或排名系统,其中包括图书总排名和各领域(如社会学)图书排名。又如,乘客在每次乘车后,都可以给优步司机一到五星的评分。司机的平均评分对司机来说十分重要,如果某个司机的平均评分低于某个数字就会带来不良后果——低于4.6分会受到优步公司的警告,而再低于某个数字会被优步公司逐出打车系统。司机每周都会收到一封电子邮件,邮件内容包括自己的得分(如果低于平均分,那么分值会用红色字显示),以及乘客给他们留下的部分评论。司机行车路线异常、多绕路,以及司机对城市道路不够熟悉,是评分低的最主要原因。[1] 优步公司还统计和收集每个司机的乘客下单(拼车)数量,以及司机最后的接单数量。优步公司希望司机的接单率超过80%——越接近100%越好。而爱彼迎虽然不会量化消费者的评级或评分,但会给出消费者的主观评论。

优步公司还会出于其他的目的而收集其他类型的数据。例如,它会利用数据来判断并保证自己的签约司机不会与其他共享汽车公司签约;它会利用来自各种交通方式的数据,来动态确定并向司机

---

[1] James Cook. "Uber's Internal Charts Show How Its Driver-rating System ActuallyWorks." *Tech Insider*. February 11, 2015.

推送效率最高的路线。优步公司还利用掌握的数据,来预测哪里的打车需求会上升,并为乘客匹配最近的司机。所有这些"都使优步公司能够向乘客提供在乘客看来十分高效和便捷的服务,并吸引用户和打败竞争者"[1]。当然,这些数据也可以被用于邪恶的目的,例如,优步公司会利用数据来监视司机是否会参与抗议活动。

数据化对网站而言特别重要,对那些涉及产品与服务的销售的网站而言更是如此。关于这一点,本书下面还要讨论。对于大数据时代的到来,互联网发挥了巨大的推动作用。[2] 在这个新的时代,搜索引擎技术处于关键地位,特别是它能够深度学习,能够收集信息并与物联网(IoT)中的其他搜索引擎交流信息(特别是数据)。[3] 其中,很多数据已经积累很长时间了。而且,数据量现在呈指数增长,诸如脸书之类的网站更是如此。以前没有被量化的数据,现在都可以被量化,并转换成表格和用于分析。这些数据可以被用于各种各样的目的,也可被反复利用。数据还可以各种方式进行拆分或者组合。任何人在网络上(特别是在诸如脸书这样的网站上)的任何行为,都会留下数据轨迹,并成为大数据的一部分,可以各种方式加以分析。在网络以及很多其他场合都能够捕获各种事物的高度复杂的数字化大数据,特别是通过诸如亚马逊之类的网站,能够收集消费者及其消费偏好的大数据。

其结果就是,这些数据成了能够货币化的资产,对脸书、推

---

[1] Nick Srnicek. *Platform Capitalism*. Cambridge,UK: Verso, 2016, pp. 84-85.
[2] 参见杂志 *Big Data and Society*; Viktor Mayer-Schonberger and Kenneth Cukier. *Big Data: A Revolution that Will Transform How We Live, Work and Think*. Boston: Mariner Books, 2013.
[3] Samuel Greengard. *The Internet of Things*. Cambridge, MA: MIT Press, 2015.

第三章 针对消费者的高效率与可计算性

特、谷歌、亚马逊等等网络巨头来说，这些数据是公司最重要的无形资产。收集这些数据的公司，可以利用这些数据来挣钱和增加收益。收集这些数据的公司，可以把数据出售给那些以合法方式甚至创新性方式利用这些数据的其他公司，从而大赚一笔。

现在的分析者们已经没有必要再局限于做样本数据的抽样分析，他们可以直接分析总体数量巨大的数据。这样就避免了很多问题，特别是各种抽样误差。在一些情况下，有意识的消费者行为和选择是大数据的基础，但是这种大数据也日益包括人们在上网时留下的无数数字踪迹，特别是上网者无意识地留下的数字踪迹。另外，这种大数据还包括由各种传感器积累的、消费者不知道的数据。现在，各种自动系统（诸如智能家居系统）能够快速地收集、集聚和交叉分析数量庞大得惊人的大数据。基于这些数据，商家就可以描述与预测个体和集体消费者的偏好和态度及其变化趋势，并根据概率来预测他们的选择。例如，亚马逊公司就利用其大数据，特别是顾客先前在其网站页面点击了哪种商品，来个性化地向顾客推荐其可能会购买的产品。以前，我们收集数据的目的，是找出原因、搞清楚为什么，但是现在我们收集数据的目的仅仅是发现或者揭示数据显示的相关性。换言之，收集和处理大数据的目的不是处理因果关系，而是处理相关关系或者说共变关系。例如，那些在亚马逊网站上购买了斯蒂芬·金（Stephen King）的小说的人，也更有可能购买网站上提供的小刀和短柄斧吗？这样的描述与预测会影响网站想销售什么给特定的个体以及更大的群体。消费者在网站中的点击显示了其兴趣之所在，各种网站都会利用这种信息来打网络广告，以诱惑消费者进一步购买相关的产品与服务。

虽然对一些大数据，人们一看便知其含义，但是那些庞大而复杂的大数据集合，却往往超越了人类的分析能力。这使关于大数据分析的算法变得十分重要，对那些消费网站拥有者来说更是如此。算法涉及一系列步骤，可以快速地自动计算并得出结果，例如可以计算出每个进入网站的消费者最有可能购买什么东西，并向其精准推送个性化的广告。算法还可以根据复杂的数据揭示出适用范围更广泛的一般模式，例如可以显示上千、上万甚至数百万消费者的购物倾向或者偏好。这样，网络商家就可以投放一些目标群体规模更大的广告，与网络商家相关联的供应企业就可以更科学地决策——要备哪些货、要推哪些货以及哪些货要逐步退出市场。而这反过来又会影响制造商。这些制造商也都有自己的大数据和算法，使它们能够独立地根据预期需求而决定是生产还是不生产某种产品。

很多线下与线上公司，都有各自专门的算法，使它们能够基于自己的信息与需要进行计算。它们也会通过把自己的算法授权给与之无竞争关系的公司使用来挣钱，而后者也会在不威胁算法的提供者的业务的情况下获取收益。大数据"越大"，就越有可能导致数据拥有者开发出产生有利结果的算法。[①] 除消费领域外，其他很多领域也使用算法，比如在司法领域，专门的算法可以辅助"设定保释金、审判，甚至可以帮助法官裁决一个人是否有罪"[②]。谷歌已经拥有了深度复杂的算法，使其可以进行广泛的预测，比如可以预

[①] Peter Sondergaard and Gartner, Inc. "Big Data Fades to the Algorithm Economy." *Forbes* April 14, 2015.

[②] Adam Liptak. "Sent to Prison by a Software Program's Secret Algorithm." *New York Times* May 2, 2017: A22.

第三章　针对消费者的高效率与可计算性

测消费行为，预测消费者对何种产品感兴趣，以及预测消费者最有可能购买哪种产品。这导致了付费广告的出现，消费者可以根据这种广告在网络上搜寻自己感兴趣的商品。对谷歌和其他网络公司来说，这种广告是一个巨大的营业收入与利润来源。

在网络上，这样的付费广告越来越多。它们是植入式广告的一种变种。我们以前在电影、电视剧等中经常看到植入式广告，某些汽车、餐饮等广告常常会被植入电影、电视剧中并出现在画面中显眼的位置。当你在使用谷歌搜索引擎时，这样的付费广告很可能出现在搜索结果的前几位，而那些没有付费的条目则被放在了搜索结果的后面。而且，很多用户往往并不了解这种做法，当进入这些付费排名网站时，还天真地认为自己进入的网站并非什么商业化的广告网站，而获得的是自己真正需要的信息。

网络用户可能也不了解那些网络公司获取与使用用户数据的其他诸多方式。2017 年年中曝出了一个丑闻，优步使用市场研究公司 Slice Intelligence 收集的数据，来暗中监视其竞争对手 Lyfft。Slice 有一项名叫"摊开我"（Unroll.me）的免费服务，允许用户通过退订电子邮件来清理他们的电子邮箱。优步购买或窃取了 Slice 收集的用户电子邮箱退订邮件信息，其中包括 Lyfft 公司发给用户的服务收据信息。Slice 与其他所有的数据服务公司一样，主张和坚持一种信息保密政策，声称不会出售个人身份信息。然而，对诸如优步、Lyfft 之类的数据购买者而言，各种大数据十分有用。而诸如 Slice 之类的网站的用户，并不知道他们的数据正在被别人利用，如何被别人利用，更不知道已被别人买卖。

虽然"摊开我"服务有一条相关的成文政策,但是很少有用户会认真去读它。这条政策是:"我们可以为了一切目的的收集、使用、转移、公开非个人信息。"如此,"摊开我"服务就可以使用这种非个人信息数据来"进行匿名的市场研究,并开发相关产品与服务"。优步可以使用这种信息来研判哪些地方的人为什么要使用Lyfft以及如何使用Lyfft,并调整自己的运营方式,使自己的服务比Lyfft更有吸引力,从而吸引Lyfft的用户,挖走Lyfft的生意。这绝非孤立的事件,"如果通过在线消费者服务过程收集的个人数据的买卖不受限制,那么这种现象必然会普遍存在"[1]。

这种现象也与无人技术替代人类有关。至少从理论上看,人类能够进行分析大数据所必需的计算,但是事实上这些大数据太大、太复杂,人工分析起来会极其耗时。因此,正是具备人工智能的机器,日益担负起计算的功能,机器计算比以前的人工计算要快速和准确得多。

从上面的例子也可以看出,大数据和使用各种算法的大数据分析,用途十分广泛,也可以被用于各种不同的目的。在中国的共享汽车行业,滴滴出行公司——优步公司的竞争对手——就使用大数据算法来减少交通拥堵。"通过分析计算机模型,滴滴出行可以避开交通拥堵。"[2] 虽然滴滴出行十分关注减少交通拥堵,但是它更关注通过使用这些算法来更加深入地掌握交通拥堵状况,以及有效地绕开它们,进而提高自己的盈利能力。滴滴出行希望借助通过大数据算

---

[1] Mike Isaac and Steve Lohr. "Service Faces a Backlash for Selling Personal Data." *New York Times*, April 25, 2017.

[2] Tim Cook. "Jean Liu: China's Ride-Sharing Innovator." *Time,* May 1-8, 2017.

第三章　针对消费者的高效率与可计算性

法获得的信息优势，在中国甚至是全世界的共享汽车行业中大大增强其竞争力。

亚马逊的老板贝佐斯曾经说过，至少在某些情况下，他更关注收集消费者的数据而不是销售多少产品，所以公司为了获得消费者信息，会以利润极低甚至亏本的价格销售商品[①]。消费者的数据对亚马逊来说十分重要，可以强化亚马逊的趋势预测能力，可以促进其未来的精准销售。这些数据也成为其出售给其他公司的大数据的一部分。例如，进入亚马逊网站的顾客群体点击了哪些书、购买了哪些书，对出版商而言都是十分重要的信息，出版商往往会从亚马逊或者类似的网站购买诸如此类的信息。

3. 数字与实体跨界融合新零售的量化

亚马逊通过把在线网站特别是图书销售网站与迅速发展的实体书店联系起来，从而成功地创造了一种高度复杂的线上与线下融为一体的新现实。亚马逊网上书店总裁于 2017 年在曼哈顿开设了实体书店，从而开始了这种跨界融合的新零售。他说："我们称之为亚马逊网站的物理性扩张。……我们把关于人们在阅读什么、如何阅读以及为什么要阅读某本图书的在线数据整合在一起。"[②] 这样，当读者一进入开设在纽约的某家实体书店时，迎面的桌子上摆的就是"高度相关的"书籍，或者是那些网络评分在 4.8 分（总分为 5 分）以上的书籍。其后的桌子上摆的是"引人入胜"的书籍，包括

---

① George Packer. "Cheap Words." *New Yorker,* February 17; 24, 2014.
② Alexandra Alter. "Amazon Sets Up Shop in the Heart of the Publishing Industry." *New York Times May* 24, 2017.

173

社会的麦当劳化（第9版）

那些 Kindle 读者在三天之内就可以读完的书籍。再后面的桌子上摆的则是那些在网络上至少已经销售了 10 000 本的书籍。亚马逊希望使用这些数据来激起光顾实体书店的读者的兴趣，使读者至少能够购买这些桌子上的某些图书。

实体书店模仿亚马逊网站的样子，并把图书展示在这些桌子上，特别是书的封面朝上面对读者。在每本图书的下面都有一张卡片，上面标有来自亚马逊网站的量化数据，包括其平均网络评分、在线评论数量等，以及亚马逊网站读者对该图书的质量的评论。但是，有一个数字读者并不是一眼就可以看到，那就是图书的价格。想购买某本图书的读者必须在手机上使用亚马逊 App 或者通过实体书店中的电脑才能确定该图书的价格。这样，亚马逊就可以根据供求情况来动态地调整图书的价格。与优步的"峰时溢价机制"一样，亚马逊的动态定价机制使其可以在图书需求量高时提高书价，而在图书需求量下降时调低书价。

亚马逊的实体书店之所以与众不同，是因为它们可以获取并利用亚马逊网站积累的大数据（而来自实体书店的数据，即使很少，也会很快与网络数据相互融合）。与传统书店的漫无目的的备货和陈列方式不同，亚马逊实体书店是在运用其独有的算法、分析其独有的庞大的大数据的基础上，来做出备货与陈列决策的。它能得出一个非人为挑选与编辑的畅销书单，即亚马逊榜单（Amazon Chart），来对抗图书行业领导者诸如《纽约时报》人为挑选与编辑的畅销书排行榜。后述的这种排行榜往往只不过反映了图书的已有销量，而亚马逊的畅销书单还试图通过把亚马逊自己出版的图书、

第三章　针对消费者的高效率与可计算性

Kindle 图书和有声图书包括在内，从而影响将来的销售。正如一位图书咨询公司的经理所言："它正在绑架畅销书排行榜，以使之服从于它的需要。"①

另外，消费者还可以在网上找到用作消费参考的数据。消费者除本身就是信息的来源之外，还可以在亚马逊网站上找到大量有用的数据。例如，一个潜在的购买者在这个网站上浏览一本书时，可以获得如下信息：本书的页数、最新的版本、出版的日期、书号、书的长宽高等数据、快递重量与费用、既有评论、是否销量前 100 名、在图书销量总排名中的位置、在社会科学图书中的排名、售价、租价、Kindle 价等等。

亚马逊网站也销售二手教材，但其中大多数是二手贩子通过亚马逊网站来销售二手教材。对于这些二手教材，潜在购买者可以看到一长串的相关信息，这些教材的价格变动也很大，快递费也是如此。而且，这些网络上的二手教材销售者都有评级，购买者可以查看在过去一年里有多少人留下了评论，以及这些销售者的网络评分（好评率）。这使购买者可以根据网络评分和价格来选择购买亚马逊网站上某一家网店的图书。

图书的网络评分与排行信息会定期更新，有的是每小时更新一次。特别是那些二手教材，在每个学期之初都会更新网络评分信息，因为此时这类图书的需求量最高，也最有可能出售出去。

在亚马逊网站上，其他各种产品也都会提供类似的数据。以三星 4K 超高清智能 Led 电视为例，网站提供的相关信息包括：价

---

① Alexandra Alter. "Amazon Sets Up Shop in the Heart of the Publishing Industry." *New York Times* May 24, 2017.

格、产品长宽厚数据、重量（含物流包装）、亚马逊商品识别码、产品制式码、消费者评论量、消费者网络评分等级（1～5级）、在所有电子产品中的排名、在电视等同类产品中的排名等等。

在易贝网站，关于类似的电视产品的定量化的信息则包括：价格、打折幅度、网络评分等级、平均评分（其实也许是高分的平均）、存货量、如果需要送货的货运费用、有多少用户点击查看了该商品等等。

因此，这些网站的消费者能获得大量的定量化的（有时是关于质量的）数据，以助其进行购买决策。这是数字网店相对于实体商店的另一个巨大的优势，而实体商店能够获取的消费者信息相对稀少，消费者也较难获得产品信息，所以往往难以对类似产品的数据进行比较。

当然，至少对亚马逊公司而言，最重要的数据还是其收集的那些能够为其所用的大量数据，以及那些能够卖给相关企业并大赚一笔的数据。

第四章
针对消费者的可预测性与控制

第四章　针对消费者的可预测性与控制

本章关注的还是消费者，但主要讨论消费者与麦当劳化的另外两个维度——可预测性和控制——之间的关系，而第三章主要讨论了消费者与麦当劳化的高效率和可计算性这两个维度之间的关系。本章同样主要限于讨论麦当劳化的可预测性和控制这两个维度，与那些消费各种麦当劳化系统提供的产品的消费者之间的关系。

一、可预测性：山上房子无水灾

在一个理性化的社会中，消费者往往希望能够预先确定将要发生的事情。他们不喜欢出乎意料、变化无常。他们希望知道的是，今天可以与昨天一样按时订购巨无霸等汉堡，而且这些汉堡与昨天吃到的一样，也与明天将要吃到的一样。如果汉堡今天的调味汁是这种，而明天送来的是那种，或者同一食物每天的调味汁都不相同，那么他们会感到不安与困惑。他们希望，他们去美国得梅因、洛杉矶，法国巴黎或中国北京光顾的麦当劳快餐店，与他们本地的麦当劳快餐店外观、操作程序和经营方式都一样。为了获得可预测性和确定性，一个理性化的社会及其各种子系统就一定会强调纪律、秩序、系统化、正式化、惯例化、持续性和有序运行。

从消费者的角度看，可预测性使人们在日常的交往中获得基本的内心安宁。对员工来说，可预测性使得任务更加容易完成（参见第六章）。事实上，许多员工喜欢不费力、不费心、简单重复的工作，因为如果没有别的什么不同的事情，他们在完成自己的任务时，就可以想些其他事情，甚至做白日梦。[①] 对经理和老板来说，可预测性也使生活更加容易：有助于他们管理员工和消费者，有助于他们预先确定原料供应、人员需求、收入与利润。

然而，可预测性也有其不好的一面。可预测性往往使消费（以及工作和管理）变成乏味、单调的例行公事。本章对可预测性的讨论，主要限定在消费环境、产品与程序的可预测性等方面，并强调可预测性可以使危险与不适降到最低限度。

1. 消费环境的可预测性

在麦当劳问世之前，汽车旅馆连锁店早就在谋求和实现这一理性化过程了。其中最值得注意的，就是美国贝斯特韦斯特酒店集团（Best Western，创建于1946年，在100多个国家开设有4 100多家酒店）[②]、假日酒店（Holidy Inn，始建于1952年，现在已经是洲际酒店集团的一部分。洲际酒店集团自称是世界上最大的酒店连锁集团，在100多个国家拥有4 600多家分店，其中大约2 600家打的是假日酒店的旗号）[③]。在20世纪50年代晚期，美国各地大约有500家豪生酒店（Howard Johnson's，现在仅余2家），其中大多

[①] W. Baldamus. "Tedium and Traction in Industrial Work." In David Weir, ed., *Men and Work in Modern Britain*. London: Fontana, 1973, pp. 78—84.

[②] www.bestwestern.com/newsroom/factsheet_countrydetail.asp.

[③] InterContinental Hotels Group, 网址：www.ihgplc.com/files/pdf/factsheets/ihg_at_a_glance.pdf.

第四章　针对消费者的可预测性与控制

数开设有附属的、标准化的汽车旅馆。与其他旅馆连锁店不同，尽管豪生酒店本身已陷入困境，但其附属的汽车旅馆仍然十分兴隆，仍然有大约 400 家分散在世界各地，不过现在已被温德姆环球公司（Wyndham Worldwide）收购。[①] 诸如此类的连锁汽车旅馆，都是基于高速公路和高速公路汽车交通必将大规模扩张的预期而开设的。它们之所以获得成功和被广泛模仿，是因为它们把汽车旅馆与酒店行业有机地结合在一起。

（1）有"魔指"而没有杀人狂的连锁汽车旅馆

在连锁汽车旅馆出现之前，汽车旅馆各形各色，具有高度的不可预测性。以前，每家汽车旅馆都由当地老板经营，尽管布局与服务参差不齐，往往有这样或那样的缺点，但是都有自己的独特之处。因为老板与员工的素质参差不齐，旅馆内鱼龙混杂，一直以来客人都感到这些汽车旅馆不是十分安全。有的汽车旅馆可能十分舒适，甚至十分豪华，但有的则可能完全就是一间茅屋。人们在投宿某家汽车旅馆时，能不能使用肥皂、洗发水、香波、电话、收音机（电视）、空调，以及获得受人喜爱的"魔指"按摩等服务，完全要靠运气。因此，入住汽车旅馆就是一种冒险，入住前人们永远也不能预知入住后可能出现什么情况。

阿尔弗雷德·希区柯克（Alfred Hitchcock）在其经典的惊悚电影《惊魂记》（*Psycho*, 1960）中，生动地描述了人们入住旧式的、不可预测的汽车旅馆的焦虑和担心。这部电影中的那家汽车旅馆令人毛骨悚然，其老板诺曼·贝茨（Norman Bates）更是令人恐惧。

---

① http://hotelfranchise.wyndhamworldwide.com/portfolio/howard_johnson/（也参见：www.timesunion.com/local/article/Restaurants-served-a-slice-of-Americana-3694523.php）。

贝茨的汽车旅馆尽管设施与用品都很齐全,但房间内却开着一个隐蔽的窥视孔(大多数旅行者认为这种东西是可有可无的东西,并且应安装在门上供人向外察看),贝茨通过它监视他的作案对象。当然,贝茨的汽车旅馆提供的是一种终极的不可预测性:一个杀人狂和没有警觉与怀疑的客人的惨死。

虽然实际上只有极少数的、个人独立开设的汽车旅馆内隐藏着杀人狂,但是在那个时代,旅行者要面对各种各样的不测事件。相反,第二次世界大战后出现的连锁汽车旅馆则竭力使其客人能够感受和体验到可预测性。其制定了十分严格的招聘程序,使那些"不可预测之人"不可能进入旅馆充当经理或员工。旅行者可以预先确定,任何一家带有人们熟悉的橙色与绿色的假日酒店标志(现在模仿的则是麦当劳快餐店那超大的金拱门)的汽车旅馆,基本上都具有中等的汽车旅馆应有的各种设施和服务。在不知名的地方汽车旅馆与假日酒店之间,很多旅行者宁可选择可预测的假日酒店,即使当后者存在诸多不尽如人意之处(如没有人情味和缺乏特色)时也是如此。第二次世界大战后连锁汽车旅馆的成功还导致了很多模仿者的产生,诸如华美达酒店(Ramada Inn)与罗德威酒店(Rodeway Inn)[现在已被精品国际酒店集团(Choice Hotels International)收购]等等,都纷纷模仿这种经营模式。

那些更廉价的连锁旅馆,诸如速8(Super 8)、戴斯酒店(Days Inn)和汽车旅馆6(Motel 6)等等,如果说有什么不同的话,那就是更具可预测性[①]。人们完全可以预知,廉价连锁旅馆的装

---

① 参见企业家网(www.entrepreneur.com)。

第四章　针对消费者的可预测性与控制

修摆设十分简单，客人在那里只能获得最基本的必需品。但是，他们也能够完全预知他们的花费将很少，入住的也将是廉价的客户，毕竟一分钱一分货。

这种可预测性一直得到了很好的保持，但也有一些地方例外，其不可预测性在不断增加。其中之一与家庭旅馆的出现有关，人们现在通过爱彼迎、提供假日房屋租赁的在线服务网站 Homeaway、在线旅游住宿预订网站 Homestay.com 等等可以预订家庭旅馆。在 2014 年美国的家庭旅馆大约有 800 万家，而到 2020 年其将增加到 2 000 万家。① 这些家庭旅馆或者民宿，允许旅行者"像一个本地人"② 一样住进来生活，而不再是酒店或汽车旅馆的旅客。这些家庭旅馆的房间大都别具一格，各不相同，所以无法如那些统一设计与控制的汽车旅馆房间一样被预测。事实上，现在酒店和汽车旅馆也不得不提供在某种程度上更具地方特色的、不那么完全统一的房间和服务，以使旅客有更好的体验，并应对家庭旅馆的竞争。与假日酒店和连锁汽车旅馆不同，家庭旅馆由于没有力量强大的集中控制组织，因此不能保证统一的标准。对于短租家庭旅馆，虽然人们可以在网上查找到很多相关信息与评价，但实际上它们的房间与房内物品往往与网络上显示的不完全一致，而假日酒店和连锁汽车旅馆很少出现这种情况。虽然很多人喜欢家庭旅馆的种种不确定性，但是那些从未预定和入住过家庭旅馆的人，主要担心的是他们"不知道会发生什么"③。

---

① Lauren Lyons Cole. "Homes Away From Home." *Consumer Reports*, June, 2017, pp. 22–29.
② Liz Moyer. "Hotels, Feeling the Pinch of Airbnb, Promote Local Experiences." *New York Times*, May 29, 2017.
③ Lauren Lyons Cole. "Homes Away From Home." *Consumer Reports* June, 2017, p. 29.

社会的麦当劳化（第9版）

有一次我带着一大家子人去哥斯达黎加旅行，当时我租了一座面积很大、价格很贵的房子，并住了一个星期，深刻感受到了家庭旅馆存在的问题。在网上我清楚地看到该家主人购买了非常漂亮的家具，于是我决定租下这座房子。但是这家主人在拍完照片传上网之后，就将之换成了破旧的家具。这座房子还存在其他方面的问题，比如没有栏杆，我的孙子就从三英尺[①]高的地方掉下去了，好在没有受伤。有一间卧室在游泳池下面，完全无法住人。如此等等，不一而足。于是，我向居住在佛罗里达州的房主发了一封邮件，向他抱怨存在的问题，结果他理都不理。而连锁汽车旅馆基本上不可能出现这样的问题，也不可能不回应顾客的抱怨。这就是很多人更愿意入住麦当劳化的汽车旅馆和酒店的原因之一。

显然，并非只有我一家人有如此遭遇。还有一个人，他预订了新泽西州的一家家庭旅馆。他在网上看到这家旅馆的照片似乎不错，而且以前入住者的网络评分也可以（总分5分，它得了4.5分）。然而，这家家庭旅馆让他大失所望，因为网上的照片与实际情况完全是两码事。"沙发垫子上有一个个巨大的裂口，好像是有人用刀子刺了几下。地毯上到处都是烧焦的痕迹，好像是有人直接把烟头扔在了地毯上。厕所根本没有纸，主人提供的充气床垫，因为破了一个洞，睡到半夜就瘪下去了。"[②] 一个经常通过爱彼迎预订短租家庭旅馆的人得出了一个结论："使用爱彼迎来替代酒店的最大缺点是风险，其原因就在于家庭旅馆缺乏一致性。……人们说爱

[①] 1英尺约等于0.91米，下同。——译者注
[②] Lauren Lyons Cole. "Homes Away From Home." *Consumer Reports* June, 2017, p. 26.

第四章 针对消费者的可预测性与控制

彼迎很差，事实的确如此。"[1]

因为诸如此类的问题，爱彼迎最近试图敦促那些在其网站上登记经营的房主规范其行为，使他们的家庭旅馆更具可预测性和更像酒店。有评论指出："要使家庭旅馆有未来，爱彼迎必须吸引那些喜欢酒店的可预测性的客人，入住家庭旅馆各形各色的空房间。"[2] 客人也越来越希望"房主能够如酒店经营者那样行事"[3]。

家庭旅馆从来都不具备假日酒店或连锁汽车旅馆那样的可预测性，部分原因在于爱彼迎等等网络平台无法强制那些房主遵守网站的指南或规定。然而，在很多情况下，这种不可预测性是一种吸引力而非缺陷。从本质上看，家庭旅馆就不能如酒店和汽车旅馆那样麦当劳化。例如，家庭旅馆可能提供一种十分独特的住处，从而提供一段独特的假期。

（2）快餐产业：因看到金拱门而谢天谢地

快餐产业快速地采纳并进一步完善了由连锁汽车旅馆等行业开创的实践与做法。罗宾·莱达（Robin Leidner）指出："麦当劳成功的根本原因，实际上在于其风格统一与可预测性，……（在于其）极其严格的标准化。"她说："麦当劳的方式可以处理几乎所有的业务，这种方式认为同时做不同的事情就等于做错事。"[4] 虽然麦当劳允许其特许经营分店及其经理进行创新，但是"其创新的目的，必须是让顾客无论进入世界上的哪家麦当劳快餐店都会获得完

---

[1] Katie Benner. "Airbnb Tries to Behave More Like a Hotel." *New York Times*, June 18, 2017.
[2] 同上注。
[3] 同上注。
[4] Robin Leidner. *Fast Food, Fast Talk: Service Work and the Routinization of Everyday Life.* Berkeley: University of California Press, 1993, pp. 45-47, 54.

全相同的体验"①。与连锁汽车旅馆一样，麦当劳（以及很多其他的特许经营店）设计了一个巨大且花哨的、让顾客一眼就能认出的识别度极高的标志。麦当劳的金拱门产生了一种可预测性："一英里接着一英里，一个城市接着一个城市，麦当劳设置的都是同样的颜色与符号，都按照麦当劳与其无数顾客之间形成的心照不宣的、可预测的、稳定的承诺行事，年年如此，顿顿如此。"② 这个标志尽管现在不再那么巨大、那么突兀，但仍然在向顾客显示一种熟悉且可预测的感觉。而且，每家麦当劳快餐店都呈现出一系列可预测的要素——柜台、柜台上方的菜品框、可以透视的"厨房"、餐桌、不舒服的座位、显眼的垃圾桶、免下车窗口等等。

这种可预知的环境，不仅在美国处处可见，在世界其他地方也可以看到。因此，那些思乡的美国游客，如果选择附近存在的一处他们可以获得安慰的地方的话，那么肯定会跑进带有他们如此熟悉的金拱门标志的、他们已经如此习惯的麦当劳快餐店。有趣的是，现在甚至有很多非美国人，当出国旅游包括去美国旅游时，也能从那熟悉的麦当劳快餐店环境中获得安慰。

这种可预测性在整个快餐行业中都大同小异。星巴克有我们十分熟悉的绿白色标志；mermaid（几年前已被流水线化）有下单和付款的柜台，以及充满各色点心的展示柜、制作特色饮料的单独柜台；肯德基有桑德斯卡通形象；温迪国际快餐连锁集团有梳着红辫子的小姑娘；塔可钟有标志性的铃铛；"棒！约翰"有红白蓝相间

---

① Robin Leidner. *Fast Food, Fast Talk: Service Work and the Routinization of Everyday Life*. Berkeley: University of California Press, 1993, p. 82.

② Margaret King. "McDonald's and the New American Landscape." *USA TODAY*, January 1980.

第四章 针对消费者的可预测性与控制

的商标（复制的是意大利国旗的颜色，以向我们显示它那独特的意大利风格）；In-N-Out 汉堡店有正在飞行的黄色箭头。

某些更为新近的连锁店尽管竭尽全力想变得尽可能地可预测，但是发现高度的可预测性是一种不可捉摸的目标。例如，诸如 Hair Cuttery（在 14 个州开有 1 000 家美发沙龙）之类的美发特许经营连锁店并不能提供统一的理发发型，因为每一个人的头型都略有不同，每个美发师都会以稍微不同的特殊风格来理发。[1] 为了使那些渴求可预测性的顾客安心，MasterCuts、卓越理发、Hair Cuttery 以及其他一些理发连锁店都会提供一种共同的门面标识、相似的店面布局，以及相似的发型设计。

（3）其他实体环境：连外星人都找不着家

在美国，拥有 2 000 个以上会员的教会，就是超级教会［最大的一个教会是得克萨斯州休斯敦的莱克伍德教会（Lakewood Church），每天参加仪式的成员平均多达 52 000 人］[2]。美国有 1 300 个超级教会[3]，这些教会在宗教的麦当劳化过程中发挥了关键作用。很多超级教会现在都设有卫星教会。虽然不同的卫星教会分站之间，可能存在一些差异，包括因为会员的要求而出现的差异（如现场音乐、地方牧师不同等），但所有的参与者会在同一时间通过电视收看同一宗教布道。这使超级教会的每个分站都具有一种光

---

[1] www.haircuttery.com/about-us/history.html.

[2] Duke Helfand. "A Super-Sized Way to Worship; California Has More Megachurches Than Any Other State, With the Majority in Suburbs Between Los Angeles and San Diego." *Los Angeles Times,* October 11, 2009.

[3] http://hirr.hartsem.edu/cgi-bin/mega/db.pl?db=default&uid=default&view_records=1&ID=*&sb=3&so=descend.

鲜的、可预测的和"品牌化"的表现。[①]

现代郊区住房建设也显示出麦当劳化社会中的环境的可预测性。事实上,一首著名的民歌形象地概括了现代郊区住房的特征。

山坡上的小盒子,
千篇一律的小盒子,
小盒子,小盒子,
一模一样的小盒子[②]。

在一些郊区社区中,每处房子的外形和内部结构几乎一模一样。尽管一些价格更高的房子存在一些变化,但是很多郊区居民一不留神就会走错,进入别人的房子,并且不能立刻发现自己进错了房子。

并且,这些社区彼此之间也十分相似。自然生长的树木被连根拔除,代之以由柱子与铁丝支撑的成排栽种的小树苗,以建设更高效率的住房。小山常常被夷为平地,街道常常以同样的模式布局。由于有着这样的可预测性,小区居民走出自己的小区后常常迷路,甚至在自己的小区中也会迷路。

史蒂文·斯皮尔伯格(Steven Spielberg)早期导演的几部电影,就是在这种理性化的郊区拍摄的。斯皮尔伯格的策略,就是引导观众进入一种高度可预测的世界,然后用一种高度不可预测的事

[①] Jacqueline L. Salmon and Hamil R. Harris. "Reaching Out With the Word—And Technology." *Washington Post*, February 4, 2007.

[②] 来自歌曲"Little Boxes",由马尔维娜·雷诺兹(Malvina Reynolds)作词作曲。Copyright 1962, Schroder Music Co. (ASCAP). Renewed 1990.

第四章 针对消费者的可预测性与控制

件来冲击他们。例如，在电影《外星人》(E.T., 1982) 中，一个外星人在一处由很多相似的房子构成的郊区住宅小区里迷路了，它四处徘徊，并被那里的一个小孩发现，这个小孩在那以前一直生活在一种高度可预测的郊区生活状态中。这个出人意料的外星人，最后不仅扰乱了这个小孩的生活，也扰乱了整个社区的生活。同样，电影《鬼驱人》(Poltergeist, 1982) 也是在郊区住宅中拍摄的，电影中有一些恶鬼打破了那里可预测的宁静。斯皮尔伯格的数部电影能取得成功，原因可以追溯到人们渴望在他们日益可预测的郊区生活中出现某种不可预测性，只不过这是一种让人恐惧的不可预测性。

彼得·威尔 (Peter Weir) 导演的电影《楚门的世界》(The Truman Show, 1998) 讲述了一个完全由电视秀导演控制的社区所发生的故事。这部电影嘲讽美国各地涌现的迪士尼式的"有计划的社区"。这种有计划的社区通常比传统的郊区社区更高档，主要的例子就是位于佛罗里达州的迪士尼幸福城。房主只能在许可的选项中进行选择，并且他们对于自己的房子与财产的处置，都受到严格的限制。① 比起传统的郊区建筑来，这些社区在试图消除人们生活中的不可预测性方面，有过之而无不及。

于 1998 年拍摄的电影《欢乐谷》(Pleasantville)，描述了一个 20 世纪 50 年代的典型社区，这个社区被紧紧控制，具有高度的一致与统一的特征。在这部电影中，社区中所有的事情都被白纸黑字的明文规定。然而，随着故事情节的展开，各种事情越来越不可预

---

① Marcus Palliser. "For Suburbia Read Fantasia: Disney Has Created the American Dream Town in Sunny Florida." *Daily Telegraph*, November 27, 1996.

测，并且影片渐渐彩色化。最后，一个更加不可预测的"欢乐谷"被全彩色地显示了出来。而电影《新抢钱夫妻》(*Fun With Dick and Jane,* 2005) 和《革命之路》(*Revolutionary Road,* 2008) 描述的是各种夫妻，他们有着看似理想的郊区居住生活方式，但后来他们逐渐放弃了这种生活方式。

（4）可预测的消费网站：面貌和运行方式彼此雷同

一般说来，关于在线消费网站的最可预测的事情，也许就是消费者只要有心，就能从网站上找到他们想要的任何商品。而任何实体商店，包括沃尔玛和大型综合购物广场，都不敢保证做到这一点。在在线消费网站上，我们几乎不可能找不到自己想要的东西。也许去实体店消费也能够满足我们的所有需要，但是我们得跑很远的路、花很多时间。即使你愿意花很多时间和跑很远的路，结果也可能让你失望，你并不一定就能够买到你需要的东西。

在线消费网站往往采用统一的模式，而网购用户对这种模式十分熟悉。建立与经营在线消费网站的人，希望访问者对自己的网站驾轻就熟，从而不会设计一些让访问者感到陌生的网页，以防止访问者流失。

在线消费网站的用户更喜欢其面貌与此类网站十分相似的网站。一个面貌与众不同的网站更有可能把访问者拒于门外。他们可能会马上退出并进入自己更熟悉的网站。大多数消费导向的网站都包括如下条目：特价、节日礼品、提供各种产品的下拉式门类菜单、基于访问或点击大数据算法分析而推荐的商品条目、先前顾客已购商品、每种商品销量排序、购物车中还未支付的商品条目、一

第四章　针对消费者的可预测性与控制

个网站内搜索栏等等。消费者已经习惯了网站中有这些内容或板块，知道浏览的路径并从中选择自己想要的商品。他们的网络购物行为往往具有较高的可预测性。而且，这些网站是基于网络消费者过去的购物行为而架构的。因此，消费者可预测的购物行为使得在线消费网站具有可预测性，而这又反过来进一步促进了购物选择行为的可预测性。消费者的购物行为有时可能会出乎寻常，但是总体上不会有多大变化，通过对无数网络购物者的购物行为的大数据分析，就可以知道和预测他们会购买什么。相反，如果网站自行设计某种模式，那么消费者往往很难适应，因为他们已经习惯了以一种可预测的方式行事。

尽管易贝网站会出售各种新奇的、二手的或者不同寻常的商品，但它的面貌与其他在线消费网站大同小异，诸如 uBid.com 之类的网站的面貌也是如此。因此，即使是那些提供让人惊讶的产品与服务的网站，其框架结构和项目板块与其他在线消费网站也是大体一致的，消费者都很熟悉这些网站并能轻松地找到自己想要的商品，即使是新奇的商品也是如此。

2. 产品与程序的可预测性

在麦当劳化环境中销售的那些产品与服务，以及生产与运送它们的方式的可预测性程度，已经越来越高。君不见，在那些有幸生存下来的购物广场中，主要是一些连锁店在支撑着，这些连锁店包括苹果、香蕉共和国、老海军、维多利亚的秘密等等，它们的共同特征就是统一性。也就是说，同一品牌的连锁店，提供的产品与服务，以及同一种产品与服务的价格都是一样的。所有这些连锁店销售的产品在全球的任何地方都是一样的,甚至商品的陈列展示方式、迎接顾客的方式、付款结账的过程等都极其相似。

（1）快餐业：甚至连泡菜都是标准化的

快餐店提供的食物,当然是高度可预测的。快餐店提供的食物种类往往很少,这样可以提高可预测性。汉堡、炸鸡块、玉米饼、比萨、法国煎饼、饮料等等,很容易以统一的方式制作和提供给消费者。通过运用统一的原材料、同样的烹饪制作技术、同样的顾客服务方式、同样的包装,这些产品获得了高度的可预测性。正如麦当劳大学的一位培训师所言："麦当劳中的所有产品都是标准化的,甚至连泡菜丝的宽度都是一样的。"[1] 在快餐店中,包装是可预测性的一个重要维度。

不过,尽管快餐店做出了最大的努力,其产品由于原材料的性质,仍然可能出现一定的不可预测性。比如,食物可能不够热、炸鸡块可能太软或太硬、比萨上的香脆片可能太少等等。虽然其产品存在这种轻微的不可预测性,但装汉堡的盒子、装炸鸡块的袋子以及装比萨的盒子等等包装,却始终是一样的,并以此向顾客表明同种食物彼此之间也是一样的。

可预测的食物,要求可预测的要素成分。麦当劳对原材料也制定了严格的标准,对每家分店购买的猪肉、鸡肉、土豆等等原材料的品质、大小、形状都有统一的要求。比如,面包必须是白面包,制作时必须先过滤掉小麦中的麸皮和胚芽等营养成分。对于批量生产的白面包,有人诙谐地说："我认为他们只是用气吹胀了图书馆

---

[1] Robin Leidner. *Fast Food, Fast Talk: Service Work and the Routinization of Everyday Life.* Berkeley: University of California Press, 1993, p. 58.

第四章 针对消费者的可预测性与控制

使用的那种糨糊,然后将之送入了烤箱。"[1]麦当劳还使用防腐剂,因为如果不这样,这些白面包就可能很快变得不新鲜甚至发霉。麦当劳使用统一切好的冷冻炸薯条,而不是新鲜土豆。

快餐店越来越多地使用预制的冷冻食物,以处理原材料供应导致的不可预测性。克洛克最终用冷冻炸薯条取代新鲜土豆的原因之一,就是在一年之内有几个月,很难购买到新鲜土豆。而把土豆制成炸薯条冷冻起来,就可以供全年之用。另外,让每家分店自己剥土豆皮常常会导致一股恶臭,而这是克洛克及其把麦当劳打造成无毒无菌世界的追求所无法容忍的。而统一将土豆切好、炸好、冷冻好,再统一配送给各分店,可以很好地解决这个问题。

在一个麦当劳化的社会中,食物的可预测性已经导致了一个令人不安的事实,即"美国很多具有地方特色的食物制作方式不断消失,各个社区、城市、州的食物越来越相似,味道也越来越一样……复杂的加工过程和先进的储存技术、发达的快递系统,以及各种各样的预制方便食品的发明,已经使食物的制作不再存在区域和季节差异"[2]。

(2)娱乐:欢迎来到麦当劳化的影视世界

上文关于电影《惊魂记》(以及电视节目《贝茨旅馆》)的讨论,使人们看到这样一个事实,即影视行业也高度重视可预测性。其突出表现之一,就是不断地拍摄电影续集。电影《惊魂记》后来拍摄了多部续集[有一次还对原电影的每个镜头都进行了重

---

[1] Henry Mitchell. "Wonder Bread, Any Way You Slice It." *Washington Post*, March 22, 1991.

[2] William Serrin. "Let Them Eat Junk." *Saturday Review*, February 2, 1980.

拍（1988）]。在 2017 年，拍摄的各种影视续集包括《疾速追杀 2》(*John Wick: chapter 2*)、《金刚狼 3：殊死一战》(*Wolverine 3: WeaponX*)、《速度与激情 8》(*Fast 8*)、《加勒比海盗 5：死无对证》(*Pirates of the Caribbean: Dead Men Tell No Tales*)、《猩球崛起 3：终极之战》(*War for the Planet of the Apes*)、《异形：契约》(*Alien: Covenant*)、《银翼杀手 2》(*Blade Runner 2*)、《星球大战 8：最后的绝地武士》(*Star Wars Episode VIII*) 等等。在所有电影作品中，续集拍得最多的要属《黑色星期五》(*Friday the 13th*，总共拍了 12 部续集) 和《詹姆斯·邦德》(*James Bond*，到现在已经拍了 23 部续集)。这些可预测的产品通常会吸引大量的观众，但这些产品的成功，是以失去新概念、新思想与新人物为代价的。

电影公司之所以喜欢拍这种续集（"欢迎光临麦当劳式的影视世界"）①，是因为同一系列的人物、演员和基本的情节线索可以一次又一次地使用。而且这种续集在票房方面比拍摄一部全新的电影更有可能获得成功，预期收益因此更可预测和更具确定性。观看者之所以喜欢这种续集，大概是因为他们很享受由那些在熟悉的情景中的演员扮演的角色所带来的那种安慰。与麦当劳快餐的食物一样，很多续集的质量并不是特别好，但消费者至少知道他们从这种电影中能够获得什么。

而无论是新拍的电影还是续拍的电影，其情节发展与最终结局都越来越可预测。达斯汀·霍夫曼（Dustin Hoffman）于 1969 年拍摄了经典电影《午夜牛郎》(*Midnight Cowboy*)，这部电影使用了闪

---

① Matthew Gilbert. "In McMovieworld, Franchises Taste Sweetest." *Commercial Appeal* (Memphis), May 30, 1997.

第四章 针对消费者的可预测性与控制

回、幻梦等手法。他认为,今天的观众大多已经不太喜欢这样的手法了,而这可能是"当前整个文化的特征……现在人们在进入电影院时,就知道了他们将要看到的结局"①。

电视上一样充斥着相互模仿、批量制造的情景喜剧,"它们是那么相似,以致观众难以区分有什么不同"②。例如,"故事场景都集中在公寓和办公室,这些地方往往被特意装饰得很华美,演员们相互逗笑,而逗笑常常要依赖于身体的夸张动作来实现"③。《宋飞正传》(*Seinfeld*)、《老友记》(*Friends*)、《生活大爆炸》(*The Big Bang Theory*)等等,都是这类收视率较高的情景喜剧。另外,还有大量比较成功的电视节目,诸如《犯罪现场调查》(*CSI*)、《海军罪案调查处》(*NCIS*)及其各种衍生节目(如《海军罪案调查处:洛杉矶》),都遵循一种既定的程式。那些非常成功的电视表演秀,诸如《幸存者》(*Survivor*)和《美国偶像》(*American Idol*)等所创造的模式,被后来的大量电视选秀节目模仿。《橘郡贵妇的真实生活》(*The Real Housewives of Orange County*)已经催生了很多模仿性的电视秀,包括《纽约贵妇的真实生活》《亚特兰大贵妇的真实生活》《新泽西贵妇的真实生活》等等。"同麦当劳快餐店一样,无论你在哪里,你在黄金时间观看到的电视节目,你都可以准确地预测其结局,并因此在精神上感到十分惬意。"④今天那些曾经十分成功的电视节目,包括《24》《致命武器》《越狱》,以及《罗斯安家庭生活》(2018 年上映),又复兴起来了。2016 年停播的《美国偶像》又在

---
① John Powers. "Tales of Hoffman." *Washington Post*, Sunday Arts, March 5, 1995.
② Matthew Gilbert. "TV's Cookie-Cutter Comedies." *Boston Globe*, October 19, 1997.
③ 同上注。
④ 同上注。

2017—2018 年度回归，其节目将延续下去。

乘邮轮旅游是另一种高度可预测且无惊险的娱乐形式。乘邮轮旅游既强调效率，也强调可预测性。有一些志同道合、趣味相投的美国人，会以美国为起点乘邮轮旅游。邮轮经营者为船上的游客所安排的行程，使游客对所到国家的人民、文化、制度只能有最低限度的接触，并把这种旅游变成高度可预测的产品。其结果就是导致了一种矛盾：虽然人们花了很多钱和精力到外国去旅游，但他们很难更多地接触那里的地方文化[1]。美国的那些旅游公司会尽可能让游客选择乘机旅行，或者选择那些能够提供游客期待的设施（包括空调、立体影音系统、浴室等）的陆路交通方式。旅游团的导游常常是美国人，或者是那些在美国已经待了很长时间的人，最起码是能说当地流利英语的人，并且完全知道美国人的需要与兴趣何在。旅游团成员在旅行途中光临的饭店，要么是美国人开的饭店（也许是美国的快餐连锁店），要么是迎合美国人口味的饭店；所住的酒店，要么是美国的连锁旅馆，如喜来登和希尔顿酒店，要么是欧洲人的旅店，但其内部结构和陈设必须符合美国人的口味[2]。游客每天都被带到"某家不同的公司"，而且时间安排十分紧凑，很少有自主活动时间。游客能够准确地知道他们每天甚至每小时将要做什么，并因而感到十分安心。

约翰·厄里（John Urry）认为，近年来团体旅游的受欢迎程度

---

[1] 同样，布希花园提供欧洲人喜欢的场所，如德式啤酒屋，不让其顾客离开美国可预测的界限，甚至必须待在现代游乐场这种更具可预测性的环境中。

[2] 康拉德·希尔顿（Conrad Hilton）说，在伊斯坦布尔的希尔顿酒店开张之初，"我们的每一家分店……都是一个'小美国'"。引自：Daniel J. Boorstin. *The Image: A Guide to Pseudo-Events in America*. New York: Harper Colophon, 1961, p. 98.

第四章 针对消费者的可预测性与控制

在日益下降[1]。他的这一看法，实际上与我关于麦当劳化日益深化的观点并不矛盾。因为在加勒比海、地中海、南美洲、东南亚和阿拉斯加等地方，高度现代化的游轮越来越受欢迎。而在欧洲的多瑙河和莱茵河，乘坐海上游轮和内河游轮的旅客往往遵循着一种熟悉的活动模式。导游还会让游客选择一些附带的旅行线路，游客如果多选择一些这样的附带线路，就会发现有点像过去的团体旅游。

我们的观点之所以并不矛盾，还因为大多数社会都越来越麦当劳化，并因此使得人们不再那么需要麦当劳化的团体旅游。那些去世界各地旅游的游客，总是很容易就能找到麦当劳快餐店、假日酒店、硬石餐厅（Hard Rock Cafe），收看到《今日美国》和CNN电视节目。很多不确定性已被消除了，因此他们觉得不再需要通过团体旅游来获得可预测性了。

3. 使危险与不适最小化

（1）实体环境：防腐剂，气候控制，塑料世界

大型购物中心之所以对人们具有那么大的吸引力，部分是因为它能使人们的购物过程更可预测。例如，"在购物中心工作的一个小伙子……告诉我为何他喜欢在这里工作。……是因为无论外面的天气发生什么变化，这里总是风平浪静，不受影响"[2]。来这里购物和闲逛的人，也相对安全，不会受到城市街头犯罪的威胁。顾客不受天气影响，不受街头犯罪威胁和相对安全，说明大型购物中心具

---

[1] John Urry. *The Tourist Gaze: Leisure and Travel in Contemporary Societies.* London: Sage, 1990.

[2] William Severini Kowinski. *The Malling of America: An Inside Look at the Great Consumer Paradise.* New York: William Morrow, 1985, p. 27.

有另一重要的可预测层面,即它总是让人愉快的地方。

家庭娱乐中心或付费玩乐中心兴起的一个重要原因,就是躲避犯罪。通常,小孩需要入场费——尽管用一个可爱的噱头——父母则可能是"免费的"。这种中心有围栏,有用填充材料制成的"小山"、管子、隧道、大积木、秋千等供小孩玩乐。其在城市中非常受欢迎,因为其在犯罪猖獗的城市中为儿童提供了一个安全的天堂。① 人们发现小孩在这种中心玩比在社区游戏场玩受伤概率更小,因为这种中心设施更好,好多东西都是塑料的,旁边还有工作人员照看。而且,这种中心还会定时进行安全检查,以确保孩子只有自己的父母可以领走。这样的中心无疑更安全和更可预测,但人们一直批评其是"一种充满防腐剂、过度使用空调的塑料世界"②。

比起以前那些低级游乐场来,现代游乐场更安全、更舒适。迪士尼集团很清楚,要想成功,就必须克服旧游乐场存在的不可预测性。迪士尼乐园和迪士尼世界投入了大量精力,来保证参观者相信它们一定是井然有序的。第三章已经说过,这里一有垃圾就会被很快清走,人们根本看不到一点垃圾,心情自然舒畅。这里的商贩不会出售花生、口香糖、棉花糖等等,因为参观者在消费这些商品时往往会留下垃圾、弄脏地面。在这里,参观者根本看不到任何混乱场景,从而度过快乐的一天。一般公园中存在的那些犯罪现象,在

---

① Iver Peterson. "Urban Dangers Send Children Indoors to Play: A Chain of Commercial Playgrounds Is One Answer for Worried Parents." *New York Times,* January 1, 1995.

② Jan Vertefeuille. "Fun Factory: Kids Pay to Play at the Discovery Zone and While That's Just Fine With Many Parents, It Has Some Experts Worried." *Roanoke Times & World News,* December 8, 1994.

第四章 针对消费者的可预测性与控制

这里根本不可能出现。因此，迪士尼为消费者提供了一个可预测的、几乎超现实的、井然有序的世界。

最近几年一些主题公园确实发生过数起备受关注的事故，但一般说来那些游乐设施和景点很少会出现不可预测的事情。有公司宣传册在谈到迪士尼世界的森林河流之旅时说："其森林河流之旅是探险家的最爱之一，因为它把以往需要花数周时间的艰辛旅程，压缩到充满乐趣的十分钟（多高效！），而且没有蚊子、风雨或意外事故。"[1]

有一段时间人们喜欢上了露营，以调剂一下枯燥乏味、按部就班的日常生活。城里人纷纷逃离他们的家，只带一顶帐篷和一只睡袋，去亲近大自然。在露营者与大自然之间，没有任何东西隔离，这导致了一些不可预测的事件。但那正是人们想要的东西。露营者可能会遇到一只鹿，在他们的露营地附近徘徊，甚至可能直接闯入露营地。当然，他们可能也会遭遇出乎预料的雷雨风暴、蚊虫叮咬以及蛇等，但他们认为这些都是逃离日常乏味生活不可避免的一部分。

虽然现在人们仍然喜欢这样的露营，但是有些人试图消除露营存在的不可预测性。一位露营场老板说："过去的露营者只想在森林中找到一个空间，但今天的露营者已完全不再那样艰苦。"[2] 今天的露营者也不再只带简单的帐篷，而是可能开上带床位、厨房的露营车（RV），像温尼巴格房车，或者用车子拖着安装有弹出式精

---

[1] Stephen J. Fjellman. *Vinyl Leaves: Walt Disney World and America.* Boulder, CO: Westview, 1992, p. 226.

[2] Dirk Johnson. "Vacationing at Campgrounds Is Now Hardly Roughing It." *New York Times,* August 28, 1986.

制帐篷的拖车,从而使自己不会受到出乎意料、不可预知因素的影响。当然,在露营车中"露营",往往也会减少看到游走的野生动物的可能性。而且,露营车还可以使露营者带上家中所有的设备——冰箱、炉子、电视、手持 DVD 机、苹果电脑、智能手机等。

今天的露营技术不仅极大地提升了露营的可预测性,也完全改变了露营场所的面貌。现在已经很少有人在那不可预知的荒野搭帐篷,大多数人都选择前往那种理性化的露营场所,甚至到由美国露营连锁集团等连锁公司开设的"乡村俱乐部露营场"(美国露营连锁集团已经开设了近 500 家露营场)。① 尽管美国露营连锁集团被贴上了"露营行业中的麦当劳"的标签,但其负责营销的副总裁仍然信心十足:"我们从来不认为这会冲击度假体验,也不认为这是为了降低成本,我们这样做,是为了使我们的服务更加统一和一致,而麦当劳是一家真正能提供一致性的特许经营集团。"② 人们可以在其装有空调的、长达 32 英尺的拖车中露营和放松,"在这里人们可以获得所需要的一切东西。……不管雨下多大、风刮多猛,都无关紧要"③。今天的露营场有的分成两个区域——一个区域供帐篷露营者使用,另一个区域留给露营车露营者,它们又都被分成一排排更小的露营地。在这些露营场,露营车露营者可以使用车中自带的各种设备。那些"艰苦"的露营者,在露营场同样可以获得分量充足

① http://koa.com/find-a-koa/; "CountryClub Campgrounds." *Newsweek,* September 24, 1984.

② Andrew Adam Newman. "A Place to Camp, And Make Memories." *New York Times,* June 18, 2014.

③ Dirk Johnson. "Vacationing at Campgrounds Is Now Hardly Roughing It." *New York Times,* August 28, 1986.

第四章　针对消费者的可预测性与控制

的熟食，去自助洗衣店洗衣服，去浴室或淋浴站洗澡，去恒温泳池游泳，去装有视频游戏机的游戏室、电视房、电影院消遣，甚至能够观看乐队、喜剧表演团队的表演。总之，各种设施应有尽有。

美国露营连锁集团现在提供的业务已经多元化，除了上述露营服务外，还开发了供消费者住一夜的"一夜"营、风景如画和设施高档的"假日"营，以及能够为家庭聚会等大型团体提供更高档设施的"度假村"营。虽然美国露营连锁集团有意识地实现了这些露营业务的差别化，但毫无疑问的是，这些业务都具有一定程度的可预测性。

在这样的地方，人们当然不会遇到什么麻烦和危险，也不会受到什么伤害。然而，作为一个整体的社会，为了商业利益却放弃了安全环境责任。因为我们的城市街道常常不安全，所以人们才会去商场。因为我们的游乐场不安全，数量也有限，所以孩子们才会去商业化的"兴趣中心"。这导致的问题就是人们在商业场所待的时间更长，而这些商业场所渴望人们在此消费。如果社会能够为大人与小孩提供安全的、有吸引力的娱乐中心，那么他们肯定不会在商业场所花那么多时间、做这么多事情。

具有讽刺意味的是，尽管这些麦当劳化场所——特别是快餐店——说它们那里特别安全，但实际上这些场所似乎特别容易发生犯罪和暴力行为。一名快餐店老板说："由于某些原因，快餐店已经成了犯罪者的目标。"[①] 也许，这类麦当劳化场所本身就是一种理性化的"铁的牢笼"(iron cage)，身处其中的人们有时会被迫做出攻击

[①] Kristin Downey Grimsley. "Risk of Homicide Is Higher in Retail Jobs: Half of Workplace Killings Sales-Related." *Washington Post,* July 13, 1997.

行为。

（2）网上环境：充满非人身危险

消费者在在线网站上基本不会遇到在线下环境或实体环境中所遇到的那些人身危险，但网络上存在其他更危险的情况。虽然确实已经发生了一些借助网络进行人身跟踪的可怕案件[1]，但网络上的危险往往是无形的。在数字世界中，个人和群体都可能面临极大的经济危险，造成重大财产损失。各种网站（包括消费网站）上无数消费者的私密信息(如信用卡号码)都被盗取过。近年来，家得宝、塔吉特和尼曼等公司的网站，都发生过数以百万计信用卡号码被盗事件。很多消费者遭受过各种形式的网络诈骗。2017年年底，信用评分报告公司Equifax遭黑客入侵，1.5亿人的个人身份信息被泄露，其中20万人的信用卡号码被窃取。

2017年5月，黑客攻击了大约150个国家的计算机系统，其中包括美国联邦快递、俄罗斯内政部和英国公立医疗系统。他们的电脑被名为"想哭2.0"（Wannacry 2.0）的黑客勒索病毒程序锁定，电脑文件被加密，需要交付300美元或更多的"赎金"才能解锁。[2]这些组织蒙受了重大损失，很多服务对象和消费者也受到了不同程度的间接影响。例如，在中国，一些加油站的自动取款机和电子支付系统在一段时间内无法正常工作。[3]在英国，很多医院推迟了无生

---

[1] McKinley, Jr., James C. "Ashanti, R&B Singer, Is Cross-Examined by Her Convicted Stalker." *New York Times*. December 16.

[2] Mark Scott and Nick Wingfield. "Clock Ticking, Security Experts Scramble to Defuse Cyberattack." *New York Times,* May 14, 2017.

[3] Gerry Mullany and Paul Mozur. "China Hit Hard by Hacking Attack as Asia Assesses Damage." *New York Times,* May 15, 2017.

第四章 针对消费者的可预测性与控制

命危险的病人的手术,甚至有些病人已经进了手术室,也不得不中止手术[①]。

二、控制:人与非人类机器人

麦当劳化的第四个维度,就是通过使用无人技术来强化对人的控制。技术不仅包括机器和工具,也包括材料、技能、知识、规则、规制、程序、方法等。因此,技术不仅包括诸如机器人和电脑等有形的技术,也包括诸如生产流水线、科层规则和规定等相对隐蔽的、为人们所接受的程序、方法。有人技术(如螺丝刀)是人控制技术,而无人技术(如免下车点单窗口)则是技术控制人。

所有理性化系统中存在的不确定性、不可预测性和低效率的重要根源之一,就是人——或者是工作于其中的人,又或者是其所服务的人。因此,理性化系统试图加强控制的对象除了过程与产品外,还包括员工和顾客。本节将主要讨论对消费者或顾客的控制。我们讨论的消费者的类型众多,除了普通的快餐消费者外,还包括出生与死亡过程中的消费者。如今,出生与死亡都已经变成了一种消费过程(也都被变成了一种麦当劳化的过程),其表明我们已经深深陷入一个以消费为特征和主导的社会。

控制消费者

员工相对容易控制,因为他们要靠老板发的工资才能生存。如

[①] Dan Bilefsky. "British Patients Reel as Hospitals Rush to Revive Computer Systems." *New York Times* May 14, 2017.

果消费者不喜欢自己去的地方，那么他们有更多自由去改变规则或者另寻他处。然而，麦当劳化系统已开发了许多控制消费者的方法，并对运用这些方法驾轻就熟。

（1）快餐业：吃完了赶快滚蛋

不论消费者是进入快餐店还是使用直通式免下车窗口，他们都要进入某种传送系统，这种系统使消费者以店方要求的方式通过快餐店。就这一点来说，免下车窗口最为明显，实现传送的能量来自消费者自己的汽车。对那些进入快餐店的人来说，情况也是如此。消费者知道，店方希望他们排队，依次来到柜台，然后下单、付钱，自己端食物，自己找空桌，然后坐下来吃完，自己收拾垃圾并倒入垃圾桶，最后回到自己的车中离开。

快餐店中存在控制的三种机制：

消费者接到各种提示（例如，提示消费者在出口处有垃圾桶），这些提示表明店方希望消费者自己做些什么。

各种结构性限制，使消费者只能以某种方式行事。例如，免下车窗口以及在柜台等处的菜单上的书面说明，使消费者很少甚至没有选择空间。

消费者把快餐店的规范视为理所当然而内化于心，并在进入快餐店时自觉遵守这些规范。[1]

有一次我和我的孩子一起去吃快餐，我吃完后起身就想走，结

---

[1] Robin Leidner. *Fast Food, Fast Talk: Service Work and the Routinization of Everyday Life*. Berkeley: University of California Press, 1993.

第四章 针对消费者的可预测性与控制

果孩子告诫我,在麦当劳吃完饭后必须把残余收拾干净,放到垃圾桶去。而在此之前,我也偶尔去过几次快餐店,但我没有遵守这个规范。我的孩子实际上充当了麦当劳的代理人,教给我在这种环境中的行为规范。不久以后,我就与其他消费者一样,逐渐接受并内化了这些规范,在别无选择(特别是内急时)不得不进入快餐店的情况下,会忠实地遵守那些规范。

快餐店进行这些控制的目的之一,就是想让顾客花钱后尽快离开(不过,星巴克在某种程度上是一个例外。它鼓励少量顾客边喝咖啡边使用笔记本电脑,以使自己呈现出那种欢迎顾客的老式咖啡店的现代版本的形象。但事实上,它并不希望绝大多数的顾客都如此,因为它同样设有直通式免下车窗口,并且进店喝咖啡的过程同样给人一种麦当劳化的感受)。快餐店需要迅速腾出餐桌,好让下一位顾客找到就餐位置。一家著名的、古老的自助连锁餐厅"自动贩卖式餐厅"(The Automat)[①]之所以倒闭,在很大程度上就是因为那些就餐者连续数个小时占着桌子不走。自动贩卖式餐厅成了一种社交中心,越后来的顾客越难找到就餐位置。后来,那些无家可归者独占了自动贩卖式餐厅的餐桌,并最终使该餐厅破产了。有趣的是,现在麦当劳在一些国家也遇到了类似的问题,那些"麦当劳难民"(McRefugees)赖在里面,吃别人剩下的食物,甚至晚上也睡在里面。在纽约市中心的一些麦当劳餐厅,则成了瘾君子聚集的场所(从而被称为"瘾君子"或"僵尸"麦当劳快餐店),他们在里

[①] L. B. Diehl and M. Hardart. *The Automat: The History, Recipes, and Allure of Horn and Hardart's Masterpiece*. New York: Clarkson Potter, 2002.

面交易毒品、吸毒甚至睡觉[1]。

一些快餐店会雇用保安来驱赶那些惹是生非者，把他们挡在店外，并防止顽劣青年独占餐桌或车位（然而，有些麦当劳快餐店的保安下午2点后就会离开，这样的麦当劳快餐店往往会成为吸毒者的地盘，成为"僵尸"麦当劳快餐店）。甚至有些警察被叫去驱赶那些逗留的顾客（其中包括老年人）。[2] 在某些情况下，快餐店会张贴告示，限制每位消费者在快餐店甚至停车场中停留的时间，例如最好不要超过20分钟等。更重要的是，快餐店的建筑结构与店面布局本身，使得人们并不想在就餐时多拖延片刻。方便吃下的指间美食，使就餐本身很快就能完事。某些快餐店的椅子，顾客坐上20分钟就受不了。[3] 而店中的装饰颜色也会产生同样的效果："从作为店面标志的腥红色和黄色，到员工制服的栗色，使人感觉这里的每种东西都不协调，从而在设计上使顾客感觉到不舒服，不想多待片刻而迅速离开。"[4]

（2）其他实体环境：就像新兵训练营

各类学校已形成了许多控制学生的方法。例如，有的人把幼儿园描述为教育的"新兵训练营"。[5] 学校不仅教导学生要服从权威，

---

[1] Kim Barker. "A Manhattan McDonald's With Many Off-the-Menu Sales." *New York Times*, July 19, 2015.

[2] Stacy Torres. "Old McDonald's." *New York Times*, January 21, 2014.

[3] Stan Luxenberg. *Roadside Empires: How the Chains Franchised America.* New York: Viking, 1985.

[4] Martin Plimmer. "This Demi-Paradise: Martin Plimmer Finds Food in the Fast Lane Is Not to His Taste." *Independent* (London), January 3, 1998.

[5] Harold Gracey. "Learning the Student Role: Kindergarten as Academic Boot Camp." In Dennis Wrong and Harold Gracey, eds., *Readings in Introductory Sociology.* New York: Macmillan, 1967, pp. 243–254.

第四章 针对消费者的可预测性与控制

还要学生接受死记硬背的学习方式和理性化的客观命题考试。更重要的是，学校非但不鼓励反而压制学生的自主性和创造性，导致了有位专家所说的"听话教育"。[1] 那些遵守规则的学生，被认为是好学生；那些不遵守规则的学生，则被贴上坏学生的标签。因此，从总体上看，最后进入大学的学生，是那些完全屈服于这种控制机制的学生。这种教育体制认为，培养有创造性、独立自主精神的学生，"不仅麻烦、昂贵，而且费时"[2]。

上下课时钟与教学计划也是控制学生的手段，小学与中学尤其如此。"时钟具有专制性"，一堂课必须在钟声响起时结束，即使学生正在学习某些重要的内容也是如此；"教学计划也具有专制性"，在特定的某一天，学生必须学习教学计划要求的内容，即使学生（也许还有老师）发现另一些内容多么有趣，也不能随便改变学习内容。例如，有一群"兴奋的学生正在专注地观察一只乌龟，这时下课铃响了，老师马上就要把乌龟收起来，并说，'好了，孩子们，现在去上科学课，其主要内容与螃蟹有关'"[3]。

在医疗保健行业，病人（以及医生）日益受到更强大的、非人的系统控制。例如，在很多医疗项目上，病人不能自己决定是否要看某个专科医生。相反，病人必须首先去看初级保健医生，并由其来决定病人是否真的需要看专科医生。因为这个系统为了压低医疗成本，极力推荐初级保健医生，从而使得最后能够去看专科医生的病人非常少，专科医生的很多职能被转移到了初级保健医生头上。

---

[1] Charles E. Silberman. *Crisis in the Classroom: The Remaking of American Education.* New York: Random House, 1970, p. 122.

[2] 同上注，p. 137。

[3] 同上注，p. 125。

而病人与医生的互动时间通常十分有限，有时只有10分钟，这还包括医生输入病人记录的时间。

在超市，扫描仪不仅控制着收银员，也控制着消费者。以前，超市会把价格数字直接标在商品上，顾客在购买商品时便可以计算出他们大概要花多少钱。顾客还可以核对所购商品的价格，以防止自己在收银台被多收钱。但是，今天的超市往往使用通用产品代码（UPC）和扫描仪，消费者几乎不可能监控价格和收银员的操作。最近，那些大卖场向顾客提供扫描仪，以便顾客可以随手查看他们感兴趣的商品的价格。然而，顾客有时很难找到扫描仪，它们也没有得到广泛使用。通过扫描查看价格，还不如在每一种商品上标明价格来得直接。而不在商品上标明价格，使销售者可以更容易以消费者无法察觉的方式改变价格。

超市还通过设计食品的摆放位置来控制购买者。例如，超市费尽心机地把那些小孩感兴趣的食品放在小孩很容易抓到的地方（例如货架的下层）。还有，超市和商场对何种商品进行特价销售的决策以及商品的摆放策略，也会深刻影响顾客的购买决策。制造商与批发商会为了获得那让人垂涎的展销位置——如商场刚进门的位置或走廊末端——而展开激烈的竞争。某些食物放在这个地方比放在那个地方，可能要卖得好得多。

大型购物广场也会对顾客特别是小孩与年轻人施加控制，这些人已经被媒体广告催化成购物狂。去大型购物广场，已成为他们根深蒂固的习惯。有些人简直成了"行走的僵尸"，他们一个小时接

第四章　针对消费者的可预测性与控制

着一个小时、一个周末接着一个周末地在购物广场闲逛购物。[①] 购物广场的饮食区、电梯与楼梯的设置方式和位置，都是为了使顾客尽量多地经过通道和充满吸引力的展柜。即使是为了缓解顾客购物疲劳而设置的长椅，设在某个地方，也是为了吸引顾客到那个地方去。商场的选址策略以及商品的摆放策略，都是为了吸引人们去购买他们本来不感兴趣的产品。

（3）网店的控制：亚马逊不断强大的力量和限制网络中立性的冲动

虽然用户在登录在线消费网站购物时对商品的自主选择性更大，但他们也会在很大程度上受到控制。虽然消费者可以在网站上进行自由选择，但他们的选择仅限于网站上的商品。他们无法订购那些网站上没有列出的商品。例如，登录亚马逊网站买书，消费者首先看到的是与他们的搜索词条相关的书籍列表，接下来可能看到其他各种书籍的列表（例如，那些与即将到来的假期有关的书籍）。在屏幕的底部是最近你点击过的书籍列表。消费者点击其中任何一本书，都会跳出各种量化的信息。此外，网站还提供了一份看过同一本书的人所购买的书籍清单，希望消费者对其中的一本或几本也感兴趣。通过如此等等，网站把用户引导到网站希望他们去的地方，甚至使用户购买他们本不想要的东西。还有，用户可以选择去其他网页，并做出其他的选择——他们也经常这样做。但这要求他们首先必须能够抵挡得住网站优先推荐的网页和选择。他们如

---

① William Severini Kowinski. *The Malling of America: An Inside Look at the Great Consumer Paradise*. New York: William Morrow, 1985, p. 359.

社会的麦当劳化（第9版）

果真的想做出不同的选择，那么非得下一番功夫不可。当然，如果他们真的找到了其他的选择，那么亚马逊也很高兴，因为这意味着网站可以销售出额外的产品，获得额外的顾客偏好信息和数据（请参阅第三章）。如果消费者决定购买某一特定商品，他们就会进行搜索。亚马逊又会在他们面前列出一些他们一开始可能没有想到的选项。

那些收集、整理并分类大数据的公司和组织，会实施更加广泛的控制。它们由于拥有大数据，因而对我们，对包括国家、社团、组织以及个人等各类行为主体十分了解。它们可能监视我们，能够影响我们选择产品和服务的决策。最重要的是，它们知道我们将要购买或者考虑购买哪种产品和服务。因此，它们可以基于充分的市场需求信息，投放精准定位的广告，使我们很难在市场上购买其他的产品和服务。

就后者而言，我有切身体会。亚马逊在其网络卖场中的强大控制力，使它能够从出版商（和其他制造商）那里获得比任何竞争对手都要高的让利。亚马逊也要求实力相对较弱的塞奇出版社（我的一些书，包括本书都是在这家出版社出版的）做出让步。有一段时间，塞奇出版社拒绝满足亚马逊的要求，结果亚马逊就拒绝订购我出版的关于社会理论方面的新书；当新学年开始时，学生们想购买我的新书，结果亚马逊网站上没有，于是学生们只能购买亚马逊出售或通过亚马逊出售的二手书。当然，学生可以通过其他途径获得那本书，但亚马逊没有订购，对该书的销售还是产生了不利影响。塞奇出版社最后与亚马逊达成了和解，尽管我不知道出版社做了多

第四章　针对消费者的可预测性与控制

大让步，但我的新书又出现在了亚马逊网站上。

还有一种更常见的情况，就是一些人试图控制他人对互联网接触，其做法主要是降低甚至消除互联网的中立性。也就是说，互联网服务提供商（ISP）可以让某些用户无法平等地访问各种网站——通过限制某些用户进入某些网站的速度，甚至完全限制其访问某些网站。这更加凸显了那些最强大和最赚钱的互联网网站的优势。美国联邦政府一直寻求立法机关通过限制上网的法律，但到目前为止还没有成功，因为这违反了网络中立的理念。这些法律如果获得通过，那么将使康卡斯特（Comcast）和威瑞森电信（Verizon）等互联网服务提供商，以及最强大的互联网站点（如谷歌）对用户信息拥有更大的控制权。

（4）出生与死亡：终极控制的例子

人们通常认为出生与死亡并非消费过程，但实际上它们是两种非常不同的消费行为。正如我们将要看到的，我们确实在以各种不同的方式消费出生与死亡。而我们对出生与死亡的消费，同样受到各种不同的控制。在今天，出生与死亡的过程以及那些"消费"这些过程的人们，受到越来越多的控制。

A. 控制受精：甚至老太婆也可以怀孕

现在怀孕已变得相当麦当劳化，并且这个过程日益受到更多的控制。例如，男性阳痿问题[1]已被生机勃勃的阳痿诊所和低睾酮中心攻克，其中一些诊所如美国男性医疗诊所已经发展成了连锁店[2]。

---

[1] Lenore Tiefer. "The Medicalization of Impotence: Normalizing Phallocentrism." *Gender & Society* 8 (1994): 363–377.

[2] Cheryl Jackson. "Impotence Clinic Grows Into Chain." *Tampa Tribune—Business and Finance*, February 18, 1995.

现在，相关治疗药物（如万艾可[1]、西力士）、外科植入技术和器械设备日益增多。正是因为有了这些药物、技术与设备，很多原本不育的男性才有了更好的性能力，并能够让妻子怀孕。

同样，因为人工授精（更准确地说是"捐精"）[2]、体外受精[3]、卵胞浆内单精子注射术[4]，以及与怀孕技术[5]相关的各种外科与非外科手术、在家生产工具箱[6]等等的进步，女性不孕问题得到了一定程度的解决。一些不孕诊所甚至信心十足地宣称，如果三次尝试仍没有怀孕，它们将保证退款[7]。对那些仍然不能怀孕的女性来说，还有代孕母亲可以代她完成这一工作（在世界很多国家仍属非法）[8]。

---

[1] Laura Mamo and Jennifer R. Fishman. "Potency in All the Right Places: Viagra as a Technology of the Gendered Body." *Body & Society* 7 (2001): 13. 万艾可在很多方面都对性起到了麦当劳化的作用。使用它已经成为一种现象，一种让人担心的论题，一种打趣别人的方式。这种情况不仅在美国是如此，在世界任何地方都是如此。在西班牙，一直存在从药店偷窃万艾可的现象。在那里，它已经成为一种消遣性的药物，甚至年轻人也需要它，这导致这种药物销售量巨大，而且零售价格昂贵（一盒8片需要104美元），还可能非法销售，一粒售价高达80美元。为什么在一个以强壮男子文化闻名的社会中，这种东西会有如此大的需要？根据辉瑞公司——万艾可的生产商——发言人的看法，这可能与麦当劳化有关："我们习惯午睡，习惯整个下午睡觉。……但是我们现在的社会成了一个快餐王国，每个人都承受巨大压力，这有害于男子的性能力。"Dan Bilefsky. "Spain Says Adios Siesta and Hola Viagra." *New York Times,* February 11, 2007.

[2] Annette Baran and Reuben Pannor. *Lethal Secrets: The Shocking Consequences and Unresolved Problems of Artificial Insemination.* New York: Warner, 1989.

[3] Paula Mergenbagen DeWitt. "In Pursuit of pregnancy." *American Demographics,* May 1993.

[4] Eric Adler. "The Brave New World: It's Here Now, Where In Vitro Fertilization Is Routine and Infertility Technology Pushes Back All the Old Limitations." *Kansas City Star,* October 25, 1998.

[5] Clear Passage website: www.clearpassage.com/about_infertility_therapy.htm.

[6] *Drug Week,* October 24, 2008.

[7] "No Price for Little Ones." *Financial Times,* September 28, 1998.

[8] Diederika Pretorius. *Surrogate Motherhood: A Worldwide View of the Issues.* Springfield, IL: Charles C Thomas, 1994.

第四章 针对消费者的可预测性与控制

现在甚至绝经的女性也可以重新怀孕("奶奶孕妇")①，目前年龄最大的孕妇是一名 70 岁的印度女性，她在 2008 年生下了一对双胞胎②。诸如此类的进展，以及在家检测排卵技术③等的发展，使夫妻的生育过程更具可预测性。高效易用的在家怀孕检测试纸，现在已经得到广泛使用，很容易就可以确定一名女性是否已经怀孕。

让很多准父母备受折磨的一个问题，就是如何能够如其所愿，生一个女孩或男孩。不过，在美国、加拿大、澳大利亚、英国、印度和中国香港，都存在性别选择诊所。④而且这些诊所有可能组成一家全科性的"性别选择中心"连锁集团。这种于 20 世纪 70 年代出现的技术，实际上相当简单，即通过白蛋白过滤，把携带男性染色体的精子与携带女性染色体的精子分别筛选出来，然后女性（生育过程消费者）用其所想要的精子进行人工授精。还有一种新技术，是利用精子细胞的染色体来确定哪个细胞携带了 X（男性）与 Y（女性）染色体，然后通过人工授精或体外受精，把选中的精子与卵子进行结合。通过微选技术，想要女孩的夫妻的成功概率是 93%，想要男孩的夫妻的成功概率是 82%。⑤而这类技术的最终目标，就是使利用具有男性染色体或女性染色体的精子来"制造"父母想要的男性或女性后代的准确率达到 100%。

---

① Korky Vann. "With In-Vitro Fertilization, Late-Life Motherhood Becoming More Common." *Hartford Courant,* July 7, 1997.

② http://news.bbc.co.uk/2/hi/europe/4199839.stm; www.nbcnews.com/id/28112285/ns/health-pregnancy/t/another—year-old-india-has-ivf-baby/.

③ Angela Cain. "Home Test Kits Fill an Expanding Health Niche." *Times Union-Life and Leisure,* February 12, 1995.

④ Neil Bennett, ed. *Sex Selection of Children.* New York: Academic Press, 1983.

⑤ www.microsort.com/? page_id=453.

消费者越来越可以控制怀孕过程以及胎儿性别这一事实,让一些人感到高兴,但也让另一些人感到恐惧:"人们今后能像订购带有自动变速器或皮革装潢的汽车一样,定购规格详细的小孩,特别是能够预先确定小孩的性别,这简直就是一场噩梦。"[①] 一位伦理学家说:"像选择一部汽车一样来选择一个小孩,这是一种消费主义的心态,孩子会成为一种'产品'而非一个完全的人。"[②] 把婴儿转变成另一种麦当劳化"产品"——可以设计、制造和销售——将使人们面临生育过程非人道化的风险。

当然,我们还处在怀孕等相关过程被麦当劳化的初期阶段。例如,1996 年在苏格兰诞生了首只克隆羊多莉(现在已经死了),还有一些其他动物也已被克隆出来,为克隆人类提供了可能性。克隆是对分子、细胞甚至是整个生物有机体进行完全相同的复制。[③] 这让人联想到对人进行"千篇一律"的工程设计和大批量生产的场景,这些人都貌美体健、聪明且没有遗传缺陷——这是对怀孕进行控制的终极目标。在所有人都一模一样的社会中,人们可能也乐于接受他们周围的一切事物也一模一样。当然,这是一种科幻小说情节,但是带领我们沿着这条道路走下去的技术已经问世!

B. 控制妊娠:选择理想的宝宝

有一些父母在确认已经怀孕之后,会开始关注他们孩子的性别,而羊水穿刺可以确定胎儿是男是女。羊水穿刺在 1968 年第一

[①] Janet Daley. "Is Birth Ever Natural?" *The Times* (London), March 16, 1994.

[②] Matt Ridley. "A Boy or a Girl: Is It Possible to Load the Dice?" *Smithsonian* 24 (June 1993): 123.

[③] Roger Gosden. *Designing Babies: The Brave New World of Reproductive Technology.* New York: W. H. Freeman, 1999, p. 243.

第四章 针对消费者的可预测性与控制

次被用于产前诊断。它是这样一种过程：在怀孕 14 ~ 18 周时，从准妈妈的羊膜囊中抽取出一种液体来进行检验。[1] 通过羊水穿刺，如果胎儿的性别"不对"，那么父母可以选择流产。这种技术显然没有怀孕前的性别选择技术那么有效，因为它是在怀孕之后进行的。事实上，很少有美国人（一项研究认为只有 5%）会以流产作为性别选择的方法。[2] 然而，羊水穿刺使父母可以知道将出生的小孩的性别。

父母不仅仅关注胎儿的性别，更加关注胎儿是否有遗传缺陷。除了羊水穿刺，最近发明的各种检测技术，可以确定胎儿是否患有诸如囊性纤维化、唐氏综合征、亨廷顿病、血友病、泰－萨克斯病和镰状细胞病等遗传缺陷。[3] 这些新近发展起来的检测技术包括：

绒毛膜绒毛吸取术（CVS）：往往在羊水穿刺之前、怀孕 10 ~ 12 周时进行。这种技术就是从后来变成胎盘的液囊上突出来的指状结构中获取一个样本来检测。这些结构与胎儿有着相同的基因结构。[4]

---

[1] Rayna Rapp. "The Power of 'Positive' Diagnosis: Medical and Maternal Discourses on Amniocentesis." In Donna Bassin, Margaret Honey, and Meryle Mahrer Kaplan, eds., *Representations of Motherhood*. New Haven, CT: Yale University Press, 1994, pp. 204-219.

[2] Aliza Kolker and B. Meredith Burke. *Prenatal Testing: A Sociological Perspective*. Westport, CT: Bergin & Garvey, 1994, p. 158.

[3] Jeffrey A. Kuller and Steven A. Laifer. "Contemporary Approaches to Prenatal Diagnosis." *American Family Physician* 52 (December 1996): 2277ff.

[4] Aliza Kolker and B. Meredith Burke. *Prenatal Testing: A Sociological Perspective*. Westport, CT: Bergin & Garvey, 1994; Ellen Domke and Al Podgorski. "Testing the Unborn: Genetic Test Pinpoints Defects, but Are There Risks?" *Chicago Sun-Times,* April 17, 1994.

孕妇血清甲胎蛋白测定（MSAFP）：这是一种简单的抽血测试，一般在怀孕 16～18 周时进行。如果甲胎蛋白水平很高，那么胎儿可能患有脊柱裂；如果甲胎蛋白水平过低，那么胎儿可能患有唐氏综合征。

超声检测：这是一种声纳技术，通过胎儿反射的高频能量来生成胎儿图像。超声检测可以揭示各种遗传缺陷，以及胎儿的很多其他信息（如性别、胎龄等等）。

这些检测技术的使用，近年来已急剧增加，其中有一些（如超声检测、孕妇血清甲胎蛋白测定）已经成为常规性检查[①]。当然，检查胎儿的技术还有很多，而将来还会发明更多类似的新技术。

如果胎儿经过一次或多次检查后，表明存在遗传缺陷，那么父母可能选择流产。那些选择流产的父母，是不希望给小孩或家庭带来基因异常或疾病的痛苦。倡导优生者认为，对社会来说，让有基因问题的小孩出生并由此带来各种麻烦和经济负担，是十分不理性的。从成本-收益的角度（可计算性角度）来看，流产比养育一个有严重生理或智力缺陷的小孩（有时会长达数年）要划算得多。如果根据这种逻辑，那么使用当前的检测技术来检查哪个胎儿可以被生下来而哪个应该被打掉，对社会来说是有意义的。而根本的办法，是社会禁止某些疾病患者结婚和生育。人类正在努力研究如何预测与修复基因异常，并已取得飞速的进展。人类基因组计划已经

[①] 然而，某些父母拒绝因为胎儿检测而引起的理性化。参见：Shirley A. Hill. "Motherhood and the Obfuscation of Medical Knowledge." *Gender & Society* 8 (1994): 29-47.

第四章　针对消费者的可预测性与控制

完成了一张人类基因图谱，其中包含了人类所有基因的区域分布。[1]在该计划刚开始的时候，我们只知道 100 种左右的人类基因疾病；而今天，我们已经知道了更多种人类基因疾病[2]。在知道这些疾病后，科学家便可以研究出新的诊断检测和治疗方法。识别每种基因的位置和作用，可以扩展检测胎儿、儿童、未来伴侣的遗传疾病的能力。未来的人们如果被查明携带某种问题基因，就可能会选择不结婚或不生育。而且，随着这些技术的费用日益下降，人们有希望进行自我检测（我们已经可以在家中进行怀孕检测），然后决定是否在家中进行比较有风险的流产。[3]总之，人们的结婚与生育选择，都将日益受到这些新技术的影响与控制。

C. 控制分娩：把分娩当发病处理

分娩过程也日益麦当劳化和受到越来越多的控制，其表现之一就是传统助产术的衰落。传统助产术是一种十分人性化、个人化的分娩做法。在 1900 年的美国，将近 50% 的分娩有助产士的参与；但到 1986 年，由助产士协助的分娩仅占 4%。[4]后来由于医院那种现代化的分娩做法太过理性化与无人性化，助产术略有复

---

[1] Joan H. Marks. "The Human Genome Project: A Challenge in Biological Technology." In Gretchen Bender and Timothy Druckery, eds., *Culture on the Brink: Ideologies of Technology.* Seattle, WA: Bay Press, 1994, pp. 99–106; R. C. Lewontin. "The Dream of the Human Genome." In Gretchen Bender and Timothy Druckery, eds., *Culture on the Brink: Ideologies of Technology.* Seattle, WA: Bay Press, 1994, pp. 107–127.

[2] "Genome Research: International Consortium Completes Human Genome Project." *Genomics & Genetics Weekly,* May 9, 2003.

[3] Matt Ridley. "A Boy or a Girl: Is It Possible to Load the Dice?" *Smithsonian* 24 (June 1993): 123.

[4] Jessica Mitford. *The American Way of Birth.* New York: Plume, 1993.

兴①。到20世纪末,美国大约有6.5%的准妈妈是由助产士帮助实现分娩的②。到2014年,这个比例已经上升到12%③(而从整个世界范围看,由助产士参与的分娩比重在66%左右,因此美国有些特殊④)。当问准妈妈们为什么选择通过助产士分娩时,她们提到的原因包括"那些医院工作人员冷漠无情""医生为回避风险会随意引产""出于同样原因,医生会随意采取没有必要的剖宫产"⑤。从总体上看,随着专业医疗人员特别是那些喜欢将分娩过程理性化与无人性化的产科医师日益加强对分娩的控制,助产士将日益衰落⑥。妇产科住院医师米歇尔·哈里森(Michelle Harrison)承认,在医院分娩可能是一种"无人性化的过程"⑦。分娩过程受到的控制越来越强,还体现在医院分娩手术越来越官僚化(科层化)。以前传统的"社会性分娩",往往在家中进行,有女性亲友在场。现在分娩几乎全部都在医院中进行,"准妈妈在一群陌生人中孤独地完成分娩"⑧。在1900年的美国,只有不到5%的分娩是在医院完成的;到1940年,这一比例已经达到55%;而到1960年,分娩几乎100%在医院完

---

① 关于从理性化角度对产科学的评论,参见:Charles Krauthammer. "Pursuit of a Hallmark Moment Costs a Baby's Life." *Tampa Tribune,* May 27, 1996.
② American College of Nurse-Midwifery, 2008 Report; Judy Foreman. "The Midwifery' Time Has Come—Again." *Boston Globe,* November 2, 1998.
③ www.midwife.org/Essential-facts-about-Midwives.
④ www.allnursingschools.com/faqs/cnm.php.
⑤ Jessica Mitford. *The American Way of Birth.* New York: Plume, 1993, p. 13.
⑥ Catherine Kohler Riessman. "Women and Medicalization: A New Perspective." In P. Brown, ed., *Perspectives in Medical Sociology.* Prospect Heights, IL: Waveland, 1989, pp. 190–220.
⑦ Michelle Harrison. *A Woman in Residence.* New York: Random House, 1982, p. 91.
⑧ Judith Walzer Leavitt. *Brought to Bed: Childbearing in America, 1750–1950.* New York: Oxford University Press, 1986, p. 190.

第四章 针对消费者的可预测性与控制

成[1]。近年来，医院分娩连锁中心大量出现，这些机构完全遵循快餐店的那种理性化模式。

多年来，医院与医疗行业已经形成了很多标准化的、程式化的（麦当劳化的）程序来处理和控制分娩。其中最有名的一种程序是由约瑟夫·德利（Joseph DeLee）发明的，并在20世纪前半叶得到广泛应用。约瑟夫·德利认为分娩是一种"生病"过程，而要降低分娩过程的风险，就必须遵守如下程序[2]：

病人必须仰卧，"双腿支在空中，弯曲并分开，并由马镫支架支撑双腿"[3]。

临产者从分娩的第一阶段，就应打麻醉剂。

实施会阴切开术[4]，以扩大婴儿必须通过的产道出口。

使用产钳[5]，加快分娩过程。

有一位女性在描述这一手术过程时写道："完全像对待绵羊一样对待女性，通过分娩流水线，先打麻醉剂，再绑在桌子上，最后用产钳把她们的婴儿取出来。"[6]

---

[1] Judith Walzer Leavitt. *Brought to Bed: Childbearing in America, 1750-1950*. New York: Oxford University Press, 1986, p. 190.

[2] Paula A. Treichler. "Feminism, Medicine, and the Meaning of Childbirth." In Mary Jacobus, Evelyn Fox Keller, and Sally Shuttleworth, eds., *Body Politics: Women and the Discourses of Science*. New York: Routledge, 1990, pp. 113-138.

[3] Jessica Mitford. *The American Way of Birth*. New York: Plume, 1993, p. 59.

[4] 会阴切开术是从阴道向肛门方向切开口子，以扩大婴儿通过所需的开口。

[5] 后来的一种方法，就是如果生产过程没有按预期进行，就用吸罐吸住婴儿的头把其拔出来。

[6] Jessica Mitford. *The American Way of Birth*. New York: Plume, 1993, p. 59.

约瑟夫·德利提出的上述标准程序，不仅包括通过各种非人道的技术——程序本身、产钳、麻醉剂以及流水线方式——来控制分娩，还包括使用很多麦当劳化的要素——高效率、可预测性、把人的产房变成无人性的婴儿工厂的不合理性。这种标准程序，当初缺少麦当劳化的一个维度——可计算性；但是后来，伊曼纽尔·弗里德曼（Emanuel Friedman）提出了"弗里德曼曲线"，严格地规定了分娩过程的三个阶段，例如第一阶段往往 8.6 个小时，在此期间宫颈会不断扩张到 2～4 厘米，从而为现代分娩过程加上了可计算性的维度。[1] 而婴儿一来到这个世界，就有一种具备可计算性的评分系统［阿普加（Apgar）量表］在等着他/她。这一量表共包括五大方面的指标（如心率、脸色），每个指标分值为 0～2 分，总分为 10 分，得 10 分的婴儿最健康。大多数婴儿在出生一分钟时得分为 7～9 分，5 分钟后为 8～10 分。只得到 0～3 分的婴儿会被认为存在严重问题。不过，米歇尔·哈里森博士对该量表提出了质疑，认为应该加入个人化的或更主观的测量指标，如婴儿的好奇心、情绪等等。[2]

分娩过程中所使用的那些无人性的技术，也在不断地潮起潮落、推陈出新。1588 年发明的产钳，在 20 世纪 50 年代达到使用高峰，此时高达 50% 的分娩过程使用了这种工具。然而，到 20 世纪 80 年代，产钳已不再流行，大约只有 15% 的分娩过程还在使用，而且目前此比例还在下降。[3] 医院越来越多地使用麻醉临产妇的方

---

[1] Jessica Mitford. *The American Way of Birth.* New York: Plume, 1993, p. 143.
[2] Michelle Harrison. *A Woman in Residence.* New York: Random House, 1982, p. 86.
[3] www.ncbi.nlm.nih.gov/pmc/articles/PMC420176/.

第四章　针对消费者的可预测性与控制

法。在20世纪70年代，电子胎儿监护仪开始流行。今天，超声检测则成了一种颇受欢迎的技术。

与分娩相关的另一种让人不安的技术，就是剖宫产手术。很多医生常常在女性生产过程中实施这种手术，以免产道撕裂或过度扩张导致产后松弛。这种手术可以增强产妇未来性伙伴的快感，也使婴儿更容易出生，却使女性遭受痛苦和体质衰弱的侵害。哈里森博士强烈批判这种手术，他说："我希望产科医生停止这种手术，分娩并不是一种手术过程。"[1]

手术刀是剖宫产手术中要使用的一种关键工具。分娩本身是一种完美的自然过程，但在很多情况下被这种工具和技术（以及使用这种工具和技术的人）控制了。[2] 现代首例剖宫产手术发生于1882年，直到20世纪70年代前，也只有5%的分娩过程使用了这种技术。但在20世纪70年代和80年代，这种技术的使用比例直线上升，到1987年已成为一种"全民传染病"，大约有25%的产妇选择剖宫产。[3] 在20世纪90年代中期，剖宫产的比例稍有下降，为21%[4]。但到2015年的美国，剖宫产的比例已经上升到32%[5]。头胎使用剖宫产的比例，在2005年达到了历史最高点的17%，而头胎

---

[1] Michelle Harrison. *A Woman in Residence*. New York: Random House, 1982, p. 113.

[2] Jeanne Guillemin. "Babies by Cesarean: Who Chooses, Who Controls?" In P. Brown, ed., *Perspectives in Medical Sociology*. Prospect Heights, IL: Waveland, 1989, pp. 549-558.

[3] L. Silver and S. M. Wolfe. *Unnecessary Cesarean Sections: How to Cure a National Epidemic*. Washington, DC: Public Citizen Health Research Group, 1989.

[4] Joane Kabak. "C Sections." *Newsday*, November 11, 1996.

[5] www.cdc.gov/nchs/fastats/delivery.htm; www.cdc.gov/nchs/data/databriefs/db35.pdf; Denise Grady. "Caesarean Births Are at a High in U.S." *New York Times*, March 23, 2010; www.cdc.gov/fastats/delivery.htm.

选择剖宫产、二胎选择自然分娩的比例下降到 16.5%[1]。美国妇产科学会（ACOG）已正式放弃了"一旦选择剖宫产，以后就只能剖宫产"的古老观念，不再坚持一旦某个母亲进行了剖宫产，那么她以后的所有分娩都必须剖宫产的看法，但是这种情况仍然时有发生。

有很多人认为，分娩完全没有必要实施剖宫产。这种看法最重要的证据，来自如下历史事实：就在仅仅数十年前，人们并不需要剖宫产就可以实现分娩，而人们只不过在最近几十年才突然越来越依赖于剖宫产。没有必要进行剖宫产的第二个理由，就是有数据表明，那些能够请得起私人医生的女性，比起那些依靠医疗补助（这种补助比起需要报销的医疗费来少得可怜）的女性更可能进行剖宫产，富有的女性比起那些贫困的女性来，选择剖宫产的可能性要高一倍。[2] 因此，难道那些收入更高的人，比起那些收入更低的人来，更需要剖宫产吗？这显然说不通。[3] 剖宫产急剧增加的原因之一，就是这种手术不仅与那种用非人类技术来取代人类技术的思想相吻合，也与社会麦当劳化的各种维度相吻合：

• 剖宫产比自然分娩过程更具可预测性，自然分娩可能提前或延后数周（甚至数月）。我们发现，剖宫产往往在下午 5：30 之前完

---

[1] Susan Brink. "Too Posh to Push?" *U.S. News & World Report,* August 5, 2002.

[2] Randall S. Stafford. "Alternative Strategies for Controlling Rising Cesarean Rates." *JAMA* 263 (1990): 683–687.

[3] Jeffrey B. Gould, Becky Davey, and Randall S. Stafford. "Socioeconomic Differences in Rates of Cesarean Sections." *New England Journal of Medicine* 321 (1989): 233–239; F. C. Barros, J. P. Vaughan, C. G. Victora, and S. R. Huttly. "Epidemic of Caesarean Sections in Brazil." *The Lancet* 338 (1991): 167–169.

第四章　针对消费者的可预测性与控制

成,因此医生可以下班回家吃晚饭。同样,富有的女性更可能选择剖宫产,以免自然分娩的那种不可预测性影响她的事业或她的社会需要。

- 作为一种相对简单的手术,剖宫产比自然分娩更为高效率,后者可能涉及很多不可预见的情况。
- 剖宫产更具可计算性,所花时间常常是 20～45 分钟。而自然分娩的时间特别是头胎的生产时间长短不一、变化很大。
- 剖宫产也存在各种非理性(关于理性的非理性,参见第七章),包括与手术相关的各种风险,如麻醉、大出血、换血。与选择自然分娩的人相比,选择剖宫产的人的身体会出现更多的问题,需要更长时间才能复原,死亡率要高出一倍。而且,剖宫产的费用也更高。有研究指出,与自然分娩相比,在剖宫产过程中,医生的收费要高 68%,医院的收费要高 92%。[1] 剖宫产已经非人类化,因为一种自然的人类过程已经被黯然地转换成——常常是不必要地转换成——一种非人类甚至非人道的过程。在这种手术过程中,产妇要经历一种非人类化的过程。那些被实施剖宫产手术的女性,至少是被剥夺了自然分娩这种人类体验。分娩过程原本是一种奇迹,现在却沦为一种平淡无奇的小手术。

总而言之,越来越明显的是,剖宫产已经逐渐变成一种供人消费的服务。

---

[1] Randall S. Stafford. "Alternative Strategies for Controlling Rising Cesarean Rates." *JAMA* 263 (1990): 683–687.

D. 控制死亡：专门设计的死亡

我们现在已经成为死亡与死亡过程的消费者，并且找到了使死亡过程合理化的方法，这些方法给我们一种可以控制死亡的错觉。今天各种非人类技术越来越多，这些技术使我们可以活得更久。如果没有这些技术，很多人早就死了。但在这些技术的"受益者"中，有些人并不希望自己在那种（明显是非理性的）状况下活着。他们如果不预先留下指示（遗嘱），明确自己"不想被实施心肺复苏术"或"不想接受那些孤注一掷的措施"，就会失去对自己死亡过程的控制，而变为完全由医生控制。病人家属如果没有得到这样的遗嘱，那么也必须服从医生的命令，尽可能延长病人的生命。

现在，人们使用计算机系统来评估病人在死亡过程中的某一时刻的存活机会——90%、50%、10%等，而这种评估又可能影响医生采取何种措施。

死亡在很大程度上也遵循与出生同样的模式。也就是说，现在人们临终时一般不会在家中，死亡也不由死亡者本人及其家属控制，而是进入医院由医生控制[①]。现在，医生不仅对出生过程拥有高度的控制，也拥有控制死亡过程的各种措施。死亡与出生一样，越来越多地在医院进行。在1900年美国所有自然死亡人口中，只有20%是在医院中死去的；但到2010年，这一比例已经上升到33%。在2008年的自然死亡人口中，在养老院中死去的比例为20%；在

---

① 不过，近年来实施的保险制度与医疗制度改革，已经导致更多的人选择在养老院甚至家中死亡。

第四章　针对消费者的可预测性与控制

2011年的自然死亡人口中，在收容所中死去的比例为44%。[1] 那些遵循快餐店诸原则的、从事临终关怀的医院连锁店的增多，表明死亡过程也在日益科层化、理性化，甚至麦当劳化。

出生和死亡过程的日益麦当劳化，已经导致人们采取反制措施，以阻止这种过度的理性化。一些人已经给家属留下遗嘱，明确说明医院和医护人员对其死亡过程可以做什么、不可以做什么。各种自杀协会以及德瑞克·韩福瑞（Derek Humphry）的《最后出路》（Final Exit）一书[2]，为人们如何自杀提供指导。人们对安乐死的兴趣和接受程度越来越高，"死亡医生"杰克·凯沃尔基安（Jack Kevorkian）的著作引起了广泛关注[3]，该书主张人们应重新自己控制死亡过程，主张安乐死。还有很多人现在选择死在家中，甚至选择在家中举行葬礼或把骨灰安放在家中[4]。然而，这些反制措施本身又具有很多麦当劳化的特征。例如，已于2011年去世的凯沃尔基安医生，使用了一种非人类技术———种"机器"来帮助人们自杀。更让人吃惊的是，他主张实施"合理的政策"并推行死亡计划。[5] 因此，

---

[1] Sherwin B. Nuland. *How We Die: Reflections on Life's Final Chapter*. New York: Knopf, 1994, p. 255; National Center for Health Statistics. *Vital Statistics of the United State 1992-1993, Vol. 2, Mortality, Part A*. Hyattsville, MD: Public Health Service, 1995; www.cdc.gov/nchs/data/databriefs/db118.htm; www.ncbi.nlm.nih.gov/pubmed/18043014; www.nhpco.org/sites/default/files/public/Statistics_Research/2012_Facts_Figures.pdf.

[2] Derek Humphry. *Final Exit: The Practicalities of Self-Deliverance and Assisted Suicide for the Dying*, 3rd ed. New York: Delta, 2002.

[3] Richard A. Knox. "Doctors Accepting of Euthanasia, Poll Finds: Many Would Aid in Suicide Were It Legal." *Boston Globe*, April 23, 1998.

[4] Andrea Gruneir, Vincent Mor, Sherry H. Weitzen, Rachael Truchil, Joan Teno, and Jason Roy. "Where People Die: A Multilevel Approach to Understanding Influences on Site of Death in America." *Medical Care Research and Review* 64 (2007): 351; Katie Zezima. "Home Burials Offering an Intimate Alternative, at a Lower Cost." *New York Times*, July 21, 2009.

[5] Ellen Goodman. "Kevorkian Isn't Helping 'Gentle Death.'" *Newsday*, August 4, 1992.

在反对死亡理性化的努力中,却可悲地存在死亡的理性化^①。

总之,未来将会出现越来越多、越来越强大的非人类技术,来控制消费者与各种消费过程。然而,与此同时,越来越多的人也将失去自主思考的机会和能力。

---

① Lance Morrow. "Time for the Ice Floe, Pop: In the Name of Rationality, Kevorkian Makes Dying—and Killing—Too Easy." *Time,* December 7, 1998.

第五章
针对麦当劳式工作岗位员工的高效率与可计算性

第五章　针对麦当劳式工作岗位员工的高效率与可计算性

　　第三章和第四章主要讨论的是麦当劳化背景中的消费者，本章和下一章的讨论重点则将转移到那些在这些环境中工作（或生产）的员工身上。员工在与消费者打交道时，同样遵循的是麦当劳化的诸原则——高效率、可计算性、可预测性和控制。为了讨论方便，也为了本书内容更加清晰，我在本版中将工作（或生产）与消费分开讨论。当然，在很多情况下，消费的麦当劳化与工作（或生产）的麦当劳化存在密切的关系。工作（或生产）的麦当劳化，往往会导致消费的麦当劳化，而已经麦当劳化的消费者的行为和要求，反过来往往又会导致和强化工作（或生产）的麦当劳化。

一、麦式工作岗位与麦当劳化诸维度

　　实际上，所有的工作岗位在某种程度上都麦当劳化了。我们可以用"麦式工作岗位"来简称那些深受麦当劳化影响的工作岗位。[1]然而，因为麦当劳化，特别是因为在自动化和机器人化等技术进步推动下的麦当劳化，很多麦式工作岗位已经消失或者正在

---

[1] Linda Ann Treiber. "McJobs and Pieces of Flair: Linking McDonaldization to Alienating Work." *Teaching Sociology* 41 (2013): 370–376.

社会的麦当劳化（第9版）

消失。麦式工作岗位消失的另一个重要原因，就是生产－消费者的增加。前文已经指出，现在消费者在很多消费场所，都必须自己完成各种各样原来由麦式工作岗位员工来完成的工作，而且没有任何补偿。显然，凡是公司都愿意接受前一种做法，而不必再雇用原来的那些员工。尽管还有一些公司仍在雇用麦当劳式员工并向其发放麦当劳式工资，但它们也积极地采用了前一种做法。例如，虽然很多加油站并没有解雇员工，但这些员工已基本不在加油的岗位上，而司机需要自己完成"自助"加油的工作。这些消费者还经常使用信用卡在加油站付款，从而减少了员工刷卡的需要。同样，因为银行使用自动取款机，大量出纳员工作岗位消失了；大卖场采用自助结账通道，也使大量收银员工作岗位消失了。具有讽刺意味的是，由于这一变化，许多人作为消费者，不得不完成相关的部分甚至全部的麦当劳式工作。大多数人似乎还没有意识到这一点，或对此漠不关心。而且有很多不愿意从事麦当劳式工作的人，作为消费者却又愿意在一天中至少花几分钟来完成这些低技能的工作。不过，我们这里不再讨论消费者，而是把麦式工作岗位员工作为讨论重点。

许多麦式工作岗位正在受到各种威胁，但随着技术变革降低了工作技能要求，有一些工作岗位经过适当的调整后反而会增多，而这种调整是以麦当劳化为方向的。这样的变革又导致了中产阶级的衰落以及中产阶级曾经拥有的高技能、高工资工作岗位的减少。中产阶级日益萎缩，其原有工作岗位日益减少，其中许多人被推入工薪阶层，甚至完全被逐出劳动力市场。很多曾经的高薪中

第五章　针对麦当劳式工作岗位员工的高效率与可计算性

产阶级，现在只能在麦式工作岗位就业，比如充当麦当劳的柜台职员或大卖场的搬货工。在今天，对于这样的故事，我们已经司空见惯了。

麦式工作岗位一词不仅适用于与快餐业相关的职位，也适用于许多低收入、不需技能和培训、无任何向上流动机会的职位。社会学家阿米塔伊·埃齐奥尼（Amitai Etzioni）最先在《华盛顿邮报》上发表的一篇题为《麦式工作岗位对年轻人不好》的文章中使用该词[1]。自那以后，美国和其他国家（如印度和中国）[2]的很多通俗读物作者与著名学者[3]也对麦式工作岗位展开了讨论[4]。他们总体上也对麦式工作岗位持批评态度，认为它不仅对年轻人不利，而且对从事这类工作的任何人都是有害的。本书讨论"理性的非理性"的第七章，还会讨论麦式工作岗位的非理性。

尽管麦式工作岗位的问题很多，但也有一些人为其辩护[5]。辩护者认为，麦式工作岗位为数以百万计的人提供了就业机会，否则

---

[1] Amitai Etzioni. "McJobs Are Bad for Kids." *Washington Post*, August 1986.

[2] Jerry Newman. *My Secret Life on the McJob: Lessons From Behind the Counter Guaranteed to Supersize Any Management Style.* New York: McGraw-Hill, 2007.

[3] George Ritzer. "McJobs." In Rich Feller and Garry Walz, eds., *Optimizing Life Transitions in Turbulent Times: Exploring Work, Learning and Careers.* Greensboro, NC: ERIC/CASS Publications, 1996; "McJobs: McDonaldization and Its Relationship to the Labor Process." In George Ritzer, ed., *The McDonaldization Thesis.* London: Sage, 1998. 甚至还有意大利学者写了一部关于麦当劳化的著作：Filippo Di Nardo. *McJob: Il Lavoro da McDonald's Italia.* Rubbettino, 2011.

[4] Dharma Raju Bathini. "Fastfood Work: McJobs in India." 3rd Biennial Conference of the Indian Academy of Management, December 2013; Pan Iianshu. "An Ethnographic Interpretation of 'McJobs' in Urban Shanghai: Insights From the Field." *Chinese Journal of Sociology* 5 (2011).

[5] Anthony M. Gould. "Working at McDonald's. Some Redeeming Features of McJobs." *Work, Employment and Society* 24 (2010): 780–802.

他们就会失业，社会的失业率也将大大提高；麦式工作岗位是青少年、少数族裔甚至退休人员（其中许多人是大卖场的搬货工）十分重要的就业途径之一；麦式工作岗位通常也对人们进行基本的技能培训（例如按时报告工作、执行常规和命令）等，而这些技术也是其他工作所需要的，人们从事麦式工作岗位，可以为将来从事其他工作提供一个良好开端；等等。赞成与反对麦式工作岗位的论点，都有自己恰当的理由。不过，我们的重点在于，通过审视麦当劳化对工作和员工的影响，来深入理解麦当劳化过程的本质。我们再次回到麦当劳化的基本维度，并审视每个维度对麦式工作岗位以及其他工作岗位的影响。

本章和第六章将讨论各种麦式工作岗位和在这些工作岗位上工作的员工，包括在快餐店工作的人，以及那些送比萨的外卖员、超市雇员、体力劳动者、农民、教授、学者、教师、医生、运动员、驯马师、政治家、保险销售人员、迪士尼"演员"、客户服务代表、亚马逊仓库工人，以及飞行员等等。

本章讨论的所有员工，都是生产者。但事实是，他们和消费者一样，也可以被看作消费者。我们在第三章中讨论了必须无偿完成某些工作的生产-消费者，但我们也可以把生产-消费者看作"正在消费的生产者"。所有的生产者在工作时都会消耗各种各样的东西，比如他们所使用的原材料，以及他们自己的劳动、时间和能力。

第五章　针对麦当劳式工作岗位员工的高效率与可计算性

二、高效率：它是个恋物癖

1. 快餐业："汉堡装配工"和"工厂式商店"

今天所有的快餐店，都通过一种生产流水线来制作各种快餐食品，在这种生产流水线上，有一些专门的操作员工（如"汉堡装配工"）。正如第二章所指出的，汉堡王传送带就是这种生产流水线在快餐加工中的终极体现："这种传送带的上面和下面都有火。汉堡被放在传送带的网子里，以预定速度移动。两面的火焰同时把汉堡烤熟，然后汉堡从另一端掉到托盘里。"[1]该系统把那些员工变成了装配线上的工人，与汽车装配线上的工人没有什么不同。

这类技术已被整个快餐行业采用。以达美乐比萨及其员工为例：

朗尼·莱恩（Lonnie Lane）开始拍打面团和准备调料：他和面，揉面团，各种抛打揉搓，然后把适量的酱汁舀到面团上。然后，他把托盘往后传递……维克多·卢纳（Victor Luna）则接着配料。他面前摆满了十几个盒子，里面装有奶酪、意大利香肠、青椒……卢纳用手一把一把地抓起各种配料，撒在面团上……然后他把托盘放在传送带上，传送带会在6分钟内通过一个长达12英尺的烤箱……商店经理分派等候送货的司机，司机则不断折好比萨盒子……组长和质量控制员……用一个比萨饼轮把比萨切好，然后装进盒子中，

---

[1] Jerry Newman. *My Secret Life on the McJob: Lessons From Behind the Counter Guaranteed to Supersize Any Management Style*. New York: McGraw-Hill, 2006, p. 53.

盒子上已经贴上了用电脑打印的标签，上面注明了客户地址。[1]

又如，甜甜圈连锁店（Krispy Kreme）的许多店面都是"工厂式商店"，它们的甜甜圈是店里用高效率的传送带系统生产的。很多店面就是工厂，以这种方式生产甜甜圈，然后将之运到没有这种生产系统的分店、大卖场和其他卖甜甜圈的地方进行出售。

2. 高等教育：机器评分和其他效率

正如第三章所讨论的，麦当劳式大学不仅对学生而言是高效率的，对大学中的"生产者"尤其是教授而言也是高效率的。老师用电脑自动生成作业题和考试试卷，并用电脑来评分，整个过程不需要他们用大脑思考和动手劳动。在大学里，许多导师和教授（他们是大学里的"生产者"，而学生是他们的"顾客"）的工作则更像麦当劳式工作。例如，他们通过使用机器评分的多项选择题考试，使考试变得更有效率。而在以前，教授们需要召开会议，对学生一个一个地进行当面考查。后来，以论文作为考查方式日益流行。虽然对论文进行评分比分别进行口头考试更为高效，但它仍然比较费时。而在引入多项选择题考试后，评分变得很简单。事实上，研究生助理就可以完成评分工作，从而使教授对学生的评分过程更加高效。机器评分最大限度地提高了教授和研究生助理的效率。

计算机化的黑板系统（以及其他类似的学习管理系统）大大提高了教学的效率。例如，有了这些系统后，就不再需要教授复印和在课堂上分发材料了。老师还可以通过这些系统来进行阶段性测试

---

[1] Jill Lawrence. "80 Pizzas per Hour." *Washington Post*, June 9, 1996.

第五章　针对麦当劳式工作岗位员工的高效率与可计算性

和给作业评分，并将成绩汇总到成绩簿，计入最后的总分。这些系统还使学生可以在网上而不是在课堂上参加考试。高等教育的其他创新，还进一步简化了教育过程。现在，出版商提供数字化的、在线的习题集，而不再需要教授们自己出题。还有，专门编写的计算机程序，可以给考试论文（甚至是学期论文）评分。[1] 教授们现在完全可以脱离从出题到评分的整个考试过程，从而腾出时间来做他们认为更重要的事情，比如写作和做研究。

出版商还为那些使用畅销教科书的教授提供其他服务，包括课程大纲、要点、教材相关网站、计算机模拟、讨论题、DVD、电影，以及各种关于客座讲师和学生项目的设计，从而使教学过程流水线化。选择使用所有这些设备、材料的教授，几乎不再需要自己为课程教学做任何事情。

学生越来越认为自己是顾客，"上大学就是一场商业交易"。一位教授说："学生认为教授类似于柜台后面那些出售咖啡的人。"这位教授显然是在说，大学教师职位越来越被看作麦式工作岗位。因此，学生越来越倾向于把他们的老师看作另一种工作人员，即"一群受教育程度过高的客户服务代表"[2]。这意味着学生在与老师的互动和交流中会越来越随意。他们通常不再称呼老师为"教授"，甚至直呼老师的名字。学生越来越不尊重老师的另一种表现，就是学生往往给他们的老师随意发送写得很差的电子邮件。学生在写完这些邮件后根本不校对，就将之发送给老师，这是一种没有礼貌的表现。

---

[1] Linda Perlstein. "Software's Essay Test: Should It Be Grading?" *Washington Post*, October 13, 1998.

[2] Molly Werthen. "U Can't Talk to Ur Professor Like This." *New York Times-Sunday Review*, May 14, 2017, p. 4.

3. 医疗：一种装配流水线

在医疗领域，最近去世的登顿·库利（Denton Cooley）医生，就是提高医生（和病人）效率的一个例子。他是一个效率崇拜狂，生前在一家"以装配流水线的精度"进行"心脏手术的工厂"工作，因为简化了精密的开胸心脏手术流程而享誉全球，而该"工厂"运用的库利手术流程方式，对许多其他外科医生产生了巨大影响。[1]

更引人注目的例子则是俄罗斯费德洛夫眼显微外科综合体，其承诺能够"高效率地治疗最严重的眼科疾病"[2]。这家综合体的情况如下：

这家综合体在许多方面都类似于现代工厂。一条传送带悄悄地穿过五个手术工作台，有规律地暂停和运行。每个工作台都配有一名戴着消毒面罩、穿着工作服的服务人员。"工人们"只有3分钟时间来完成他们的任务，然后传送带又继续运行，他们在1小时内可以"生产"20件"成品"。

然而，装配线上的所有东西都非同寻常："工人"是眼科医生，传送带运送的是担架上的病人。这就是把亨利·福特的生产方法应用于医疗活动……这是一家"生产具有良好视力的人的医疗工厂"。[3]

---

[1] Julia Wallace. "Dr. Denton Cooley: Star of 'The Heart Surgery Factory.'" *Washington Post*, July 19, 1980.

[2] www.ng.cvz.ru.

[3] "Moving Right Along." *Time*, July 1, 1985, p. 44.

第五章　针对麦当劳式工作岗位员工的高效率与可计算性

　　尽管这样的生产流水线在医疗行业还不普遍，但人们可以想象，在未来的几年里它们将变得越来越普遍。

　　我曾经做过一次眼科激光手术，是在一种虽然不完全是但非常接近于上述生产流水线的手术系统中完成的。我与其他 9 名需做同样手术的病人，被安排在同一时间，依序坐成一排。护士先给我们往眼睛里滴各种各样的药水，为手术做准备。当手术医生到达后，病人被依序喊进手术室。轮到哪个病人，哪个病人就把下巴放在激光仪器的下巴托上，然后很快就听到一连串的"砰""砰"声。当声音停止、手术结束时，病人们又依序坐回原来的椅子。当全部 10 名病人都做完手术后，又被带回手术室，此时手术医生早已离开，由护士依序检查眼睛，以确保手术成功。如果手术成功，病人就可以离开。

　　医院还越来越多地使用机器人来进行先进的手术，其中最有名的也许是达·芬奇机器人系统，它正在彻底改变各种形式的手术（例如前列腺癌手术）。在过去，前列腺切除术创口很大，并会导致大量失血。而这种机器人前列腺切除术却是微创手术。无论是从医疗团队的角度看，还是从病人的角度看，由机器人进行手术都更为高效。因为手术创口小，失血极少，所以病人的住院时间和术后恢复时间都大大缩短。① 病人往往只需要在医院待一两天，而主刀医生则可以与病人和手术小组的其他人保持一定距离，在舒适的电脑控制台上实施手术。

---
　　① www.teleroboticsurgeons.com/davinci.htm.

4. 网店后台工作效率：就像在吹风机里工作

正如前面所指出的，数字化网络商店的大部分工作都是由生产－消费者来完成的。这在某种程度上导致工作极其高效，因为当消费者登录某个网站时，他们付出的劳动实际上没有任何报酬。当然，网站的很多工作（例如网站维护）需要在后台完成，其中大部分工作都属于麦当劳式工作。不过，这些网站是由高技能和高薪的计算机程序员设计和建构的，网站更重视他们的技能而非效率。

2017年1月，亚马逊宣布将在一年半内增加10万个工作岗位。其中包括熟练的软件开发人员和工程师，但大多数很可能是以小时计酬的低工资仓库工人。这种扩张反映了亚马逊和其他数字化互联网商店消费的巨大增长，以及百货公司和购物中心等实体商店消费的相应下降。各种实体商店中的麦式工作岗位数量急剧减少，亚马逊等网站增加的岗位数量根本无法弥补。据估计，网上购物的发展已经使零售业减少了120万个工作岗位。更要命的是，亚马逊之类网站的工作岗位也可能被削减，因为自动化的机械和机器人可能取代仓库工人。其他工作岗位也在流失。例如，当自动驾驶卡车开始上路时，运送亚马逊网站产品的快递卡车司机可能会受到影响。

另外，还有一个值得注意的问题，那就是亚马逊之类的网站的仓库工作岗位的性质已经发生巨大改变，即将来的仓库工人很可能都是临时工，几乎没有长期稳定的仓库工作岗位。虽然仓库工人的小时工资比快餐店员工多出5美元，但大多数仓库工人不太可能靠这样的工资生活。而且仓库的工作条件十分恶劣。例如，在宾夕法尼亚州的亚马逊仓库中，只有一名工人认为它是一个很好的工作场

第五章　针对麦当劳式工作岗位员工的高效率与可计算性

所。工人们抱怨工作节奏快得无法承受；仓库十分闷热，导致部分工人生病甚至住院治疗（一名工人说，就像在"吹头发用的吹风机里工作"）。[1] 工人们常常会因速度不够快而受到责罚，因不符合公司期望而被解雇和被赶出仓库，蒙受耻辱。新员工的招聘则被外包给其他机构负责，并由该机构合法雇用。因此，这些临时工享受不到亚马逊全职员工的福利待遇，比如员工补贴和失业保险。所有这些原因，使仓库工人的流动性非常高，每个工人一般只干几个月就会走人。[2]

三、可计算性：对速度的追求

麦式工作岗位在可计算性维度上，主要体现为把产品与服务简化或还原成数字。

1. 快餐业：争分夺秒，一个预制的汉堡正好 3.875 英寸

快餐店非常重视员工的备餐速度。雷·克洛克的第一家麦当劳分店实际上就取名为麦当劳免下车服务店。麦当劳一度试图把汉堡、奶昔或炸薯条等菜品的准备时间限制在 50 秒内。这家餐厅在 1959 年取得巨大突破，在 110 秒内准备了 36 个汉堡，创造了最快纪录。

其他快餐店也与麦当劳一样，热衷于对速度的追求。例如，汉

---

[1] David Streitfelt. "Inside Amazon's Very Hot Warehouse." *New York Times*, September 19, 2011.

[2] Spencer Soper. "Inside Amazon's Warehouse." *The Morning Call,* September 18, 2011.

社会的麦当劳化（第 9 版）

堡王试图让员工实现入店顾客在 3 分钟内即可用餐。[①] 直通式免下车窗口大大减少了顾客通过快餐店所需的时间。在快餐店里，速度显然是一个极其重要的量化指标。

对比萨配送业务来说，速度更为重要。达美乐比萨的"咒语"，就是"忙活！快动手！快点！快动手！快点！动手吧！"，而"达美乐的目标是客户下单后餐品必须在 8 分钟内出店"[②]。现在其要求员工必须在"1 分钟"内完成比萨本身的制作。在几十年前，其就采用了一项进步的技术，就是"使用一种平底的钢勺，让工人能够均匀、迅速地涂抹酱料"[③]。比萨的销量不仅取决于制作速度和外卖配送速度，还取决于送到消费者手中时是否还是热的。于是，达美乐比萨又采用了特制保温容器，以更长时间地保持比萨的热度。然而，对快速配送的过度强调，导致配送司机不时遭遇严重甚至致命车祸。

近年来，达美乐比萨的制作和配送速度大大加快，因为它已成为一家依靠数字订购系统的高科技公司，不再需要把时间浪费在电话订单上，顾客下单时出错的可能性大大减少。现在，大多数订单都通过电脑输入，这比通过电话接单和填单的速度要快得多。

此外，对数量的强调还体现在员工精确地测量制作快餐所需要的所有原材料之上。在冷冻酸奶连锁店，容器通常由员工称重，以确保容器中装的冷冻酸奶量正确；而在老式冰淇淋店，服务员会把

[①] Ester Reiter. *Making Fast Food*. Montreal: McGill-Queen's University Press, 1991, p. 85.

[②] Jill Lawrence. "80 Pizzas Per Hour." *Washington Post*, June 9, 1996.

[③] Susan Berfield. "Delivering a $9 Billion Empire." *Bloomberg Business Week*, March 20-26, 2017.

第五章　针对麦当劳式工作岗位员工的高效率与可计算性

酸奶装到容器满了为止。麦当劳更为仔细，会保证每个麦当劳汉堡的烤前重量正好为 1.6 盎司[1]，10 个汉堡刚好一磅肉。而预制的汉堡直径要精确为 3.875 英寸，面包的直径要精确为 3.5 英寸。麦当劳还发明了"脂肪分析仪"，以确保汉堡肉的脂肪含量一般不超过 19%。[2] 脂肪含量过多，不仅会导致汉堡在制作过程中出现更大的收缩，也会导致汉堡因为脂肪过多而显得太大。其规定一次必须烤 8 个汉堡，每次需要烤 38 秒。[3] 工作人员使用特制的勺舀炸薯条，以确保每个汉堡配的薯条基本一致。而使用自动饮料机，只要按下相应的分量按钮，就可以确保每个杯子获得相应分量的饮料，没有任何溢出和损耗。使用收银机收钱，平均每次结账只需 12 秒。[4]

Arby's 快餐店已经将烤牛肉的烹调分解为一系列精确的步骤，而员工完全按照这些步骤来完成任务[5]。第一步，把牛肉切成 10 磅重大小。第二步，在 93 摄氏度下烤 3.5 个小时，使内部温度达到 57 摄氏度。第三步，让其在烤箱中继续加热 20 分钟，直到内部温度达到 60 摄氏度。按照这些步骤来制作，Arby's 根本不需要熟练的厨师，任何会认字和计数的员工都可以制作烤牛肉。烤牛肉在烘焙完成后，每块重量在 9 磅 4 盎司与 9 磅 7 盎司之间。每个烤牛肉三明治包含 3 盎司的肉，每块烤肉可以制作 47 份三明治。

---

[1] 约为 45 克。——译者注
[2] Stan Luxenberg. *Roadside Empires: How the Chains Franchised America*. New York: Viking, 1985, pp. 73–74.
[3] www.washingtonpost.com/lifestyle/magazine/whos-lovin-it/2011/08/12/gIQAoOVRuJ_story.html.
[4] 同上注。
[5] Stan Luxenberg. *Roadside Empires: How the Chains Franchised America*. New York: Viking, 1985, p. 80.

汉堡王还对质量控制进行量化。员工必须在 10 分钟内把制作好的汉堡送到顾客手里。炸薯条在烤灯下的时间不能超过 7 分钟。经理可以扔掉 0.3% 的超时成品。① 对快餐店的绩效也进行定量而非简单的定性考核。例如，在麦当劳，高层管理部门根据"数字"来判断每家分店的表现，即根据销售额、利润、营业额和 QSC（质量、服务、整洁程度）来评分。② 虽然麦当劳快餐店越来越重视数量，但它实际上有很多先驱者，包括最早的《波士顿烹饪学校烹饪指南》(*Boston Cooking-School Cook Book*)。该书出版于 1896 年，在书中范妮·法默（Fannie Farmer）就已经开始强调精确测量，并促进了家庭烹饪（一种工作）的合理化。"她……放弃了美国厨房中以前常用的术语'一撮''少许'和'一大勺'之类的术语，代之以精确的、标准化的、科学的数量术语，从而使烹饪变得简单、容易，甚至连没有经验的厨师，也可以照此制作一顿可口的饭菜。"③

2. 工厂车间：一便士有车轮那么大

泰勒试图通过科学管理，把所有与任务相关的工作都转化为量化的维度（参见第二章）。科学管理不再依靠工人的个人经验来完成工作，而是试图对每个工人应该完成的工作和每个工人的每个动作都进行精确的测量。然后，用数学公式对所有可以简化为数字的东西进行分析。

---

① Stan Luxenberg. *Roadside Empires: How the Chains Franchised America.* New York: Viking, 1985, pp. 84–85.

② Robin Leidner. *Fast Food, Fast Talk: Service Work and the Routinization of Everyday Life.* Berkeley: University of California Press, 1993, p. 60.

③ Stuart Flexner. *I Hear America Talking.* New York: Simon & Schuster, 1976, p. 142.

第五章　针对麦当劳式工作岗位员工的高效率与可计算性

泰勒的科学管理的目的，就是试图尽可能对工人的工作进行量化，并增加工人一个工作日的工作量。他当时研究的是生铁装载工人。当时，一个工班平均每人每天装载大约 12.5 吨的生铁。但他经过研究，提出了一种改进的方法，使用他的方法，一名优秀的生铁装载工人每天应该可以装载 47～48 吨的生铁，而不是区区的 12.5 吨。[①] 为了使工作量几乎翻两番，泰勒研究了生产率最高的工人——"一等工人"——的操作方式。他对他们的工作任务进行细分，每一步都用秒表计时，将一分钟细分为数百个时间单位。

在此基础上，泰勒和他的同事们提出了一种最佳方法来搬运生铁。然后，他们找到了一名愿意使用他们的方法进行工作的工人。这名工人叫施密特（Schmidt），为人精干，很有雄心抱负。其一名同事说，对施密特来说，一便士看起来"有车轮那么大"。施密特还表示，他希望自己成为一个"高价工人"。泰勒采用了一种精确的经济激励机制，施密特如果同意按泰勒告诉他的方法工作，那么每天可以得到 1.85 美元，而不是通常的 1.15 美元。经过严格培训和管理，施密特成功地提高了工作速度（并获得了更高的工资）。泰勒随后还选择并培训了一些员工，来实践他发明的工作方法。

当然，泰勒要求施密特每天完成正常工作量的 3.6 倍，同时给他工资提高 60%。泰勒认为："生铁装载工人的工资增长了 60%，我们应祝贺他们，而不是同情他们工作量太大。"[②]

[①] Frederick W. Taylor. *The Principles of Scientific Management*. New York: Harper & Row, 1947, p. 42.

[②] 同上注，p. 138。

3. 高等教育：评分和排名

即使是大学教授，也普遍强调可以量化的因素。例如，越来越多的学院和大学，让学生通过回答问题来评价每门课程，这些问题的分值往往是 1 到 5 分不等。在学期结束时，教授会收到一张报告卡，上面是学生对整个教学的全面评价。这样的问卷使学生几乎没有空间对他们的老师进行定性评价。虽然让学生给老师打分有很多可取之处，但它也有严重的缺陷。例如，学生往往喜欢给那些善于表现、有幽默感或不严格要求学生的教授打较高的分数。而那些对学生提出高要求的严肃教授，不太可能获得较高的分数。

不仅在教学中数量很重要，在研究和出版中数量也很重要。许多高校学术研究人员面临"发表论文、出版学术著作，否则就走人"的压力，这导致他们更加关注出版物的数量而非质量。那些在简历中列有较长论文和学术著作清单的人，一般更容易得到雇用或晋升。罗格斯大学拒绝了一位获奖教师晋升终身教职的申请，因为用他所在系的终身教职委员会的话说，他的论文和学术著作数量不像"一般获得终身教职者"那样多。[1] 这种偏见所导致的不幸后果，就是学者出版的作品质量不高，往往在研究充分深入之前就仓促发表，或者同时在不同的期刊上发表内容和观点差别不大的论文。

学术界简单强调数量的另一个表现，就是文章发表后，还要看所发期刊的排名。在硬科学领域，专业期刊上的论文往往会获得高的评分，学术专著的评分则较低。在人文科学领域，学术专著的评

---

[1] Iver Peterson. "Let That Be a Lesson: Rutgers Bumps a Well-Liked but Little-Published Professor." *New York Times*, May 9, 1995.

第五章　针对麦当劳式工作岗位员工的高效率与可计算性

分比期刊论文的评分更高，名声有时也更好。有些出版社（例如大学出版社）出版的学术专著，又比其他出版社（如商业出版社）出版的名声更好。

在社会学中，有一种正式的评分系统，给在不同专业期刊上发表的论文不同的评分。一篇发表在享有盛誉的《美国社会学评论》(*American Social Review*) 上的论文可以获得 10 分，这是该系统给出的最高评分；但是，在不那么有名的社会学杂志上发表的论文，获得的评分就要低得多。那么，根据这个系统，论文评分达 340 分的教授，就比评分只有 170 分的教授"好"一倍。

然而，与其他行业一样，强调学术成果的数量，并不会提高学术研究的质量：

- 一个教授一生的研究的质量，根本不可能简化为简单的数字。事实上，对于某种思想、理论或研究发现的质量进行量化的衡量似乎是不可能的事情。
- 这种评价系统根本没有直接涉及质量问题。也就是说，评分只是以文章发表的杂志的品质为基础，而不是以文章本身的品质为依据。我们既没有花一点精力去评价文章的品质，也没有去评价它对相关领域的影响和贡献。排名高的杂志，可能出现质量差的文章；排名低的杂志，同样也可能出现质量高的文章。
- 那些坚持宁缺毋滥，只发表高质量文章的学者，在这个评分系统中反而显得很差劲。那些产生大量平庸作品的人，则会获得更高的评分。这类评分系统会伤害那些有抱负的社会学家（以及其他学科领域的有抱负的学者），他们往往花费数年的时间来琢磨某一个问题，却得不到多少评分。长此以往，也就没有多少人再愿意认真搞研究了。

任何如此强调出版书籍与发表文章的数量的评价系统，最终导致的都是大量质量平庸的作品。

自然科学则形成了另一种量化的测量办法，来评估研究成果的质量：一个人的作品被其他学者引用的次数（他引次数）。谷歌学术搜索（Google Scholar）被用于很多学科领域，但它高度依赖于这样的他引次数计算[1]。事实上，谷歌现在还开发了一种"引用统计程序软件"，人们使用这个软件可以立即获得任何学者作品的引用率[2]。这种做法背后的假设是，只有高质量的、重要的、有影响的研究，才可能被其他学者引用与使用。然而，在质量评估方面，这种做法仍然存在问题。某人的学术成果的影响，真的可以被简化为简单的数字吗？一位学者的思想被别人重要地引用，比起另一位学者的作品被多次但并不重要地引用，也许对某个领域的影响更为重要。而且，仅仅是某个作品被引用这一事实，并不能告诉我们关于这一作品被其他学者使用的任何信息。一篇受到很多人攻击，并因此他引次数很多的、无价值的作品，对这篇无价值作品的作者来说，也是有很高的他引率。相反，很多学者可能忽视一篇真正重要的、超越了时代的作品，而导致该作品的作者的他引率极低。谷

---

[1] http://docear.org/papers/Google%20Scholar's%20Ranking%20Algorithm%20-%20An%20Introductory%20Overview%20-%20preprint.pdf.

[2] http://code.google.com/p/citations-gadget/.

第五章　针对麦当劳式工作岗位员工的高效率与可计算性

歌试图解决这个问题，并提出了"H 引用指数"，来测量某人作品的数量及其他引率。[1] 但是在我看来，这一指数仍然没有解决任何问题。

唐纳德·肯尼迪（Donald Kennedy）在担任斯坦福大学校长的时候，宣称要在职员聘用、晋升、任期等方面进行改革。一份令人不安的报告指出，"将近一半的职员认为，校方在进行人事决策时，对他们的学术著作按量计算，而没有进行真正的质量评价"。肯尼迪说："我希望大家能够同意，把研究结果被引用的量作为聘用或晋升的标准，是一种极其有害的想法。……在当前的学术生活中，存在一种极其臭名昭著的现象，那就是那些老调重弹、毫无创新的学术垃圾的过度生产，这种现象往往会用单纯的数量来淹没那些真正重要的研究。"[2] 为了解决这些问题，肯尼迪建议限制根据出版物的数量来进行人事决策的程度。他希望他所提出的各种限制，"可以扭转那种把'计数'与'称重'作为评价职员研究成果之方式的可怕观念"[3]。尽管有类似的抵制，但几乎没有证据表明学术界在减少对数量而非质量的重视方面取得了很大进展。

事实上，近年来，英国学术界反而更加强调研究的数量而非质量。"大学排行榜主要根据对研究与教学的评级和打分来排名……这导致这种排名只是一种量的而非质的评估，因此显然也是量

---

[1] http://code.google.com/p/citations-gadget/.
[2] Kenneth Cooper. "Stanford President Sets Initiative on Teaching." *Washington Post*, March 3, 1991, p. A12.
[3] 同上注。

化的。"[1]

4. 医疗：病人就是美元的代名词

在营利性医疗组织[美国最大的营利性医疗组织是美国医院公司（HCA）]中，医生以及所有其他员工都有很大的压力，医院要求他们必须增加公司的利润。美国医院公司严格限制员工每天与每个病人接触的时间，竭力使员工医治的病人数量最大化，以减少公司成本并增加公司收益。这种对量的强调，很可能威胁到医疗质量。美国医院公司还要求医生拒治那些付不起医疗费的病人，只收治那些病症医治起来能产生巨大收益的病人，从而使公司增加收益和利润。

在营利性医疗组织的引领下，医院行政部门纷纷推动医疗越来越强调数量。甚至非营利性医疗组织——例如非营利性医院和小诊所——也逐渐雇用专门的管理人员，建立更加复杂的财务会计系统。

美国联邦政府通过美国老年人医疗保险，引入预付费和按病种付费计划（DRG）[2]。该计划规定，不管病人住院时间多短，只要医院收治了病人，政府就按人头给予补贴。在1983年以前，只要医疗账单上的费用是合理的，政府就会报销。政府委托的外部代理机构也日益关注不断上升的医疗成本，并试图通过限制某些报销项目

---

[1] Dennis Hayes and Robin Wynyard. "Introduction." In Dennis Hayes and Robin Wynyard, eds., *The McDonaldization of Higher Education*. Westport, CT: Bergin & Garvey, 2002, p. 11.

[2] 数百个病种之中的一个例子就是病种236："骨盆骨折"。美国老年人医疗保险系统会为标题所示的病种以及其他的病种的医疗项目支付一定数量的费用。

第五章　针对麦当劳式工作岗位员工的高效率与可计算性

来缓解该问题。因此，第三方支付者（保险公司）可以拒绝报销某些项目，或者拒绝支付部分甚至全部住院治疗费用。

那些把看病救人看得高于一切（至少在心里）的良心医生，对现在人们过于强调医疗数量和创收数量的做法十分不满。有一个医生工会曾经参与了一次罢工，反对医院管理方对医生提出的一定要诊治多少病人的数量规定，反对院方把医生工资与其赚取利润挂钩的激励体制。然而遗憾的是，正如一位医生工会领袖所言，只有医生才"浪漫地、天真地把病人视为人……而非美元的代名词"[1]。

5. 运动：科马内奇获得了 79.275 分

各种运动的性质已因为强调数量而改变，甚至已成为强调数量的牺牲品。例如运动项目的特点，因电视转播的需要而发生改变[2]。很多体育运动团队从电视转播合约中获得了很大一部分收入，因此会牺牲已出钱买门票的观众的利益，甚至会妥协并调整运动的时间，以增加其电视转播收入。

其中一个很好的例子，就是所谓的电视直播广告时间。以前在电视直播时，只在比赛本身的暂停时间插播广告，如只在比赛一方叫暂停、半场休息或局间休息时间插播广告。但是，这种暂停时间往往很短，不足以使广告商支付巨额广告费。现在，有电视直播的足球与篮球比赛，都会预先设定广告时间。运动器材特许经营店老板，可以从广告中获得最大化的收益；但是，这种不合时宜的电视

---

[1] Dan Colburn. "Unionizing Doctors: Physicians Begin Banding Together to Fight for Autonomy and Control Over Medical Care." *Washington Post/Health,* June 19, 1985.

[2] 对此，体育运动并不是唯一的例子。各政治党派已经缩短他们的会议，并使他们的会议流水线化，以适应电视直播的需要与要求。

广告暂停时间，极有可能影响运动员的良好状态和势头。电视广告暂停时间不仅仅改变了运动的特点，甚至可能影响比赛的结果。对去现场观看比赛的体育迷来说，这种暂停也会打断比赛的流畅性（他们可是为了现场观看的这种优点而支付了昂贵的门票费）。那些在家中观看直播的体育迷，至少还可以观看一下商业广告；而在现场观看的体育迷，则什么都看不到，只能无聊地等待商业广告时间的结束和比赛的重新进行。但是，一些体育行业老板认为，广告时间对比赛品质所产生的消极影响，与从广告中获取的更多收益相比，无关紧要。

当然，各种体育运动本身仍然十分重视运动员个人与团队的表现质量。例如，2017年的NBA超级联赛，金州勇士队产生了超级巨星斯蒂芬·库里（Stephen Curry）和凯文·杜兰特（Kevin Durant），他们的高效进攻，是全队无私协助和配合的结果。该篮球队"把'分享即关心'变成了一门高超的艺术"①。与此同时，运动员的表现质量直接决定运动的量化结果，表现越好，得分越高，胜率与获胜次数就越多。然而，这些年来，人们日益强调体育运动的可量化属性：

现代体育运动的特征，就在于存在一种几乎不可避免的、把各种运动技术都转化成可以量化与测量的技艺的趋势。足球、棒球、曲棍球、田径运动的可量化属性体现在，比赛的各个方面都可以被计算出某个分值。在田径运动中，由于测量技术日益准确和精

---

① Scott Cacciola. "Democracy. It Turns Out, Suits the Warriors Just Fine." *New York Times*, May 22, 2017.

第五章　针对麦当劳式工作岗位员工的高效率与可计算性

密，运动员运动成绩的测量精确性，已经使秒表都显得十分落后和原始。①

即使是极具美感的运动，例如体操，现在也已经量化了："怎样才能合理地量化体操比赛的美感得分呢？……可以通过设计一个量表，由一个评审团来打分，然后取他们主观评分的算术平均值。……奥运会体操冠军娜迪亚·科马内奇（Nadia Comaneci）获得了79.275分……很准确，既不多，也不少。"②

运动比赛日益强调量化得分，有时会对比赛质量产生不利影响。例如，一个篮球明星，为了追求个人表现优秀，会尽可能让自己得更多的分，从而导致单打独斗，对队友的表现以及整个球队的成绩都会产生不利影响。运动员个人表现的质量，甚至要与球队老板最大化球队得分的意图相妥协。例如，篮球比赛曾是一种十分休闲的比赛，球队只要有可能，就会在球场上尽量地传球，以使球员找到有利位置投出好球。篮球迷们非常享受运动员的这种策略与机动。当比赛快结束时，一方如果只是微弱领先，就不会贸然投篮，而是会试图"冻结"这个球，从而不给对方拿球的机会。

然而，几十年前，美国大学和职业篮球队的领导认为，在麦当劳时代成长起来的球迷们，希望看到的是节奏更快、比分更高的比赛。换句话说，球迷们想从篮球比赛中得到他们从快餐店得到的东

---

①　Allen Guttman. *From Ritual to Record: The Nature of Modern Sports.* New York: Cambridge University Press, 1978, p.47.

②　同上注，p. 51。

西：速度快，数量多。因此，球队领导们确立了如下规则：在大学篮球联赛中，进攻方必须在 35 秒之内投篮，而在职业篮球联赛中，进攻方必须在 24 秒之内投篮。这样的控球时间限制，催生了快速进攻，从而使比赛节奏更快、比分更高。但是，比赛的质量却受到了不利的影响，球员们再也没有那么多时间来进行更精心的机动与策略配合了。因此，比赛往往会让那些"纯粹主义者"大失所望，却非常对那些开着车去免下车窗口购买麦当劳然后边开车边吃的人的胃口。2016 年 NBA 场均得分超过 100 分，这种情况自 20 世纪 90 年代中期以来还是第一次出现。[①] 一些球队每次从发球到投篮的平均时间已经缩短到 7 秒以内。

同样，那些棒球队老板早就认为，球迷们喜欢观看比分高的，有很多安打、全垒打和跑垒得分的比赛，不喜欢看那些"纯粹主义者"喜欢的比赛（如最后由投手决胜负，最终比分可能是 1 比 0）。他们采取了很多措施，来增加比赛中跑垒得分的次数。例如，用"活球"取代以前的"死球"，跑垒距离要长得多。一些棒球场外场围栏已经向本垒场移近，以增加全垒打的次数（2009 年开放的新洋基体育场，就是如此）。2017 年，美国职业棒球大联盟创造了全垒打总命中率的新纪录。[②]

美国职业棒球大联盟以前的比赛并不会指定击球手，但是现在的比赛则指定击球手，从而极大地增加了棒球比赛的击打次数与跑垒次数。现在的棒球比赛，不再是所有投球手不管其击球能力好坏

[①] www.basketbalprospectus.com.
[②] Michael Powell. "The Home Run Explosion Is Not Exactly Beyond Suspicion." *New York Times*, September 22, 2017, pp.B8, B11.

第五章　针对麦当劳式工作岗位员工的高效率与可计算性

都要依次击球，而是让一个击球能力最突出甚至是专攻击球的投球手来替代击球能力最弱的投球手。指定击球手击球次数也更多，他也可能打出更多的全垒打，从而使比赛中的跑垒次数更多。

设置指定击球手肯定会使棒球比赛的比分更高，但也会对这种比赛的质量产生不利的影响（这也是以前的棒球比赛坚决拒绝设置指定击球手的原因）。例如，在设置指定击球手后，投球手在某些情况下击球时，会采用"牺牲短打"——这是一种非常巧妙的做法，可以把已占垒的跑垒员送到更有利的位置。但指定击球手很少会通过顶撞与触球来牺牲一次击打。另外，当指定击球手取代了击球能力差的击球手后，候补击球手的作用就更小了[1]。最后，由于不再需要更多的叩击，首发投手可以在比赛中停留更长的时间，这就减少了对候补投手的需求[2]。可见，在设置了指定击球手后，棒球运动在某种程度上已经变成了另一种运动。换言之，比赛的质量已经发生改变，很多人认为已变得更糟，因为比赛重点被放在了数量上。

美国职业棒球大联盟最近的一项创新，就是在棒球场安装包括跟踪雷达在内的各种高科技仪器，以全方面精确测量每场比赛。而以前，人们只是用一些术语来概括和描述比赛，比如全垒打、"跑

---

[1] 对那些不熟悉棒球的人来说，指定击球手就是球队中开球的队员，并且在比赛中按照常规的次序击球。关键代打是在比赛过程中进入比赛，并且为比赛中的运动员击球的队员。关键代打在比赛中通常只能获得一轮击球的机会。

[2] 然而，棒球比赛中运动员的专门分工不仅仅是弥补了这一点。毫无疑问，我们现在看到比赛中越来越多地使用候补投手。事实上，现在有许多非常专业的候补角色。比如"长期候补"或主力候补，他们在比赛一开始时就可能进入比赛；又如终结者（closer），作为候补投手的一种，一般在本方领先分数极少又打到决定胜负的关键局上场救援，稳定军心并一投致命；还有一种候补运动员，专门练习用左手投球。

了 1 英里"等等。① 而现在，我们知道纽约洋基队的阿隆·贾奇（Aaron Judge），他击出的一个球的飞出角度为 28.4 度，初速度为每小时 118.6 英里，飞出 470 英尺（如果没有一个球迷的触碰，那么它还可能飞得更远），最后以每小时 84.7 英里的速度落到一个球迷身边。我们所处的时代，是"每一次挥杆、每走一步、每一次长传都被量化、记录和排序"的时代。这一切都很理性，"所有的浪漫、夸张和神话"② 都不见了。换言之，棒球已经进一步理性化，其结果就是一点魅力都没有了。

现在，"极限"（extreme）一词已经与很多事物联系在一起（如"7-11"便利店的"极限杯"饮料、迪士尼的"终极大满贯早餐"等），当然最常见的是与各种体育运动联系在一起。这些体育运动包括极限滑雪、极限滑冰、自行车极限越野，甚至极限保龄球等。③ 人们使用"极限"一词，来表明这些运动比传统运动提供了某些"更……"的东西，比如更快、更危险、更新颖和更惊人等。更一般地说，极限运动与那些更传统的体育运动相比，为人们提供了更不墨守成规、更需胆量，总之是更"酷"的东西。

6. 政治：林肯与道格拉斯的辩论没有任何原声片段

政治领域也有很多例子，体现了对可计算性（数量和量化）的强调。例如，在政治选举中，民意测验日益重要。④ 候选者与在任

---

① Filip Bondy. "Tape-Measure Blasts, but Forget the Tape." *New York Times* June 25, 2017.

② 同上注, p. SP3。

③ www.cbc.ca/archives/categories/sports/exploits/extreme-sports-faster-riskier-more-outrageous/topic—extreme-sports-faster-riskier-more-outrageous.html.

④ Carl Schoettler. "Examining the Pull of the Poll." *Sun* (Baltimore), October 11, 1998.

第五章　针对麦当劳式工作岗位员工的高效率与可计算性

者，常常十分在意他们在民意测验中的支持率，并按照民意测验专家所说的增加（至少不会降低）支持率的建议，来调整他们对各种问题的立场或行动。政治家十分重视某种立场对支持率会产生何种影响，但政治家本人是否真的相信这种立场并不重要。

电视对政治也产生了多重影响。电视的出现使会议和政治演说变得更短。在 1858 年林肯与道格拉斯的著名辩论中，两位总统候选人"就'各地奴隶制的未来'这一主题每人讲了 90 分钟"[①]。在电视出现之前，收音机会直播总统候选人的演说，这种演说通常会持续一个小时；到了 20 世纪 40 年代，演说一般缩短到半个小时。在电视出现后的初期，演说通常也会持续半个小时。但是后来，政治选举演说调整很大，以适应电视报道和更多的电视直播观众。演说的现场观众往往专程赶来，所以希望听更长的时间，而电视观众则希望更快听到关键内容。所以，演说变得越来越短，平均不超过 20 分钟。到了 20 世纪 70 年代，总统候选人的演说在很大程度上变成了 60 秒的政治广告。在今天的电视辩论中，总统候选人只有一两分钟的时间就某一种主题表明自己的立场。

关于政治演说的新闻报道也大大缩短，以适应电视的收视要求。对 1984 年的总统竞选演说，全美新闻节目只做了 15 秒报道。4 年后，这类新闻报道的时间缩短到 9 秒。[②] 因此，政治演说稿的撰稿人必须精心制作时长为 5～10 秒的"声音片段"，才能被美国有线电视新闻网接受。对政治演说报道篇幅的严苛限制，显然不仅

---

① Kathleen Jamieson. *Eloquence in an Electronic Age: The Transformation of Political Speechmaking*. New York: Oxford University Press, 1988, p. 11.

② 同上注。也参见：Marvin Kalb. "TV, Election Spoiler." *New York Times*, November 28, 1988.

降低了政治演说的质量，也降低了关于重要政治问题的公共演说的质量。不过，当奥巴马在 2008 年和 2012 年赢得总统大选时，得到了更长时间的报道。部分原因在于，奥巴马精明地使用了 Web 2.0 技术。YouTube 使他能够在网上更深入地传播更多内容，数百万人在网上观看了他关于种族问题的著名演说。①

而唐纳德·特朗普（Donald Trump）则更多地利用了推特来让民众了解他的信息，进行竞选和执政（截至 2017 年年中，特朗普的推特账号粉丝已经超过 150 万）。一条推特最多只能容纳 140 个单词，而前总统奥巴马则常常长篇大论。特朗普的推文字数很少，必然影响其实质内容。这是在一个现代化的世界中强调数量而不是质量的明确体现。特朗普的推文十分简短，因此一般只是在表达他的观点，不可能给出令人信服的证据和论证。当然，所有的推文都是如此。

7. 数字世界：可计算性的极致

正是在数字世界，可计算性达到了一种极致，而随着新技术进步，这种极致还会不断地被超越。高度自动化的大数据收集以及通过算法对大数据的分析，实际上把所有事物都转化成了数据——数字、比例、等级、排序之类。而几乎所有这一切都是通过电子计算完成的，人类实际上不可能计算如此巨量的大数据。因此，大数据分析所创造的工作岗位相当少，即使有，也主要是高技术、专业化的工作岗位（如计算机系统分析等）；这些创新性的工作岗位不会成为麦当劳化的麦式工作岗位。而很多人会因为这些技术变革而

---

① www.youtube.com/profile? user=BarackObamadotcom#g/u.

第五章　针对麦当劳式工作岗位员工的高效率与可计算性

失去工作，最终要么成为永久性失业者，要么转入服务业中的低工资的麦式工作岗位就业。在不久的将来，这会成为一个巨大的、越来越严重的问题，越来越多的人会发现自己无法就业或者不能充分就业。

第六章

针对麦当劳式工作岗位员工的可预测性与控制

第六章　针对麦当劳式工作岗位员工的可预测性与控制

本章讨论麦当劳化的另外两个维度——可预测性和控制——在工作和员工中的体现。

一、可预测性：照章行事与控制雇员

1. 快餐店："您好，朋友"与"您走好"

在快餐店中，顾客与柜台人员之间的互动时间和内容都很有限，所以员工可以在很大程度上照章行事。因此，麦当劳制定了一系列规定，员工在与顾客打交道时必须遵守。例如，窗口服务有7个步骤：问候顾客，接受订单，整合订单，提交订单，收取付款，感谢顾客，欢迎顾客下次光临[1]。快餐店还试图使其他工作尽可能具有可预测性。例如，所有员工都被要求以同样的、最好的方式制作汉堡。换句话说，"弗雷德里克·泰勒的原则（见第二章）照样可以轻松地适用于汉堡的生产"[2]。员工按照明确规定的步骤准备各种

---

[1] 莱德纳的调查认为，老板鼓励员工改变流程，以减少顾客产生去人性化的感觉。但在她打工的特许经营店中，甚至对这一点也存在限制。

[2] Robin Leidner. *Fast Food, Fast Talk: Service Work and the Routinization of Everyday Life.* Berkeley: University of California Press, 1993, p. 25.

146 食品。在许多快餐店中，准备炸薯条的员工必须按如下规定进行：打开（冷冻）炸薯条的袋子，装半篮子炸薯条，然后将篮子放入油炸锅；定好时间；从油炸锅中取出炸薯条篮子并将炸薯条倒入托盘中；在炸薯条上均匀地撒好盐；再定好时间；将出锅几分钟后还未售出的炸薯条丢弃；查看电脑屏幕，确定下一位顾客需要多少炸薯条；再重复上述动作。

快餐店还通过多方面的努力，试图让员工的表情、举止和思维方式更具可预测性和确定性[1]。所有员工都必须穿着制服，并遵守诸如化妆、头发长度和戴首饰等方面的规定。快餐店还对员工进行培训，旨在向员工灌输一种"企业文化"[2]，如麦当劳的态度和行事方式。员工行为手册的规定十分详细，"从洗手间必须多久清洁一次，到炸薯条所用的油的温度"[3]都有明确规定。最后，快餐店还有各种奖惩措施，奖励那些行为得体的员工，惩罚甚至解雇那些不按其规章行事的员工。

快餐店通过让员工在与顾客的互动中严格遵循既定的脚本，从而创造了一种可预测性。也许，麦当劳最著名的脚本就是："您想要炸薯条吗？""您愿意在这订单上增添一个苹果派吗？"[4]这样的脚本有助于员工与顾客之间形成高度可预测的互动。虽然顾客不会遵守

---

[1] Robin Leidner. *Fast Food, Fast Talk: Service Work and the Routinization of Everyday Life.* Berkeley: University of California Press, 1993, p. 25.

[2] Harrison M. Trice and Janice M. Beyer. *The Cultures of Work Organizations.* Englewood Cliffs, NJ: Prentice Hall, 1993.

[3] Mary-Angie Salva-Ramirez. "McDonald's: A Prime Example of Corporate Culture." *Public Relations Quarterly,* December 22, 1995.

[4] www.washingtonpost.com/lifestyle/magazine/whos-lovin-it/2011/08/12/gIQAoOVRuJ_story.html.

第六章　针对麦当劳式工作岗位员工的可预测性与控制

脚本，但他们往往会下类似的订单，以回应麦当劳化系统中的员工。

罗伊罗杰斯连锁集团常常让员工穿上统一的牛仔服装或牛仔女郎服装，并对每个即将点菜的顾客说："您好，朋友。"顾客在付钱之后，员工会说"您走好"，以送走顾客。这些熟悉的致意用语，员工会对每个顾客重复使用，而这也是罗伊罗杰斯连锁集团的常客获得极大满足的根源之一。如果罗伊罗杰斯连锁集团停止这样做，那么很多人包括我自己会感觉自己蒙受很大的损失。然而，在麦当劳化的社会中，还有一些虚情假意的互动，并变得日益普遍。顾客现在逐渐期待甚至喜欢上这种虚情假意的互动。当顾客去快餐店就餐只能与可爱的机器人互动时，他们甚至可能会特别怀念这种虚情假意的互动。

与麦当劳化的所有其他维度一样，脚本可能也有其积极作用。例如，对员工来说，脚本可能是使他们能够控制与顾客的互动的一种力量。员工只要不背离这种脚本，就可以回避那些令人讨厌的或特别的要求。员工也可以使用他们的惯例与脚本来保护自己，使自己不受公众的冒犯和侮辱。员工可能认为，公众的敌意不是指向他个人，而是指向这种脚本，以及那些制定脚本的人。总之，麦当劳快餐店员工对这些脚本并无敌意，相反，他们常常发现这些脚本是有用的[1]，甚至令他们十分满意。然而，员工和顾客有时候也会抵制脚本（以及其他一些惯例和常规）。这些提供服务与接受服务的人都会说："事情从来都不是完全可预测的。"[2] 人们也并非生活在麦当

---

[1] Robin Leidner. *Fast Food, Fast Talk: Service Work and the Routinization of Everyday Life*.Berkeley: University of California Press, 1993, p. 82.

[2] 同上注。

劳化的铁笼中,事实上,人们从来不可能生活于一种完全可预测、完全麦当劳化的世界中。

不过,麦当劳快餐店的员工可以在工作中保持某种独立性,不可能完全按脚本行事。例如,他们可以说各种脚本中没有的话,可以提供额外的服务或相互打趣、说笑,甚至可能克制自己的微笑,可能表现出一点不耐烦和生气,可能拒绝说"您走好,欢迎下次光临",从而在"相当高的"程度上突破惯例和常规。但所有这些都只不过是对高度惯例化的工作的微小背离。

与员工的情况一样,顾客也会从脚本与惯例中得到某种好处:"惯例化可以为服务的接受者提供更可靠、更低价、更快捷的服务,能够防止顾客不知道如何就餐,能够使他们与员工的互动最少,能够明确地显示他们的权利到底是什么。"这样的惯例化,有助于保证所有的顾客获得同样的对待。最后,惯例化有助于"使整个餐厅彬彬有礼,提高大家的能力,而顾客会对这样的礼节与能力表示欣赏"[1]。有些消费者十分欣赏在麦当劳化行业中遇到的这种礼貌的、仪式化的接待和问候。

然而,也有例外。有些消费者对于员工的例行公事十分反感,认为他们情感冷漠或者"像机器人"[2]。这些消费者可能会与员工发生争吵,不等就餐便拂袖而去。电影《五支歌》(*Five Easy Pieces*, 1970)中有一个经典的情节,由奥斯卡得主杰克·尼科尔森(Jack Nicholson)饰演的角色到一家餐馆吃晚饭,遇到一名邋遢的女服务

---

[1] Robin Leidner. *Fast Food, Fast Talk: Service Work and the Routinization of Everyday Life*.Berkeley: University of California Press, 1993, pp. 220, 230.

[2] 同上注,p.82。

第六章 针对麦当劳式工作岗位员工的可预测性与控制

员,她完全照章行事,十分机械。他不能点烤面包,但可以点一个用烤面包做的三明治。尼科尔森饰演的那个角色,不仅仅十分反感那名板着面孔的女服务员,更是对这种机械的规定和脚本做出了强烈的反应。

脚本化互动的虚情假意,不仅体现了快餐店的特征,也体现了麦当劳化社会中所有其他要素的特征,那就是用表面上的温情("祝您愉快")来吸引顾客,并使顾客成为回头客。例如,温迪国际快餐连锁集团的创立者和老板戴夫·托马斯(Dave Thomas)生前老爱搞这一套。他在店中安装显示屏,重复播放他个人邀请人们来他的餐馆与他分享汉堡的画面[1]。麦当劳为了确保连锁分店的经理们的思想与行为的可预测性,还让他们定期到汉堡包大学接受培训[2]。就连汉堡包大学的那些全职"教授"也不能随意行事,"因为他们必须根据课程开发部门设定的脚本工作"[3]。在这些"教授"的训练下,连锁分店的经理们把麦当劳化的精神和行事方式内化于心,并习以为常。其结果就是,麦当劳的那些经理的行为举止都完全一样,难有差异。更重要的是,麦当劳连锁分店的经理们会根据公司行为手册,详细地规定餐厅中员工的一切行为,并训练和监视员工,以使其行为具有更高的可预测性。麦当劳总部还会定期派出巡查人员"微服私访",以确保公司行为手册得到实施。这些巡查

---

[1] 我将在第七章中介绍更多关于这方面的麦当劳化的内容。
[2] www.aboutmcdonalds.com/mcd/corporate_careers/training_and_development/hamburger_university/our_faculty.html; Dick Schaaf. "Inside Hamburger University." *Training*, December 1994, pp. 18-24.
[3] Robin Leidner. *Fast Food, Fast Talk: Service Work and the Routinization of Everyday Life.Berkeley:* University of California Press, 1993, p. 58.

人员还会查看店中的食物是否满足公司的质量控制要求。

2. 其他的实体环境：连讲笑话都脚本化了，面目都模仿迪士尼

快餐店远非我们可能碰到互动脚本化的员工的唯一地方。电话营销也是一种规定员工必须严格遵循规定脚本的场景。电话营销公司设计一种脚本，让营销人员根据这种脚本来处理千变万化的客户情况。监督人员常常监听员工打电话，以确保员工依照正确的程序工作。而那些不能遵循脚本的员工、不能在规定时间内拨打所要求的数量的电话的员工、不能如期完成营销定额的员工，都可能被随意解雇。

罗宾·莱德纳发现，美国联合保险公司（Combined Insurance）会竭力使人寿保险销售变得可预测。"美国联合保险公司在培训其人寿保险销售员时，对销售员提出的标准化要求达到了让人震惊的程度。销售员要说什么、做什么，都有详细的规定。"销售员在推销保险时的说辞，公司"都要求他们必须记住，并尽量能够准确地背诵"。有位培训师举例说："有一名英语很差的外国保险销售员，甚至不懂那些脚本中的单词的意思，但单凭死记硬背它们的发音，……第一天就卖出了 20 份保险，现在已晋升为高级经理。"[1] 美国联合保险公司甚至向保险销售员提供统一的笑话，并让他们在讲笑话时配以标准化的动作、身体语言和说话语调等等。

---

[1] Robin Leidner. *Fast Food, Fast Talk: Service Work and the Routinization of Everyday Life.Berkeley:* University of California Press, 1993, pp. 107, 108.

第六章　针对麦当劳式工作岗位员工的可预测性与控制

麦当劳努力对员工进行外在限制，而美国联合保险公司则试图对员工进行内在改造。该公司主张把员工联合起来，使之拥抱一个新的自我（一种"麦当劳式身份认同"）[1]；而麦当劳则希望员工压抑他们的自我。存在这种差异，可能缘于这两种场景中的工作性质不同。麦当劳的员工是在麦当劳店内完成自己的任务的，所以麦当劳公司可以对其进行有效控制。而美国联合保险公司的保险销售员要挨家挨户去拜访客户，他们的大部分工作要在客户家里完成。因为无法进行外在控制，所以美国联合保险公司竭力使保险销售人员变成公司需要的那种人。尽管该公司竭力控制保险销售员个人，但保险销售员仍可以保留一些自由裁量权和自主性。美国联合保险公司对员工的控制更为内在和深入，而麦当劳的员工受到的外在控制更多，因为他们在工作中的所有决策权都被剥夺了。莱德纳最后一针见血地指出："麦当劳对工作的规定唯恐不能细到极致，对与顾客的关系唯恐不够亲密，唯恐顾客的体验不够独特，对某些组织或个人的操控唯恐不够严苛，它竭力把自己推行标准、统一程序的所作所为，粉饰为为了提高效率或为了员工和顾客的利益，但实际上却是为了自己攫取更多的利润。"[2]

迪士尼对员工的穿着打扮、仪态、行为方式都制定了详尽的指南和手册。迪士尼首先要求员工统一着装、保持整齐干净。迪士尼为员工列出了长长的行为清单，详细规定了员工可以做什么，不可以做什么。女"选派演员"（"选派演员"是迪士尼对其公园员工的

---

[1] Elspeth Probyn. "McIdentities: Food and the Familial Citizen." *Theory, Culture and Society* 15 (1998): 155–173.

[2] Robin Leidner. *Fast Food, Fast Talk: Service Work and the Routinization of Everyday Life.* Berkeley: University of California Press, 1993, p. 10.

委婉称呼）如果梳的是发辫，那么发辫上不能有珠子。她们不得剃光头发或眉毛，头发也不得染成极端的颜色。她们只能使用颜色比较浅的指甲油，指甲长度不得超过 0.25 英寸。男"选派演员"的嘴唇上方可以留胡子，但必须整齐，下巴不得留胡子，更不得留山羊胡；可以剃光头发，但不能剃光眉毛。如此等等，不一而足。①

在游乐行业中，除了迪士尼外，还有很多其他公司也竭力使其员工行为具有可预测性。弗吉尼亚州威廉斯堡的布希花园规定："员工必须花一定的精力来保持适当的微笑。男性员工不得留长发。所有员工在上班时不得吃东西、喝酒、抽烟、嚼口香糖。"② 布希花园希望，其员工不仅要统一穿戴打扮，而且要统一行为举止。"控制和营造环境氛围的关键，不在于其他，而在于员工能否普遍保持正确的态度。'这是一种很讨好游客的事情。我们强调员工要穿戴整洁，乐于助人，彬彬有礼。'……因此，布希花园非常重视保持员工的积极向上的精神风貌……通过各种评比以使员工保持最高的热情和最好的态度。"③ 诸如此类的办法，使布希花园的游客在整个游览过程中，都能够看到高度可预测的员工，并得到员工的及时服务。

3. 生产流水线：生产的汽车比手工打造的汽车更加一模一样

生产流水线化提高了工作与产品的可预测性。而非流水线的生产方式存在的问题，就是手工生产者所采取的工作步骤在一定程

---

① http://wdw.disneycareers.com/en/working-here/the-disney-look.
② Lynn Darling. "On the Inside at Parks à la Disney." *Washington Post*, August 28, 1978.
③ 同上注。

第六章　针对麦当劳式工作岗位员工的可预测性与控制

度上是不可预测的，会因人因时而异；而非流水线所生产的最终成品，会时而出现不同程度的差异，使得产品的功能与质量难以预测。例如，甲手工生产的汽车，既可能比乙手工生产的汽车运行得更好，也可能更容易出故障；而生产流水线生产的汽车，彼此之间更加相同。现在，很多非制造业企业由于认识到使员工的劳动具有可预测性可以获得更多的好处，因而也十分重视建立使员工的行为可预测的体制和系统。

4. 运动：甚至存在麦当劳式赛马训练场

在网球运动中，抢七规则的设立已使网球比赛的时间长度更加可预测。如果要在进入决胜局之前就拿下比赛，抢七者就需要以两局的优势先胜六局。如果对手只落后一局，那么比赛会不断地打下去。在以前，有些漫长的网球比赛，甚至出现过 12 : 10 的得分。但后来，出于电视和其他大众传媒传播的需要，网球运动管理机构决定在排名赛、锦标赛中设立抢七规则。如果一场比赛在第六局之后双方陷入僵持，那么第七局就成为 12 分决胜局。先获得 7 分并且比对方多出 2 分者，获得比赛胜利。在这种赛制下，决胜局超过 12 分的比赛就很少出现了（如果双方都得了 6 分，势均力敌，那么有可能超过 12 分，但总体上这种情况非常少见）。

在 1940 年以前，美国职业橄榄球大联盟的比赛还使用加时赛规则来决定胜负。然而，在使用加时赛规则后，一些比赛仍然可能是平局。为了让季后赛等比赛更加可预测，1974 年美国职业橄榄球大联盟采用了突然死亡法。当加时赛打完仍然无法决出胜负时，双方再打 15 分钟的比赛，而在这 15 分钟内，谁先进球谁就赢得比赛的胜利。2010年，季后赛加时赛规则再次发生了改变。在加时赛中，如果一方进了一球或获得一次触地得分，那么另一方还有机会扳平或赢得比赛。如果打成平局，那么比赛将以类似的方式进行，延长加时赛，直到决出胜负。2012年，加时赛规则又一次修改。在加时赛中，如果一方触地得分，那么另一方就"突然死亡"，比赛结束；如果一方只是射门进了一球，那么另一方还有机会利用触地得分，让对方"突然死亡"并赢得比赛。2012年的常规赛，也开始使用这种突然死亡法。职业比赛总得分出输赢来。

现在的大学生橄榄球比赛，也会采用加时赛来决胜负，而不再以平局结束比赛。为了增加快速得分的机会，加时赛没有开球，一方直接从对方的25码线开始。这样，快速得分并结束比赛的可能性极高。因此，现在的大学生橄榄球比赛与职业比赛一样，一定会决出胜负，比赛的时间长度也具有很高的可预测性。

赛马训练在以前具有高度的不可预测性，但是现在它变得日益可预测。赛马训练的理性化，是由不确定性变成可预测性的典型例子。更值得注意的是，得克萨斯州有家"麦当劳式圆形赛马训练场"，俄克拉何马州有家"麦当劳式三杆赛马训练场"。尽管有些赛马训练场保留了自己独特的经营方式，但赛马训练者卢卡斯在美国建立的多家赛马训练场，直接以"麦当劳式赛马训练场"命名。以前，同一赛马训练场内的不同赛道，都可能有各自不同的经营方式；因此，不同赛道之间、不同训练场之间的训练程序，往往存在很大的不同。然而卢卡斯的训练场，每条赛道都有各自的分工，各自负责某一项训练程序，卢卡斯还派人专门监督分工情况。这种做法使他取得了很大的成功。他说:"每个训练场的草料库都是一样的,喂料的计划也都是一样的。……不准私自调整。……这可是麦当劳快餐店的基本原则。"①

5. 网络的可预测性:不容拒绝

众所周知,网上商店是一个虚拟世界,并没有真人。在以前,网络消费者很难与网上商店进行互动。因此,最大的可预测性就是我们很难接触到网上商店店员,或者说这些店员根本就不存在。不过,在今天,消费者如果仔细查找或深入挖掘,就会最终找到某个人的电子邮件地址,甚至可以直接与其交流。而当消费者最终与网上商店员工建立起联系时,网上商店员工对消费者的反应往往是高度可预测的。与实体店的工作人员一样,这些网上商店员工,很可能也完全按照预先设定好的脚本行事。

例如,我最近就尝试了一下。我先是试用了一下亚马逊的网上听书系统(Audible),但是没听几分钟,我就讨厌这个系统了。于是,我要求在试用期结束之前取消这项业务。后来网站来电告诉我,已经帮我取消了这项业务,但是后来我的信用卡账单上仍然赫然列着这项业务的月收费。在几经努力之后,我终于通过电话联系上了一名客服代表。他说,收费应该已被取消了,但是他马上按照网站的套路,说要送给我一张免费的礼品卡。我坚持说我不要这种礼品卡,就在我们快要结束通话时,电话突然断掉了。当我再次拨打电话时,接电话的已经是另一名客服代表了,而且我又不得不从

---

① Andrew Beyer. "Lukas Has a Franchise on Almighty Dollar." *Washington Post,* August 8, 1990.

头到尾重复一遍。让人吃惊的是，这名客服代表又试图送给我一张礼品卡。最后，在我几次提高嗓门之后，他不得不放弃了，也不再按照亚马逊规定的脚本行事，不再送给我免费的礼品卡，我想他可能也给我取消了这项服务项目。

二、控制：连飞行员都失去了控制权

从历史上看，组织通过运用水平越来越高的技术，对员工（以及客户等）实现了越来越有效的控制[1]。组织利用这些技术，逐渐将员工的行为还原或简化为一系列类似于机器的动作。一旦员工的行事方式变得像机器一样，他们就会被真正的机器替代。用机器代替人，是控制人的最高阶段；人们不会再造成更多的不确定性和不可预测性，因为人们不再参与，至少是不再直接参与。正如埃里克·布林约尔松（Erik Brynjolfsson）和安德鲁·麦卡菲（Andrew McAfee）[2]在《与机器竞争：数字革命是如何加速创新、推动生产力并不可逆转地改变就业和经济的》（*Race Against the Machine: How the Digital Revolution Is Accelerating Innovation, Driving Productivity, and Irreversibly Transforming Employment and the Economy*）一书中所指出的，在数字技术加速发展的时代，很多人在与技术的竞争中败下阵来。在今天，计算机化的技术包括越来越多的机器人和基于

---

[1] Richard Edwards. *Contested Terrain: The Transformation of the Workplace in the Twentieth Century.* New York: Basic Books, 1979.

[2] Erik Brynjolfsson and Andrew McAfee. *Race Against the Machine: How the Digital Revolution Is Accelerating Innovation, Driving Productivity, and Irreversibly Transforming Employment and the Economy.* Kindle Books, 2011.

第六章　针对麦当劳式工作岗位员工的可预测性与控制

网络的电子机器人，正在完成以前由员工完成的各种工作（生产产品、搜寻产品、比较产品价格等），从而把越来越多的员工挤出劳动力市场。

下面的讨论主要涉及非人类技术如何在麦当劳化的社会中加强对员工的控制，以及如何控制这些员工从事的生产过程以及由此产生的产品。然而，控制员工并不是非人类技术的唯一目标。这些技术的开发和应用有许多原因，例如为了提高生产力、提高产品和服务质量、降低成本等等。

1. 控制员工

（1）工厂车间：照我说的做，不要按我做的做

大多数工作场所实行科层制，这种科学管理可以被看作一种大规模的非人类技术。科层制系统通过无数的规则、指南、职位、指挥系统和等级制度，来决定人们在系统中要做什么以及如何做。高明的官僚很少考虑该做什么；他或她只是遵循规则，处理即将到来的工作，并将其传递到系统中的下一站。员工只需填写所需的表格就行了，而现在就连填写表格都在电脑上完成了。

在今天，科学管理仍然努力在科层体系的最底层（数量不断下降的"蓝领工作"岗位），用非人类技术来制约或取代人类技术。例如，科学管理的"最佳途径之一"，就是要求员工们以盲从的方式遵循预先制定的一系列步骤。弗雷德里克·泰勒认为，车间中最重要的要素不是工人，而是计划、监督和控制工人工作的组织活动。

尽管泰勒认为所有工人都应受到组织的控制，但他认为经理管理人员的自主余地应比体力劳动者大得多。经理管理人员的任务，

就是研究工人的知识和技能，并记录下来编成表格，最终将其简化为纪律、规则，甚至数学公式。换句话说，管理者要把工作团队的技能、能力和知识转化成一套非人类的纪律、规则和数学公式。一旦把人类技能分解和还原为编码，组织就不再需要熟练技术工人了。管理者将按照一套严格的准则雇用和培训非技术工人。

实际上，泰勒把用"头"工作与用"手"工作区分开来；在泰勒生活的时代之前，熟练工人在工作时既要用"头"又要用"手"。泰勒和他的追随者研究了那些熟练工人头脑中的知识，然后把这些知识转化成简单的、无需头脑的例行公事，几乎任何人都可以学会和遵循。因此，工人们只剩下重复的用"手"工作。这一原则仍然是整个麦当劳化社会中以非人类技术取代人类的运动之基础。

泰勒的科学管理以及用非人类技术取代人类的运动的各种努力，其背后的目标是使雇用的工人只需要具有最低限度的智力和能力。事实上，泰勒试图雇用那些像动物的人，他们的脑力像牛一样。[1] 并非巧合的是，亨利·福特对其工厂中的生产流水线上的工人持有类似的看法。他说："很遗憾，普通工人想要的应是一份不需要其进行思考的工作。"[2] 泰勒所寻找的那种工人，与福特所说的生产流水线工人是一样的。在泰勒和福特看来，这类人更有可能屈服于对他们工作的外部技术控制，甚至渴望这种控制。

很多其他企业家也持有与泰勒和福特类似的观点。"极具讽刺意味的是，由美国联合保险公司创始人 W. 克里曼特·斯通（W.

---

[1] Frederick W. Taylor. *The Principles of Scientific Management.* New York: Harper & Row, 1947, p. 59.

[2] Henry Ford. *My Life and Work.* Garden City, NY: Doubleday, 1922, p. 103.

第六章 针对麦当劳式工作岗位员工的可预测性与控制

Clement Stone）和麦当劳化创始人克洛克——都是极具创造性和创新性的企业家——所建立的组织，要依赖于员工严格遵循各种惯例、成规的意愿。"[1] 许多工作场所已经被非人类技术主宰。例如，以前超市的收银员必须读取食品标签价格，并将其输入收银机。然而，与所有其他人类活动一样，收银员完成这一过程的速度很缓慢，并有可能出现人为差错。为了解决这些问题，许多超市安装了光学扫描仪，用于"读取"商品上预印的代码。每个代码对应一个已被输入控制收银机的计算机中的价格。因此，这种非人类技术减少了收银员工作任务的数量和复杂性。由于收银员岗位减少了，因而很多人只能从事技能较低的工作，例如对食物进行物理扫描和包装。即使是从事这些工作的人员，随着自动扫描技术的发展也面临被淘汰的威胁，消费者还可能自己打包食品、杂货。换句话说，超市收银员工作，虽然还没有完全消失，但已经变成"无需技能的"工作，也就是说，这一工作岗位所需的技能减少了。

（2）快餐业：从人类到机械机器人

在先进的非人类技术时代到来之前，工人在很大程度上是由上级控制的。在工作场所，老板和主管直接面对面地控制下属。但是，这种直接的、个人的控制是困难的，成本也高，并有可能产生人与人之间的敌意。下属可能会对过于严格控制他们的活动的直接主管或老板进行反抗和攻击。从长远来看，通过技术进行控制则更容易，成本也更低，并且不太可能引起员工敌视主管和老板。因

---

[1] Robin Leidner. *Fast Food, Fast Talk: Service Work and the Routinization of Everyday Life.* Berkeley: University of California Press, 1993, p. 105.

此，随着时间的推移，控制已经逐渐转向技术控制。[①] 麦当劳通过威胁使用，并且真的正在使用技术取代人工来控制员工。不管被安排和控制得有多好，人都可能破坏系统的运行。一个动作缓慢的员工，会大大延长巨无霸汉堡的准备时间，从而降低服务效率。一个不愿意遵守规定的员工，可能会不给汉堡加入泡菜或某种酱汁，从而造成不可预测性。一个心不在焉的员工，可能会只放一丁点炸薯条，使大份薯条变成小份薯条。由于诸如此类的原因，麦当劳和其他快餐店都觉得必须用机器来控制并最终取代人类员工。提高控制员工的技术，可以帮助麦当劳化系统向顾客保证其提供的产品和服务是一致的。

快餐店通过开发和应用许多非人类技术来应对不确定性问题。他们至少已经抛弃了传统意义上的厨师。关于厨师，杰里·纽曼（Jerry Newman）说："麦当劳和汉堡王都不需要烹饪。技术的进步几乎已经完全消除了这种工作。"[②] 烤制汉堡是如此简单，任何人只要稍微训练就可以胜任。一些食物的制作可能需要更高的技术（比如制作 Arby's 快餐店阿尔比的烤牛肉），但快餐店也会开发出一套简化程序，任何人只要遵循这种程序就能制作。制作快餐食物就像一种连点游戏或者涂数字游戏。员工按照规定的步骤制作，消除了烹饪的大部分不确定性。

麦当劳快餐店出售的食物，大部分是预先做好和切成片、切成条的预制食品。所有员工需要做的，往往只是加热食物，并将其递

[①] Richard Edwards. *Contested Terrain: The Transformation of the Workplace in the Twentieth Century.* New York: Basic Books, 1979.

[②] Jerry Newman. *My Secret Life on the McJob: Lessons From Behind the Counter Guaranteed to Supersize Any Management Style.* New York: McGraw-Hill, 2007, p. 52.

第六章　针对麦当劳式工作岗位员工的可预测性与控制

给顾客。与其让英国当地的麦当劳快餐店的员工来切生菜，不如让麦当劳的中心工场用高科技来完成这件事情：

> 为麦当劳快餐店供货的工厂，用带有 22 个刀片的机器……以每小时 1 000 公斤的速度把生菜切碎。但生菜的"苦难"还远未结束。被切碎的生菜又落在传送带上，以每秒 4 米的速度被传送到一台价值 35 万英镑的激光光学分拣机中。这台机器采用最新的激光和数码相机技术来分析生菜丝的颜色和密度，每秒钟要进行数万次扫描，以识别出变质变色的菜丝、沙砾。当发现某一异常物质时，沿着传送带分布的 50 厘米气枪就会启动，用 1/8 秒将之吹走。当然，生菜只是冰山一角。巨无霸汉堡的每一构成要素，从汉堡到芝麻面包，背后都有一个规模巨大的处理和加工过程。[①]

在塔可钟，以前员工往往需要花数小时来煮肉和切菜，现在则只需把一袋袋冷冻熟牛肉倒入沸水里。他们用预切碎的生菜已经有一段时间了，最近又使用预切碎的奶酪和番茄。[②] 在食物到达餐厅之前，非人类技术做得越多，员工就越不需要做什么，也就越不需要运用自己的判断力和技术。

在开发控制员工的技术方面，麦当劳比大多数其他连锁企业下的功夫都要深。例如，它的饮料机安装有传感器，当饮料杯满时会自动关闭。雷·克洛克认为人的判断能力各不相同，因此淘汰了由人控制的炸薯条机，开发了薯条炸好后蜂鸣提示并自动将炸薯条篮

---

① http://wearemjr.com/2011/06/06/the-burger-that-ate-britain/.
② Michael Lev. "Raising Fast Food's Speed Limit." *Washington Post*, August 7, 1991.

社会的麦当劳化（第9版）

从热油中提出来的机器。以前由员工控制炸薯条机时，员工可能出现误判，从而出现未熟、炸过头甚至炸焦的薯条。克洛克说："考虑到每个在炸薯条机前工作的员工对油炸颜色都有自己的理解，如果我们能够得到像我们统一的制服一样的统一油炸效果，那么该有多好！"[1] 以前，收银员不得不时刻查看价目表，用手输入价格；因此，他们有时可能会输入错误的金额，甚至会少收钱。而计算机化的收银机，能够自动扫描、计算金额，并打出账单，从而消除了上述失误的可能性。[2] 员工需要做的，就是按下与购买商品相符的图像，然后机器会给出正确的价格。现在，随着消费者使用店中的触屏点菜机下单，需要员工做的事情就更少了，需要员工决策的事情也更少了，从而减少了员工的出错概率。

如果快餐店的目标是将员工简化为机器人，那么看到制作食物的机器人日益普及，我们就不会感到惊讶了。例如，有一家大学校园餐厅，就由一个机器人做汉堡。[3] 机器人具有许多优势，包括成本更低、效率更高、人力更少、不旷工，解决了快餐店有时会出现的人手不足问题。提出机器人制作汉堡设想的教授说："以前人们没有把厨房当成工厂，但它们就是工厂……而快餐店最先把厨房当成了工厂。"[4] 塔可钟开发了一种由电脑驱动的机器，其大小相当于一张咖啡桌[5]。还有一家公司开发了一种自动饮料机，能够在15秒

---

[1] Ray Kroc. *Grinding It Out*. New York: Berkeley Medallion, 1977, pp. 131-132.
[2] Eric A. Taub. "The Burger Industry Takes a Big Helping of Technology." *New York Times*, October 8, 1998.
[3] William R. Greer. "Robot Chef's New Dish: Hamburgers." *New York Times*, May 27, 1987.
[4] 同上注。
[5] Michael Lev. "Taco Bell Finds Price of Success (59 cents)." *New York Times*, December 17, 1990.

278

第六章　针对麦当劳式工作岗位员工的可预测性与控制

内调制出一种饮料：员工通过收银机输入订单后，电脑会将命令发送给自动饮料机，让它放下一个杯子，装入冰块和适量的苏打水，然后盖上盖子。[1]虽然这些技术还没有得到广泛应用，但是星巴克已经开始使用自动研磨咖啡豆和制作咖啡的机器。一旦这些技术得到改进，并被证明比人工更便宜、更可靠，快餐店就会更加广泛地使用这些技术。

本书上文曾经提到，亚马逊在2017年收购了全食超市公司，并增设了Amazon Go。现在，亚马逊在超市、便利店以及快餐店等实体店中，大量使用收银机器人代替人类收银员。但是，这样做的后果，就是使顾客再也不能与人类收银员（以及其他员工）进行互动，而以前他们经常与顾客互动，并扮演"重要的社会纽带"的角色。[2]这导致了"不同种族、不同阶级或不同国籍的人"进行互动的机会的进一步减少[3]。

即使是管理人员也深受无人技术的影响，因为现在控制员工主要是通过无人技术了。计算机系统会告诉管理人员在特定时间（例如午餐时间）需要多少汉堡或炸薯条。计算机系统的应用，使快餐店不再需要管理人员的判断和决策。[4]因此，"汉堡生产已成为一门精确的科学，生产汉堡的每一件事都得到恰当的管理，生产流水线上的每一段距离都得到精确的计算，每一滴番茄酱都得到监测和

---

[1] Calvin Sims. "Robots to Make Fast Food Chains Still Faster." *New York Times*, August 24, 1988.
[2] Stacy Torres. "Save America's Cashiers." *New York Times* June 23, 2017, p. A25.
[3] 同上注。
[4] Chuck Murray. "Robots Roll From Plant to Kitchen." *Chicago Tribune-Business*, October 17, 1993.

跟踪"[1]。

（3）教育：麦当劳式托儿中心

强调非人类技术的应用的一个更加极端的例子，就是一些儿童托管或教育机构。这些机构也日益麦当劳化。KinderCare 公司——现在是 KinderCare 教育集团的子公司——成立于 1969 年，目前在全世界拥有大约 3 700 个学习中心，共有 30 多万学生[2]。在美国，大约有 1 700 家 KinderCare 学习中心[3]，大约 20 万名 6～12 周岁的儿童被送到这些学习中心学习[4]。学习中心的员工在"课堂"上做什么，很大程度上取决于一本带有现成课程色彩的教学手册。工作人员打开手册，查找每天详细列出的活动，然后照此行事即可。显然，麦当劳式托儿中心并不需要技术熟练、经验丰富、富有创造力的教师；没有接受过多少训练的员工，更容易受到无处不在的"指导手册"等非人类技术的控制。

以专营方式运行的西尔万学习中心（Sylvan Learning），是组织控制教师的另一个例子。西尔万学习中心通常被认为是"教育界的麦当劳"[5]。全世界大约有 800 家西尔万学习中心，它们声称已经有 200 万学生接受了它们的帮助[6]。西尔万属于课外补习性质的教育机构。该公司"统一培训员工，原样复制麦当劳式的统一性，甚至

---

[1] Eric A. Taub. "The Burger Industry Takes a Big Helping of Technology." *New York Times*, October 8, 1998.
[2] www.kueducation.com/us.
[3] 同上注。
[4] www.kindercare.com/about.
[5] "The McDonald's of Teaching." *Newsweek*, January 7, 1985.
[6] http://www.sylvanlearning.com/locations.

第六章　针对麦当劳式工作岗位员工的可预测性与控制

教师用的都是统一的 U 形桌子"[1]。诸如西尔万学习中心等营利性机构以及一般的营利性大学，通过培训方法、规则和技术，对其"教师"进行程度极高的控制[2]。

（4）医疗：谁决定我们的命运？

与所有理性化系统的情况一样，医疗已经日益转向使用非人类技术。其主要表现为科层规则和管理的地位日益提高，以及现代医疗器械的快速发展。例如，往往是病人的预期支付能力和按病种付费计划——而不是医生及其医疗判断——决定病人的住院时间（参见第五章）。同样，那种医生（如内科医生或全科医生）用一些简单的工具，在没有辅助仪器的情况下，在一个黑色的袋子里进行操作的情形已成过去。现在的内科医生往往更像一位调度员，把病人送到适当的机器和专科医生那里。计算机程序甚至可以诊断疾病。[3]虽然计算机程序不太可能完全取代医生，但总有一天，其至少会成为病情的最初诊断者。现在人们甚至无须与医生面对面接触，通过互联网就可以看病、开药和接受治疗。

现代医学诸如此类的发展表明，第三方支付者、用人单位、营利性医院、健康维护组织、联邦政府（如医疗保险部门）和"麦当劳化医生"之类的组织和个人，对医疗行业的外部控制日益增强。即使是在鼎盛时期，医疗人员也没有摆脱外部控制，但现在外部控制的性质正在发生变化，程度在急剧增加。医生个人更有可能遵守官僚主义的规则和规定，而不是自主决策。在官僚机构中，雇员由

---

[1] "The McDonald's of Teaching." *Newsweek*, January 7, 1985.

[2] Tressie McMillan-Cottom. *Lower Ed: The Troubling Rise of For-Profit College in the New Economy*. New York: New Press, 2017.

[3] William Stockton. "Computers That Think." *New York Times* Magazine, December 14, 1980.

上级控制。医生的上级越来越像职业经理，而不是医生。此外，这些管理者往往要求尽可能使用昂贵的医疗技术。随着医疗器械本身变得越来越复杂，医生们对它们的了解越来越少，因此也越来越不能控制它们。控制权逐渐转移到创造和掌握这些技术的专家手里。

临床操作规程（clinical pathways）是加强对医生（和其他医务人员）的外部控制的一个很好的例子①。临床操作规程是关于如何处理医疗问题的标准化步骤，包括了一系列"如果……那么……"的决策规定，即规定如果存在某种情况，那么医生必须执行某一行动。医生在各种情况下所做的事情，都已经由这种规程决定了，而不是由医生个人自行决定。按照本章的说法，这种规程也是一种对医生施加外部控制的非人类技术。

用来描述这些操作规程的术语有很多，如标准化、"食谱"医学、系列"食谱"等等，所有这些都描述了医疗实践的理性化。其关键在于对各种情况下的行动路线和过程的规定。虽然医生不必也不应该在任何时候都遵循某种规程，但他们大部分时间都按规程行事。一名带头发起协议运动（protocol movement）的医生说，医生在92%以上的时间里要遵循某种规程，这让他感到担忧。虽然还给医生留有一点回旋余地，但很明显的是，他们要做的事情在绝大多数情况下都被预先确定了。

临床操作规程说，如果哮喘患者体温超过38.3摄氏度，就需要检查血常规。如果哮喘患者第一次发病，或伴有胸痛、呼吸窘迫，以及发烧超过38.3摄氏度，就需要做胸部X光检查。总而言

---

① Bernard Wysocki Jr. "Follow the Recipe: Children's Hospital in San Diego Has Taken the Standardization of Medical Care to an Extreme." *Wall Street Journal*, April 22, 2003.

第六章　针对麦当劳式工作岗位员工的可预测性与控制

之，一系列的假设病情与应对步骤规程，完全控制了医生和其他医务人员的行为。这些规程虽然无疑有一些好处，例如，可使医生减少使用那些已被证明不起作用的程序或药物，但也往往使医生无法自主做出决定。如果继续依赖这些规程，那么可能会对医生的自主决定能力产生不利影响。

（5）接线员、在线聊天和去技能的飞行员：就像在监狱里一样

许多公司也会对"接线员"或客户服务代表实施控制。那些为航空公司（如美国联合航空公司）售票的人，工作的每一分钟都有记录，哪怕是离开电话很短时间都必须给出合理理由。哪怕是去上厕所，员工也必须按一下电话上的"便便按钮"，以便让管理者知道他们的意图。就像监狱一样，监管人员坐在正中间的高"塔"里，"观察房间里每一个操作者的行动"。他们还监听电话，以确保员工说应说的话，做应做的事。而这种控制只是整个控制过程的一部分，"不仅是航空公司的订票中心，还有客户服务部门和数据处理部门等等工作场所，监督无处不在，越来越多，并且是借助计算机对员工进行严格控制"[①]。难怪客户经常觉得自己是在与机器人打交道。美国联合航空公司的一名员工说："我的身体变成了我代理预订的电脑终端的延伸。我开始感到空虚。"[②]

有时候，电话客户服务代表实际上就是囚犯。现在，美国有许多州都以这种方式使用监狱囚犯。囚犯的吸引力是显而易见的，他们不仅工作报酬低，而且可以被施加甚至比上文讨论过的电话接线

---

① Virginia A. Welch. "Big Brother Flies United." *Washington Post-Outlook*, March 5, 1995.

② 同上注。

员更高的控制。此外，公司还可以让他们天天上班。正如一位经理所言："我需要每天都在那里的人。"[1] 遵循这种逻辑，一些公司现在使用机器人打电话，而不是通过人工打电话来招揽潜在的客户[2]。计算机远比包括囚犯在内的、受到最严格控制的人类操作员更具确定性、更可控。在我们日益麦当劳化的社会里，我本人就与这样的机器人进行过一些"有趣"的对话。更极端的是，在2013年的电影《她》(*Her*)中，男主人公坠入爱河，并通过电话与发出女性声音的机器人进行了电话性行为。

现在人们已经逐渐不再使用电话来与电话客户服务代表交流并获取信息。相反，他们越来越多地依赖在线聊天，甚至连最低限度的人际语音互动都没有了。这也是生产-消费者逐渐增多的另一个例子，因为在线聊天需要消费者做更多的工作，而电话互动往往需要电话客服人员做更多的工作。

当然，在向非人类技术过渡的过程中，并非只有底层员工才会丧失解决问题的技能，上文提到的被外部控制的教授和医生也是如此。另外，驾驶现代智能化飞机（如波音787和空中客车A380）的飞行员，也日益受到控制，并在该过程中日益去技能化。与以前"全凭直觉飞行"或偶尔使用老式自动驾驶仪进行简单操作的飞行员不同，现代飞行员只需要按几个按钮，就可以让"飞机飞向目的地，并降落在预定的跑道上"。一位美国联邦航空管理局（FAA）官员说："我们正在把越来越多的功能的控制权移交给机器。"这些

---

[1] www.stopjunkcalls.com/convict.htm.
[2] Gary Langer. "Computers Reach Out, Respond to Human Voice." *Washington Post*, February 11, 1990.

第六章　针对麦当劳式工作岗位员工的可预测性与控制

飞机在许多方面比旧的、技术不那么先进的机型更安全、更可靠。然而，依靠这些先进技术的飞行员，也可能失去处理紧急情况的创造能力。一名航空公司经理说，问题在于"我没有可以处理紧急情况并做出创造性反应的电脑，我真的没有"[1]。

（6）数字场景：不是控制而是淘汰

在数字网站或网络商店中，由于大多数员工已经被淘汰，因而他们连被控制的机会都没有了。或者也可以这样认为，即对人类的最终控制已经在这种网站上实现了，因为人类作为雇员在很大程度上已经被这些网站淘汰了。不幸的是，人类仍在访问这些网站，他们可能会因为网站上没有人类员工，无法在网站上获得人的而非计算机的帮助而倍感挫折和沮丧。

2. 控制过程与产品

在麦当劳化社会里，人作为雇员是相关产品与服务的可预测性或曰确定性的最大威胁。对雇员的控制可以通过控制生产服务过程和产品来加强，但通过控制生产服务过程和产品本身，也可以减少不可预测性或不确定性。

（1）食物生产：自动化烹饪

在快餐行业，公司都有冗长的程序手册，对生产和服务过程及产品实施相当大的控制。例如，由于有这样的程序，汉堡王的所有餐厅员工都以同样的方式进行烹饪，麦当劳也是如此[2]。这些公司还

---

[1] Carl H. Lavin. "Automated Planes Raising Concerns." *New York Times*, August 12, 1989.

[2] Jerry Newman. *My Secret Life on the McJob: Lessons From Behind the Counter Guaranteed to Supersize Any Management Style.* New York: McGraw-Hill, 2007, p. 21. 然而，纽曼发现，店与店之间的人事管理，包括雇员的雇用、培训和激励方面都存在很大的差异。

发明了一些减少食物制作过程中的不确定因素的技术。例如，面包的大量生产往往并不是由熟练面包师来控制的，他们往往在特定的时间里只关注做好几个面包。这些熟练面包师无力生产足够多的面包来满足社会的需要。此外，人类生产面包的过程，可能会受到不确定性因素的影响。例如，面包烘烤程度可能各不相同，有的烘烤得不够，有的又可能过头了。为了提高生产力和消除这些无法预测的不确定性，大规模面包生产商开发了一种自动化系统[1]。与所有其他自动化系统一样，在该系统中人所起的作用很小，因为他们受到技术的严格控制：

今天最先进的面包店，就像一座炼油厂。先把面粉、水、几十种添加剂和大量的酵母、糖放在一起搅拌均匀，发酵一个小时。然后加入更多的面粉，把一个个面团挤出来，放到烤盘上，再发酵膨胀一个小时，然后让它们慢慢通过管道式烤箱。18分钟后，面包就出炉了，最后是冷却、切片和包装。[2]

在各种食品行业中，越来越多的熟练师傅或技师消失了，代之而起的是自动化生产，人在这种生产过程中只扮演计划和维护角色。食品的仓储和运输也同样日益自动化。

在食物生产过程中，其他非人类技术也改变了食物的烹调方式。诸如带有温度传感器的烤箱之类的技术，"决定"着食物制作

---

[1] Aaron Bobrow-Strain. *White Bread: A Social History of the Store-Bought Loaf.* Boston: Beacon Press, 2012.

[2] William Serrin. "Let Them Eat Junk." *Saturday Review*, February 2, 1980.

第六章　针对麦当劳式工作岗位员工的可预测性与控制

的时间，而不再依靠厨师的经验来判断。许多烤箱、咖啡机和其他电器可以自主启动或关闭。关于各种包装食品的生产规定和指南，精确地规定了如何准备和烹调食物。各种预制的混合调料包如 Mrs. Dash 产品的出现，使厨师再也不必进行创造性的调料配制。甚至连烹饪书籍的设计，都是为了消除厨师的自主创造性，从而控制烹饪过程。

（2）食物生产：海水养殖场和工厂化农场

我们饲养动物以供食用的技术已经出现了相当令人吃惊的发展。例如，水产养殖业[1]正在急剧发展，特别是在中国，因为今天人们对胆固醇越来越敏感，对海鲜的渴求不断上升[2]。那些不可预测的捕鱼方法，如钓鱼、用大网偶尔捕到成吨的鱼等，已经日益被更可预测和更有效率的水产养殖取代。在餐馆里出现的新鲜鲑鱼中，有一半以上是在挪威海岸附近的巨大海水笼子中饲养出来的。美国消费的所有虾类几乎都是养殖和从外国进口来的。

海水养殖场具有几大优势。其最大的优势，就是这种水产养殖使人类能够对水产的自然栖息地实现更大的控制，使鱼类不再受到变幻莫测的因素的干扰，从而使产量供应更加可预测。各种药物和化学品提高了海鲜的产量和质量的可预测性。水产养殖使捕捞更可预测和更有效率，因为生物被限制在了有限的空间内。此外，遗传学家还可以控制它们以更高效地生产海鲜。例如，一般的比目鱼

---

[1] www.fishfarming.com.

[2] Juliet Eilperin. "Farm-Fresh Fish—With a Catch; Acquaculture Boom Raises Concerns." *Washington Post*, September 20, 2009; Cornelia Dean, "Rules Guiding Fish Farming in the Gulf Are Readied." *New York Times*, September 4, 2009; Martha Duffy. "The Fish Tank on the Farm." *Time*, December 3, 1990.

大约需要 10 年才能达到市场销售的尺寸，但一个新培育的侏儒品种只需 3 年就能达到所需的尺寸。海水养殖场也允许更大的可计算性——在时间、资金和能源方面以最少的投入获取最大的水产量。

用于饲养其他动物的小型家庭农场正在迅速地为工厂化农场及其工人所取代[①]。第一种进入工厂化农场的动物是鸡。以下是一名观察者对鸡肉"工厂"的描述：

如今，一家肉鸡生产商一天之内就可以通过孵化器得到 1 万只、5 万只甚至更多的一日龄大小的雏鸡，然后把它们直接放进一种狭长且没有窗户的棚子里。……在棚子里，小鸡生长的环境受到全面控制，以使它们吃更少的饲料就能更快地生长。食物和水是由悬挂在屋顶上的漏斗自动供给的。灯光也会调整。……例如，在小鸡生长的第一周或第二周，每天都用 24 小时的强光照射，以刺激小鸡的重量能够快速增加。[②]

这种养鸡场还有其他优势，例如可以使一个工人饲养超过 5 万只鸡。

这种养鸡方式可以使养鸡过程的各个方面都处于控制之下。例如，比起散养来，养鸡工厂的鸡的大小、重量更容易预测，鸡养大后捕捉起来也比捕捉散养鸡更加高效。但是，在笼子中密集地养殖肉鸡，由于过于拥挤，也会发生一些出乎预料的事情，特别是鸡之

---

① Peter Singer. *Animal Liberation: A New Ethic for Our Treatment of Animals*. New York: Avon, 1975.

② 同上注，pp. 96-97。

第六章　针对麦当劳式工作岗位员工的可预测性与控制

间容易打架，甚至会同类相食。农场主们会以各种方式来处理这些非理性的"恶习"，例如在鸡快长成时把灯光调暗，"切掉鸡喙"以使它们无法相互伤害，等等。

其中一些母鸡被允许长到性成熟，以用于产蛋。然而这些母鸡受到的待遇并不会比肉鸡好多少。母鸡只不过被当成一种"转换机器"，一种把各种原料（饲料）转换成最终产品（鸡蛋）的机器。彼得·辛格（Peter Singer）对这种用来控制鸡蛋生产的技术进行了如下描述：

> 笼子一层接一层地堆放，中央供给装置自动地向槽里加注饲料和水。笼子的底部也是铁丝网，向外倾斜，鸡在笼子中很难舒服地站立，但这可以使鸡蛋自动地滚到笼子前部，从而使工人能够轻松地收集鸡蛋……而且，在更现代化的养鸡场中，这些鸡蛋会通过传送带被送到包装车间。……鸡粪可以通过网格掉到地上，可能会堆积数月，然后被集中清理出去。[①]

显然，这一系统也对鸡蛋的生产施加了很大的控制，从而使产蛋的效率更高，使鸡蛋的产量变得更可预测，使鸡蛋的质量更加整齐一致，而传统的鸡舍，鸡蛋的产量往往难以控制，鸡蛋的质量往往参差不齐。

其他动物，特别是猪、牛、羊、马，往往也都是以这样的方式来饲养的。为了阻止小牛的肌肉发育从而导致牛肉口感变老变粗，

[①] Peter Singer. *Animal Liberation: A New Ethic for Our Treatment of Animals.* New York: Avon, 1975. pp. 105-106.

小牛被严格限制在空间十分狭小的牛栏中，无法行走和活动。随着它们逐渐长大，甚至无法在牛栏中转身。把小牛圈养在牛栏中，还可以防止它们吃青草，从而保证了牛肉有白色的纹理；也可以防止它们吃稻草，从而防止了牛肉变黑。彼得·辛格在《动物解放》(Animal Liberation)①一书中写道："它们完全以液体食物为食，主要是脱脂奶粉，辅以各种维生素、矿物质，并添加各种促进生长的药物。"为了确保小牛的采食量达到最大，饲养者不会给它们水喝，小牛就不得不不断地喝下配制的液体食物。通过严格控制牛栏的大小和饲料用量，牛肉生产者可以最大限度地实现两个可以量化的目标：其一是在尽可能短的时间内生产最多的牛肉，其二是确保生产出来的牛肉是口感鲜嫩、纹理分明、顾客最想购买的牛肉。

通过使用各种技术，养殖农场显然可以进一步控制各种动物长肉的过程，从而使肉类生产效率更高、更可计算和更可预测。另外，这些技术也会被用于对养殖农场的工人进行控制。在传统的农场中，农场主往往任意行事，要么不会给牛喂食很多，要么让其自由活动。但在实施严格控制的工厂化农场中，工人们不得任意行事，这实际上消除了他们的行为的任何不可预测性。

（3）数字网站上的过程与产品控制：它们真的不是人们最多的选择

与互联网上的许多其他情况一样，人类员工对过程和产品的控制权已经被剥夺了，一些计算机程序被设计出来用于管理过程与产品。进入一个网站并通过这个网站展开工作的过程，似乎由消费者

---

① Peter Singer. *Animal Liberation: A New Ethic for Our Treatment of Animals*. New York: Avon, 1975. p. 123.

第六章　针对麦当劳式工作岗位员工的可预测性与控制

自己来管理和控制。但实际上，这一过程主要是由消费者在计算机程序提供的各种选项和引导中进行选择。在这些网站上，似乎有无限多样的产品可供消费者选择，但正如我们在关于谷歌的案例中所看到的，有些产品之所以处于搜索结果列表前列，不是因为它们是人们选择得最多的产品，而是因为提供这些产品的公司向谷歌支付了一定的费用。它们并不是最受欢迎的产品，而是一种付费广告。其结果就是，至少在一些互联网网站上，通过产品在搜索结果列表中的位置，消费者的选择实际上被控制或者说至少是被误导了。弹出式广告则是一些网站用来诱导消费者进行选择的另一种机制。

有一个例子可以很好地说明数字网站上存在的控制，那就是一家叫作 Stitch Fix 的服装电商网站（与之类似的如男装电商网站 Trunk Club 与美妆电商网站 Birchbox）。这家电商会根据消费者提供的信息，通过一定的算法，将服装邮寄给这些消费者。而算法最后会产生五种选择，即会邮寄五件衣服给消费者。而消费者会免费对这一过程进行足够多的控制——决定留下哪些衣服或者把哪些衣服退回。不过，Stitch Fix 通过告知消费者如果五件衣服都留下的话，那么可以打七五折，从而试图控制这一过程。

这种算法还被用来控制 Stitch Fix 的员工。也就是说，员工必须基于电脑生成的选项来为消费者选择衣服。Stitch Fix 还会对员工施加其他的控制。例如，员工必须在有限的步骤内成功地为消费者选出心仪的衣服。

而在其他各色各样的众多环境中的员工，都与上述例子中的消费者一样，以各种不同的方式，遭受着极大的控制。然而，由于他们受雇于各种组织，要靠从雇用他们的组织那里获得工资收入，因此员工受控制的程度可能且确实远远高于消费者受控制的程度。其中，控制员工的最终极步骤，就是消除员工直接与消费者打交道的工作岗位，从而开除员工。这又使消费者成为生产－消费者，必须自己完成很多甚至是全部以前由领取工资的员工完成的工作。

第七章

理性的非理性:挤在"幸福大道"上

第七章　理性的非理性：挤在"幸福大道"上

麦当劳化因为能够提供日益增加的高效率、可预测性、可计算性和控制，所以横扫了社会的各个层面，改变了社会的风景。正如前文所表明的，麦当劳化除了这些优势外，也存在一些严重的缺陷。理性系统会不可避免地衍生大量的非理性，进而限制、抵消甚至损害其理性。

理性的非理性只是用来显示麦当劳化的很多消极层面的一个标签。这种非理性可以说是理性的对立面。我们还可以说，从总体上看，麦当劳化实际上正在导致无效率、不可预测、不可计算和控制的降低[①]。本章将具体讨论这种理性的非理性，包括实际上的低效率、高费用、虚情假意、祛魅、健康与环境风险、同质化、无人性化等。麦当劳化过程还导致了大量的麦式工作岗位的出现，本章还将讨论与这种工作岗位相关联的各种问题。尽管这些工作岗位存在各种问题，但也许更大的问题是，非人类技术（即自动化、机器人化）取代了这些工作，导致了这些工作岗位的消失。与第三章和第四章一样，本章主要关注消费者在各种麦当劳化环境中所面临的种种非理性。然而，与第五章和第六章一样，本章也会讨论在这种环境中的

[①] 除了本章讨论的那些消极影响外，其他的消极影响诸如种族主义、性别歧视等，我们不能按照这种过程来解释。参见：Ester Reiter. *Making Fast Food*. Montreal: McGill-Queen's University Press, 1991, p. 145.

员工以及与他们的岗位特别是麦式工作岗位相关联的非理性。非理性也意味着，理性系统正在被祛魅，失去其魔力与神秘感。最重要的是，理性系统由于否认工作于其中的人以及其所服务的人的人性、理智，因此是一种不合理的系统。换言之，理性系统是无人性化的。请注意，尽管在讨论中理性（rationality）与合理（reason）常常可以互换使用，但它们正是相互对立的现象[1]，即理性系统往往是不合理的。

一、低效率：收款台排起了长龙

各种理性系统当然会带来很多新的效率或者提高某些效率，但这并不能掩盖这些系统所导致的低效率或无效率。例如，与其承诺的相反，这些系统对消费者而言常常是十分低效的。在很多快餐店，顾客常常在柜台前排起长龙，或在免下车窗口排起长龙，百无聊赖地长久等待。那些所谓的高效率就餐方式，最后被证明十分低效。

美国麦当劳快餐店存在的最大问题之一，就是其免下车窗口效率十分低下。快餐店免下车窗口的目标，是让顾客在免下车通道等待的时间最长不超过 90 秒。但是在 2004 年，顾客等待的平均时间是 152.5 秒，2005 年则达到 167.9 秒。[2] 而到 2009 年，等待时

---

[1] 那些批判理论家的看法，参见：Martin Jay. *The Dialectical Imagination*. Boston: Little, Brown, 1973.

[2] Julie Jargon. "McD's Service Stalls at Drive-Thru." *Crain's Chicago Business,* January 2, 2006.

第七章 理性的非理性：挤在"幸福大道"上

间又增加到174.2秒。事实上，麦当劳快餐店的免下车窗口的顾客等待时间在2009年已仅仅排在第7位。排名第一的是温迪国际快餐连锁集团，其开车顾客的平均等待时间是134秒。[①]当然，麦当劳快餐店的顾客等待时间之所以很长，在某种程度上是因为其顾客很多，特别是因为其免下车业务急剧增长，所以这一问题在一定程度上正是由于其所取得的成功导致的。然而，我们不能因为麦当劳快餐店的成功，就说它是高效率的典范，相反，麦当劳快餐店必须做到真正的高效率，特别是当面对其快速增长的免下车业务时。而且，麦当劳快餐店免下车服务中存在的问题，远远不只是需要长时间等待这个问题，比较凸显的问题还有其免下车窗口提供的产品与服务常常对不上顾客下的订单。事实上，2005年在25家快餐连锁店中，麦当劳的服务准确性排在最后一位。有一名消费者说："麦当劳在服务准确性方面是最差的。……麦当劳总是会出错。"[②]而且，由于修正错误需要花费时间，因此这进一步降低了麦当劳的效率。还有，时间就是金钱，下单所花时间增加，完全意味着更高的成本与更低的收益。事实上，有一家麦当劳快餐分店明确承认，这是过于强调速度的理性所导致的非理性后果："不断强调速度，就必须牺牲准确性。"[③] 效率低在美国显然是一个问题，而在世界其他国家和地区则可能是更加严重的问题。在中国香港，一家分店每年往往要服务60万顾客（而在美国，一家分店每年最多只服务40万顾客）。香港的这家分店为了处理顾客排出的长龙，需要50个甚至

---

① www.qsrmagazine.com/reports/drive-thru-performance-study.
② Julie Jargon. "McD's Service Stalls at Drive-Thru." *Crain's Chicago Business,* January 2, 2006.
③ 同上注。

297

更多的员工用手持平板电脑接受下单。订单则被无线发送到后厨。①在美国,也有一些麦当劳快餐店一直尝试使用手持平板电脑。由一名员工拿着平板电脑在店外,一有顾客加入排队的汽车长龙,就走过去让顾客在车上下单。订单会被无线传输给厨房,然后至少在理论上,当顾客开车到达取餐窗口时,食物就已经准备好了。这理应可以加快速度,但顾客的基本感受仍然是"漫长的等待,让人懊恼"。②

快餐店远非一个麦当劳化社会中唯一的低效率层面。甚至一度广受吹捧的日本工业也有其低效率的地方。以日本零库存生产系统为例。该系统往往要求生产部件在一天之内传递数次,工厂周围的街道与高速公路因此变得十分繁忙,到处都是货车。因为交通严重拥堵,人们上班与商务会面常常迟到,导致生产力降低。但是,这种生产系统的非理性,远远不只是交通拥堵与迟到。这些汽车还要消耗大量的燃料(而燃料在日本特别昂贵),并使空气污染更加恶化。而当日本便利店、超市、百货商场开始使用零库存生产系统时,这种情况进一步恶化,因为这使得更多的汽车在街道上不停运输。③

专栏作家理查德·科恩(Richard Cohen)对麦当劳化世界的另一种低效率进行了如下描述:

啊,天哪,人们告诉我,计算机时代的每一次进步,都会给我

---

① Mike Comerford. "The Forbidden Kitchen Technology and Testing Help: McDonald's Grow Around the Globe." *Chicago Daily Herald-Business,* December 11, 2006.

② http://nerdynerdnerdz.com/2228/mcdonalds-restaurants-launch-new-drive-thru-tablets/.

③ Michael Schrage. "The Pursuit of Efficiency Can Be an Illusion." *Washington Post,* March 20, 1992.

第七章　理性的非理性：挤在"幸福大道"上

带来好处。但是随着每一个"好处"的到来，我都要忙于完成更多的工作。这就是生活的自动取款机规则……有人告诉我——但不是承诺——在银行我再也不用排队，在一天的任何时间里都可以存钱或取钱。但是现在，自动取款机前排起了长队，而无论存钱还是取钱，银行都要收取一定的费用，而现在我正在完成的当然是出纳人员过去常做的事情（你还记得他们吗？）。也许，由于有了新的手机，在暴风雪期间，在郊区我不得不爬上电线杆。[①]

科恩至少指出了三种不同的非理性：理性系统并非更便宜；它们强迫顾客自己无偿地完成某些工作；最重要的是，它们常常是低效率的。无论是在银行还是在免下车窗口，直接与出纳人员打交道，比起在自动取款机或窗口排队来都要高效得多。

同样，在家做饭比全家坐上车，开车去麦当劳快餐店，把食物拿上车，然后再开车回家吃饭更为高效。在家从头到尾地做饭，可能效率没有太高，微波餐则更有效率，其甚至比在超市或波士顿市场挑选全套餐食更为高效。不过，很多人由于受到快餐店广告的迷惑，仍然认为在快餐店就餐比在家做饭吃更有效率。

尽管麦当劳化的各种势力鼓吹他们有更高的效率，但他们从来没有告诉我们这个系统到底对谁而言更为高效。对那些只需要一片面包与一盒牛奶，却必须去超市并在其不需要的万千商品中挣扎前行的消费者来说，超市购物是高效的吗？对那些把自己挑选的食物放到超市扫描器上，自己刷信用卡或借记卡，然后自己把所购之

[①] Richard Cohen. "Take a Message—Please!" *Washington Post Magazine,* August 5, 1990, p. 5.

物装袋拿走的消费者来说，超市购物是高效的吗？对司机来说，在加油站自己加油是高效的吗？对那些必须自己先按各种数字组合才能听到电话那一头的人工服务的声音的人来说，电话购物是高效的吗？消费者通常发现，那种麦当劳化系统对他们来说效率极低。只有对那些推进理性化的人来说，麦当劳化系统才是高效的，而且这些人从中赚取了各种各样的收益。

那些处于组织顶端的人，不仅强迫消费者也强迫那些工作于组织下层的人——生产流水线上的工人、柜台人员、电话客户服务中心员工——提高效率。虽然老板、特许经营权人、高层管理者总是想控制下属，但他们却使自己的职位——实际上效率很低——尽可能免于理性的约束。那些从属者则必须盲目地遵守理性系统的规则、规制与其他结构的约束，而这些老板、主管等等却仍然十分自由，以保持其"创造性"。

在今天，消费者日益频繁地进入各种数字系统特别是网络电商平台。对利用消费者的公司而言，这种数字系统是高效的，而从数字消费者即网络购物者的角度看，这些数字系统似乎也能高效地运转。例如，以往我们往往需要经过"长途跋涉"，去一家购物广场，但那里并不一定就有我们想要购买的东西；如果真的没有，那么我们还得跑去下一家购物广场。而相比之下，在线购物显然更有效率。然而，从另一个角度看，数字网站对消费者而言是极其低效的。这些消费者实际上是生产-消费者，在这种网络场景中，他们必须为自己完成一系列的事情，而在传统购物场景中，这些事情是由领取工资的雇员来为他们完成的。对消费者而言，网络电商平台

第七章　理性的非理性：挤在"幸福大道"上

似乎是高效的，原因在于其具有计算机化系统的能力。其结果就是，尽管消费者需要在网络电商平台无偿地完成很多工作，但与去实体店相比仍然更为高效。而如下事实则支持这一看法，即在实体店越来越难以看到传统的领取工资的雇员，即使有这样的雇员，他们所拥有的技能也越来越少，常常帮不上消费者什么忙。

二、高费用：在家里更好

麦当劳化的效率（暂且假定它是有效率的）通常并不能为消费者节省金钱。例如，在前几年，一家特许经营店的老板购买一小瓶苏打水只需要花 11 美分，而其却以 85 美分的价格将之卖给顾客（在今天看来，赚取的差价高得离谱）。[1] 那时，一个四口之家在快餐店就餐，稍不注意就可能花掉 30 美元。如果在家做饭，那么用于购买所有原材料的钱要少得多。例如，一个四口或六口之家，如果在家做饭，内容包括烧鸡、蔬菜、沙拉、牛奶等，只需要一半的钱就够了。[2] 燕麦、燕麦片实际上相当便宜，但 1992 年麦当劳的一份燕麦粥就要卖 2.49 美元，比一个双层吉士汉堡（Double Cheeseburger）还要贵。事实上，其价格比原材料贵了 9 倍。[3] 有一位营养咨询师则指出，从获得营养的角度看，一美元餐"最不划算"。[4]

---

[1] Peter Perl. "Fast Is Beautiful." *Washington Post Magazine,* May 24, 1992.
[2] Mark Bittman. "Is Junk Food Really Cheaper?" *New York Times Sunday Review,* September 25, 2011.
[3] http://opinionator.blogs.nytimes.com/2011/02/22/how-to-make-oatmeal-wrong/?emc=etal.
[4] Melanie Warner. "Salads or No: Cheap Burgers Revive McDonald's." *New York Times,* April 19, 2006.

社会的麦当劳化（第9版）

正如科恩针对银行自动取款机所指出的，人们在通过这类低效率、理性化的无人技术系统处理金融业务时，常常必须支付额外的费用。麦当劳化系统的巨大成功，这种系统向社会各个部门的无限扩张，以及如此多的人想从事这类行当的事实，表明这类系统能够赚取巨额利润。

鲍勃·加菲尔德（Bob Garfield）在《我是如何度过我的迪士尼假期的》一文中指出，麦当劳化的活动费用十分高昂[1]。他在带着他的四口之家到迪士尼世界游玩后，发现将迪士尼世界称为"花钱世界"似乎更为适合。1991年，他们在那里玩了5天，就花掉了1 700美元——仅仅门票就花了551.30美元（今天更贵）。而且，其价格还在不断上涨（现在一个四口之家在那里玩4天的费用就已经翻了一倍）。他计算了一下，在5天时间里，他们总共度过了不到7个小时的"有趣时间，每个有趣小时的费用是261美元"。因为他在这个梦幻王国中的绝大多数时间都消耗在了乘车上，"不断地排队上车，从一个地方到另一个地方，而在让我们激动的17个景点，我们总共只待了44分钟"[2]。因此，原本以为并不昂贵的家庭度假，最后证明极其昂贵。

比较而言，网络电商平台上的产品和服务价格相对便宜，在电商平台上消费花钱也更少，特别是当消费者能够使用机器人程序搜索到标价最低的产品时，更是如此。通过网络消费，待在家里或办公室在线订购产品和服务，还可以节约其他成本，例如不用外出

---

[1] Bob Garfield. "How I Spent (and Spent and Spent) My Disney Vacation." *Washington Post/Outlook*, July 7, 1991.

[2] 同上注。

到实体店消费，从而节约汽油费。各个网络电商平台之间还会展开竞争，标榜自己的标价低于部分竞争对手。例如，如果你想网购一辆新车，那么有许多网站（包括 TrueCar、Cars.com 和 CarsDirect 等）供你搜索这辆汽车的最低价格。如果你想旅游，那么有一个德国跨国网络平台，其公开宣称自己与其他网络竞争者相比，出价更低。这个网络平台还说，通过它参加旅游项目的顾客，可以获得折扣。这个德国跨国网络平台除了提供其他量化信息，如酒店的数字化评级，还提供来自酒店网站的价格信息以及如 Expedia、Orbitz 和 Priceline 等旅游网站上的价格信息。在这个德国跨国网络平台上，你只要点击某个酒店网站，就可以获得这个酒店客房的最低价格。

三、虚情假意："嗨，乔治"与表情符号

快餐店在很大程度上严格限制甚至消除了真正的情谊，给工作人员与消费者留下的要么是无人性的关系，要么是"虚情假意"。阿莉·霍克希尔德（Arlie Hochschild）称之为"情感的商品化"，一种把情感变成某种劳动的趋势[1]。如果情感成了一种劳动，这种情感的表达往往就变得虚伪或不那么真诚。更糟糕的是，虚情假意的目的，在于促进互动或者增加利润。

例如，汉堡王给员工定下的"第 17 条规则"，就是"永远微笑"[2]。那个在我付钱时常常对我说"一路走好"的罗伊·罗杰斯快

---

[1] Arlie Russell Hochschild. *The Managed Heart.* Berkeley, CA: University of California Press, 1983.

[2] Ester Reiter. *Making Fast Food.* Montreal: McGill-Queen's University Press, 1991, p. 95.

社会的麦当劳化（第 9 版）

餐店员工，实际上并不关心我在路上到底会发生什么。很多员工在消费者离开时都会说，"祝你度过美好的一天"。但是，他们当然并不会真正关心消费者在这一天剩下的时间里到底过得怎样。相反，他们实际上是在以一种礼貌的、程式化的方式说"请赶快消失"，或者"在对你说话的同时，已经走向另一位顾客并为其提供服务"。

尽管随着电子邮件的兴起和广泛应用，最近几年那些邮寄的纸质垃圾信件已经急剧减少了，但是我们仍会收到由电脑生成的信件或垃圾邮件（当然，这种电子广告垃圾大多数与我们的电子邮件账号相关联）。有时候，一些公司会花很大的精力，来制作一种看似个人化的信件。[①]（我还曾接到过一些营销电话，他们以极其亲切的、似乎与我十分熟悉的口气与我打招呼，一开口就是"嗨，乔治"。）在很多情况下，你一眼就可以看出，你收到的信息是电脑根据客户信息数据库自动发送的。这些信息一样充满了上述快餐店员工所表现出来的那种虚情假意。例如，来电者常常采取一种私人化的、友好的语调，以使人们认为某些商业企业的老板是在为顾客过去几个月没有在其商店中购物或刷卡消费而着急。例如，我的一个朋友，在给自己的汽车换机油几天后，收到了一家特许经营连锁店——The Lube Center——的信："亲爱的肯，我们十分感谢你选择我们为你的汽车换机油和提供其他日常保养服务。……我们强烈建议你有规律地经常更换机油。……我们将会送你一张提醒卡。……它可以提醒你下一次保养的时间。……我们花了很长时间与很大精力来保证我们的员工得到了适当的培训，以能够为你提供你所需要的服

---

① Jill Smolowe. "Read This!!!!" *Time,* November 26, 1990.

第七章 理性的非理性：挤在"幸福大道"上

务。"（请注意其称呼以及那种私人化的、"深深"的关心。）

数年前，我收到了长岛的一位议员的来信，但是我当时居住在马里兰。尽管我与这位议员素昧平生，对他一无所知，但这并不妨碍他给我寄来"很私人化"的信件。他在这封信里写道："亲爱的乔治：尽管你很难相信，但我确实在为我在国会中的第九个议员任期进行竞选！当我回想起我已投出的 8 660 张票时，……我意识到我们已经共同战斗了多少次。请你让我知道，我可以依靠你。"

《华盛顿邮报》的一位通讯员对垃圾邮件中的虚情假意提出了如下批评：

> 这些营销组织通过各地的客户信息数据库，基于人们的名字和十分有限的信息，直接给他们发邮件广告，并竭力营造与他们关系十分亲密的假象。实际上，这些技术共同腐蚀和贬损了亲密性。他们用广告中编造的假象来取代真正的洞见，并骗取人们的信任。这些邮件片段最终只不过是用人工合成的情感来取代真实的情感。[1]

这样的垃圾邮件是虚假的，它们被设计用来使顾客采取它们所希望的行动，从而对顾客实施控制。

在网站上也存在某些虚情假意，比如"欢迎回来"这样的信息就是如此。但更重要的是，网络实质上并不会发出与情意相关的符号信息，因为那里根本就不存在以一种友好方式行事的雇员。其中的一个例外，就是电子贺卡，它充满了虚情假意。 然而，这并不

---

[1] Michael Schrage. "Personalized Publishing: Confusing Information With Intimacy." *Washington Post*, November 23, 1990.

是什么新鲜事,物质贺卡自出现之日起,就成了充满虚情假意的代表。[贺曼公司(Hallmark)成立于1910年。]

在今天任何事情都贴图化(memification)的背景下,我们还需要指出的是,人们之间的交流已经日益网络符号化。人们之间的互动,已经被简化为仅限最多140个单词的推特或者稍纵即逝的图像。后者的主要例子就是极为流行的网络表情符号,其通过把情感表达简化为某个单一的符号,如一个笑脸符号,使在线情感表达极大地麦当劳化。如果从强调可计算性的角度考虑,在一次交流的过程中使用这个符号越多,所表达的情感就越强烈。

四、祛魅:魅力何在?

韦伯所提出的最一般性论题之一,就是认为作为理性化的一种结果,西方世界已经日益被祛魅了[1]。也就是说,那些使社会显得不那么理性化的"有魅力的思想要素",已经日益消失了[2]。因此,我们现在所拥有的,不再是一个由魅力、魔幻、神秘所支配的世界,而是一个所有事情都似乎一目了然、枯燥无味、合乎逻辑和例行公事的世界。正如马克·施奈德(Mark Schneider)所言:"马克斯·韦伯认为,人类历史正在与极具魅力的过去渐行渐远,而进入一个被祛魅的未来——这是一种逐渐剥夺自然世界的魅力及其影响

---

[1] Mark A. Schneider. *Culture and Enchantment.* Chicago: University of Chicago Press, 1993, p.ix. 韦伯从弗里德里希·席勒(Friedrich Schiller)那里借用了这个概念。

[2] Hans Gerth and C. Wright Mills. "Introduction." In Hans Gerth and C. Wright Mills, eds., *From Max Weber.* New York: Oxford University Press, 1958, p. 51.

第七章 理性的非理性：挤在"幸福大道"上

'意义世界'之能力的过程。"[1]显然，理性化过程将导致一种对人们而言曾经十分重要的品质——魅力——的丧失[2]。毫无疑问，我们总体上从社会理性化中获得了很多好处，特别是从消费场所的理性化中获得了很多好处，但是同时我们也失去了很多珍贵的东西。下面，我们就讨论麦当劳化的各个维度是如何导致世界被祛魅的。

那些高效率的系统不会给哪怕稍有魅力的任何事物留下任何空间，相反会竭力系统地根除这些东西。这种系统把任何魔力、神秘、奇异、梦幻的事物，都视为无效率的东西。那些具有魅力的系统，往往会通过非常间接迂回的方式来获取某种结果，它们可能根本没有任何明显的、赤裸裸的目标。那些高效率的系统则不允许有这样的温情与含蓄，其设计者与实施者会不择手段地消除它们。温情含蓄与无明确目的性的消除，是韦伯认为理性化系统被祛魅的重要原因之一。

魅力主要来自品质而非数量。魔力、梦幻、梦想等，与一个人的经验的内在性质以及经验的本质更为相关，而不是与一个人拥有的经验的多少或者获得这些经验的背景有多宏大更为相关。过于强调提供大量的经验以及经验的数量，往往会消除这些经验的神奇梦幻品质。换言之，很难大批量地生产魅力、梦幻和梦想。大批量地生产魅力、梦幻和梦想的情况，在电影中可能很常见，但在被设计用来快速生产与销售大批量产品和服务的环境中以及在极大的地

---

[1] Mark A. Schneider. *Culture and Disenchantment*. Chicago: University of Chicago Press, 1993, p. ix.

[2] 关于反对这种看法的主张以及视这种祛魅为迷思或神话的观点，参见：Jason A. Josephson-Storm. *The Myth of Disenchantment: Magic, Modernity, and the Birth of the Human Sciences*. Chicago: University of Chicago Press, 2017.

理空间中，要生产"真实的"魅力即使不是不可能的也是相当困难的。这类事物的大批量生产，实际上肯定会损害它们的神奇品质。

在理性化的诸多特征中，可预测性对魅力的损害最大。神奇的、奇妙的、梦幻般的经验，从本质上看显然是不可预测的。没有其他任何事情比让这种经验成为可预测的或以同样的方式让其重复发生，更能破坏神奇的经验了 [参见 1993 年的电影《土拨鼠之日》(*Groundhog Day*) 以及 2017 年百老汇的同名戏剧]。

控制以及产生控制的非人类技术，往往无助于魅力。神奇、奇妙、梦幻的经验，通常不会臣服于外在的控制；的确，自主自治是它们之所以迷人的魅力品质。在任何地方都可能获得奇妙的经验，而任何事情都有可能发生。但是在受到高度控制的环境中，要遇到这样一种不可预测性，显然是不可能的。对一些人来说，严密的、完全的控制，可能就是一种奇妙和梦幻；但对更多人来说，严密的、完全的控制则是一种午夜梦魇。非人类技术也完全如此。冰冷、机械的系统往往是梦幻世界及其魅力的敌人。还有，某些人认为非人类技术也有其魅力，但对大多数人来说，非人类技术带来的更多的是梦魇而非梦幻。

数字消费网站是冷酷的、机械的、高度麦当劳化的系统。其根本原因在于，这些网站根本就没有人类员工来使它们具有魅力。我这一代人是在电脑和互联网出现之前长大的一代人，往往认为数字消费网站甚至整个互联网都是相当神奇的事物；但尽管如此，我仍然要这样说。在计算机和互联网时代，那些过去似乎令人难以置信的事情（例如人们可以即时获得电子书）已经成为可能。虽然那种

第七章 理性的非理性：挤在"幸福大道"上

魔力在某种程度上仍然存在，但随着时间的推移，人们似乎已经逐渐习惯它了。但事实是，计算机和互联网最终提供的可能是当代世界上最冷酷、最机械、最麦当劳化的场所。

那么，麦当劳化与祛魅即使不是绝对密不可分的，也一定有关联。一个没有魅力和神秘的世界，是日益增加的理性化的另一个非理性后果。例如，圣诞节因为已经越来越合理化和商业化，而失去其大部分魅力。送儿童礼物的魅力可能消失，因为他们能用谷歌搜索查出它们的价格，并知道它们是贵重的还是廉价的。

五、健康与环境风险：一顿快餐就摄入一天的热量

不断深入推进的理性化不仅导致祛魅，还威胁到人们的健康甚至生命。例子之一就是快餐食品所包括的内容——大量的脂肪、胆固醇、盐与糖——会导致这种危险。这样的食物对美国人来说，是最不适合、最不需要的，因为他们很多人现在正在遭受诸如过度肥胖、高胆固醇、高血压，也许还有糖尿病的折磨。事实上，现在人们都在讨论肥胖症（包括小儿肥胖症）的流行，很多观察家把责任归咎于快餐店——快餐食品及其构成，归咎于快餐店总是强调"食物分量越大越好"（不过快餐店现在使用"越大越好"一词时已经比较谨慎）。[①]

快餐业每年都会花数十亿美元的广告费，劝诱人们消费快餐食

---

① Virginia Stagg Elliott. "Fast-Food Sellers Under Fire for Helping Supersize People." *American Medical News,* April 21, 2003.

物。而且，这些广告宣称快餐店生产的食物还有一种额外的品质。美国食品药品监督管理局前局长说，快餐业生产的都是一些"高能量、高刺激和易于吞食的食物。它们在每条街道的转角销售它们的食物，并进行流动销售，从而使人们在任何时间和任何地方都可以吃到快餐食物，并使社会接受这种状况。它们创造了一种食物狂欢……（我们）已经惯于每15分钟就用快餐食物自我刺激一次"[1]。

快餐食物对健康造成消极影响的情况，绝非仅限于美国国内。快餐连锁店的迅速增多以及对分量的一味强调，在世界各地都引起了越来越严重的健康问题（例如糖尿病等），甚至整个远东地区包括越南都面临快餐食物引起的健康问题。[2] 一项针对加拿大安大略省380个地区的比较研究发现，快餐店越多的地区，患急性冠心病的人也越多，死于冠心病的人的比例也越高[3]。

快餐店还会使小孩形成不良的饮食习惯，导致其以后的生活出现各种健康问题。快餐店以小孩为服务对象，不仅创造了一批终身忠于快餐的拥趸，也创造了一批长期沉迷于高盐、高糖、高脂肪食物的人群。[4] 有一项有趣的研究已经指出，那些移民家庭的小孩，在来到美国较长一段时间后，健康状况就会出现恶化，其中一个很

---

[1] Mark Bittman. "Is Junk Food Really Cheaper?" *New York Times Sunday Review*, September 25, 2011.

[2] Jeremy Laurance. "Slow Killer on the March." *Toronto Star*, March 4, 2006.

[3] David A. Alfer and Karen Eny. "The Relationship Between the Supply of Fast-Food Chains and Cardiovascular Outcomes." *Canadian Journal of Public Health* 96 (May 2001): 173–177; Sharon Kirkey. "Nutrition: New Study Links Fast-Food Spots, Death Rates." *National Post*, May 12, 2005.

[4] Maryellen Spencer. "Can Mama Mac Get Them to Eat Spinach?" In Marshall Fishwick, ed., *Ronald Revisited: The World of Ronald McDonald*. Bowling Green, OH: Bowling Green University Press, 1983, pp. 85–93.

第七章 理性的非理性：挤在"幸福大道"上

重要的原因，就是他们的饮食越来越接近于大多数美国小孩的垃圾食品饮食①。事实上，由于人们日益注意到快餐食物与小儿肥胖症之间的关联，迪士尼已经终结了与麦当劳的长期相互促销关系②。一位研究移民小孩的社会学家说："从营养学的角度看，世界的麦当劳化未必是一种进步。"③

对快餐食物有害健康的攻击与批判，这些年来越来越高涨。为了回应这种攻击与批判，很多快餐连锁店不得不提供质量越来越好的沙拉，但是这种沙拉的调味剂仍然饱含食盐与脂肪。这些快餐连锁店也不得不在实体店中或网络上列出它们所有食物的营养信息。不过，大多数消费者对快餐连锁店列出的信息不管不顾，仍然要吃麦当劳快餐店的主打食物，这种食物往往包括一个巨无霸汉堡、一大份炸薯条、一大杯香草奶昔，总热量超过了 1 850 大卡④，而并没有多大的营养价值。快餐店追求越来越大的分量的趋势，使这个问题更加严重（麦当劳那种由薄煎饼与大量饼干构成的早餐全餐，包含了 1 350 大卡的热量）。麦当劳还会在主打套餐中加入一个 22 盎司的巧克力奶昔（含 840 卡），使套餐总热量增加到 2 000 多卡。⑤汉堡王的加有奶昔的双层皇堡，则包含了 900 大卡的热量（以及

---

① Donald J. Hernandez and Evan Charney, eds. *From Generation to Generation: The Health and Well-Being of Children in Immigrant Families.* Washington, DC: National Academy Press, 1998.

② Rachel Abramowitz. "Disney Loses Its Appetite for Happy Meal Tie-Ins." *Los Angeles Times,* May 8, 2006. 然而，麦当劳在迪士尼乐园中仍然开有分店，在将来还存在交叉推广的可能。

③ Patty Lanoue Stearns. "Double-Sized Fast Foods Means Double the Trouble." *Pittsburgh Post-Gazette,* October 10, 1996.

④ 1 大卡等于 1 000 卡。——译者注

⑤ www.mcdonalds.com/us/en/full_menu_explorer.html.

56克脂肪)[1]。而营养学家推荐的标准,是女性每天摄入的热量最好不要超过2 000大卡,男性最好不要超过2 500大卡。因此,仅仅是麦当劳这种搭配奶昔的主打套餐,就超过了女性每天适宜摄入的热量标准,而接近于男性每天摄入的热量标准。

麦当劳快餐店新推出的燕麦粥,号称"满满一碗健康"[2]。纯燕麦粥本身确实是健康的食物,但我们可以预言的是,麦当劳快餐店"干的那些事情,把燕麦粥完全变成了另一种有害的食物"[3]。有一位观察家描述了麦当劳快餐店做燕麦粥的材料,发现包括"燕麦、糖、加糖干果、奶油以及其他11种你的厨房中不可能有的怪异成分"[4]。其燕麦粥的含糖量,比士力架(Snickers)的糖棒还要高。这位观察家非常不解的是,为什么麦当劳快餐店要把诸如燕麦粥之类的健康食物,"变成价格昂贵的垃圾食品呢?为什么要搞出一种由21种成分组成的混合物呢?而且这些成分大多是化学成分或完全没有必要的成分"[5]。麦当劳快餐店(以及其他快餐店)为了回应这种攻击和批判,做了一些改进,特别是对菜单做了一些调整,并告知公众其食物存在的营养问题;但是,不出我们所料的是,其发起了一场广告运动进行回击。其中有一个广告,把罗纳德·麦当劳描绘成一名"运动达人",正在用蔬菜玩着杂耍,躲闪着草莓,但广告中却没有出现一个汉堡。然而,专家们十分明白这类广告的真正

---

[1] http://www.bk.com/cms/en/us/cms_out/digital_assets/files/pages/Nutrition%20MARCH%202014.pdf.

[2] http://opinionator.blogs.nytimes.com/2011/02/22/how-to-make-oatmeal-wrong/?emc=etal.

[3] 同上注。

[4] 同上注。

[5] 同上注。

第七章 理性的非理性：挤在"幸福大道"上

目的——就是宣传。与此同时，麦当劳快餐店仍在推出高脂肪、高热量和大分量的食物。鉴于小儿肥胖症的普遍性，对那些花费巨额资金对儿童进行的市场营销，我们必须加以特别关注。①

麦当劳化不仅仅会导致各种慢性健康威胁，甚至会立即威胁到顾客的健康。雷吉娜·施拉姆布林（Regina Schrambling）指出，诸如沙门氏菌之类疾病的暴发，与肉鸡生产的理性化存在密切关系："在美国人决定每天晚餐都要吃鸡肉之后，沙门氏菌才在肉禽产业中增生扩散开来。但是，肉鸡并不像汽车，不可能仅仅通过提高工厂生产流水线的速度就可以满足对肉鸡的需要。……大批肉鸡被快速催长到可以油炸的大小，然后就杀掉，快速脱毛，取出内脏，这种鸡肉绝对不是超市里最干净的食物。"② 施拉姆布林还认为，沙门氏菌的扩散还与禽蛋、水果和蔬菜生产的理性化存在密切关系③。最近几年来，大肠杆菌感染的暴发次数一直在增多，快餐店也注意到了这一情况。事实上在美国，该疫情暴发的第一次报告，可以追溯到1982年。肉类加工企业哈德逊食品公司（Hudson Foods）一直为麦当劳与汉堡王等提供肉源，1997年在该公司的冷冻汉堡肉中发现了大量的大肠杆菌，因此很多快餐店取消了它的供货商资格。④ 汉堡更是罪魁祸首，因为大肠杆菌可以在肉牛之间传播，用那些感染了大肠杆菌的牛肉制成的汉堡被混装在一起。这种牛肉也会被制

---

① "At 42, Ronald McDonald Reborn as Fitness Fanatic." *Charleston Daily Mail,* June 10, 2005.

② Regina Schrambling. "The Curse of Culinary Convenience." *New York Times,* September 10, 1991.

③ 同上注。

④ "*E. coli* Outbreak Forces Closure of Meat Plant." *Independent* (London), August 22, 1997.

成肉馅然后冷冻起来，而这些经过冷冻的肉馅后来又会分散到各种汉堡中。快餐店对大肠杆菌的危险没有任何反应，不会通过高温烹饪来灭菌，因此大肠杆菌可以通过各种途径进入高度麦当劳化的各种食品中（诸如袋装沙拉和菠菜等）。[1]

在今天，特别是在今天的各种麦当劳化食物中，大肠杆菌仍然值得警惕[2]。例如，塔可钟在2006年就发生了一次大肠杆菌感染事件，原因是其生菜带有这种细菌。2014年，吉米·约翰等快餐店又发生了一次，原因是其使用的芽苗菜带有这种细菌。2016年，墨西哥风味连锁店小辣椒又曝出大肠杆菌感染事件，几乎导致这家公司关门大吉。[3] 还有证据表明，快餐行业以及整个麦当劳化世界，还会对心理健康造成不利影响。例如，其可计算性，特别是其对速度的强调，会导致人们烦躁忧虑，并试图马上吃饱走人。具体而言，人们会越来越担心自己的经济支出，并因此可能没有多少时间来好好品味他们的体验。[4]

快餐业不仅与营养学和流行病学相背离，也与环保主义相背离；麦当劳快餐和麦当劳化对环境已经产生了种种不利影响。例如，快餐的流行直接刺激了各种肉类的生产（有人预计肉类产量

---

[1] Erin Allday. "Technology, Eating Habits Help to Spread *E. coli.*" *San Francisco Chronicle,* September 23, 2006.

[2] http://abcnews.go.com/GMA/HealthyLiving/coli-spinach-salad-safe/story? id=9034833.

[3] www.awkolaw.com/poisoning/taco-bell/; www.nytimes.com/2006/12/05/nyregion/05coli.html?pagewanted=all; www.foodsafetynews.com/2014/05/raw-clover-sprouts-linked-to-e-coli-illness-outbreak-in-washington-and-idaho/; www.kirotv.com/news/news/e-coli-outbreak-linked-raw-clover-sprouts-served-j/nf476/.

[4] Sanford E. DeVoe. "Big Mac, Thin Wallet." *New York Times Sunday Review,* June 1, 2014; Chen Bo-Zhong and Sanford E. DeVoe. "You Are How You Eat: Fast Food and Impatience." *Psychological Science* 21 (2010): 619–622.

第七章　理性的非理性：挤在"幸福大道"上

将从 2007 年的 2.75 亿吨增加到 2050 年的 4.65 亿吨[1]）和消费的巨额增长。而肉类生产的增长又会导致各种环境问题，诸如土地退化、气候变迁、水与空气污染、水资源短缺和生物多样性下降等[2]。例如，大规模养猪场会产生巨量的粪便，最终可能会污染我们的水源，影响我们的饮用水；如果饮用了受其污染的水，那么人们会得病，孕妇甚至会流产[3]。还有，工厂化农场会给动物注射大剂量的抗生素，导致细菌的抗药性，从而使人们面临超级细菌的严重威胁[4]。

水产业也面临类似的环境问题，并使人们的健康面临风险[5]。人们为了制作可预测的法国炸薯条，于是种植品种、规格相同的土豆，这种做法对环境产生了不利影响。现在，美国西北部太平洋沿岸的那些生产这种土豆的大型农场，普遍极度依赖化学药物。人们为了生产完美的炸薯条，把那些不合乎要求的土豆都抛弃掉，要么喂牛要么化成肥料。现在这些地区的地下水硝酸盐含量极高，而原因在于化肥的滥用与动物粪便的污染。[6]

快餐业会产生大量的垃圾，其中很多不可降解。快餐食物产生的垃圾，已经成为公害。而仅仅是为了满足麦当劳快餐店一年的

---

[1]　www.worldwatch.org/node/5443.

[2]　Arthur Beesley. "China's Diet Revolution Threatens the Environment." *Irish Times*, December 28, 2006.

[3]　Bill Bell Jr. "Environmental Groups Seeking Moratorium on New or Expanded 'Animal Factories.'" *St. Louis Post-Dispatch,* December 4, 1998.

[4]　Tim O'Brien. "Farming: Poison Pens." *Guardian* (London), April 29, 1998.

[5]　Olivia Wu. "Raising Questions: Environmentalists Voice Concerns Over Booming aquaculture Industry." *Chicago Tribune,* September 9, 1998; Colin Woodard. "Fish Farms Get Fried for Fouling." *Christian Science Monitor,* September 9, 1998.

[6]　Timothy Egan. "In Land of French Fry, Study Finds Problems." *New York Times*, February 7, 1994.

包装纸需要，无数的树木被砍伐。① 现在，快餐业正在吞噬整个森林。纸质的餐具曾经一度被泡沫塑料和其他产品替代。然而，现在人们逐渐又重新使用纸质（和其他可降解）餐具；因为泡沫塑料制品实际上很难降解，用过之后在垃圾处理场堆积如山，即使不是永远不会降解，也要经过许多年后才会降解。总之，快餐业尽管采取了很多办法来解决泡沫塑料制品滥用问题，但还是导致生态环境的进一步恶化，包括导致气候的变迁（特别是全球气候变暖）、臭氧层空洞的扩大、自然资源的损耗，以及自然栖息地的破坏等。

当然，上文只不过触及了与快餐业麦当劳化相关的生态问题的表面。下面我们再举一个更为具体的例子，那就是大量养殖牛群对环境造成严重影响，谷物利用效率也非常低下。也就是说，我们直接吃掉这些谷物，比起用这些谷物来养殖牛群然后再吃更精细的牛肉来，要有效率得多。

更概括地说，现在这种快节奏的、高度机动的和大量消耗能量的生活方式，会给世界生态带来无尽的消极后果。我们不可能准确计算其在多大程度上造成和恶化了这一问题，但毫无疑问的是，快餐业以及更一般的麦当劳化系统，是各种全球性气候灾害的重要原因。② 汽车生产流水线已经取得了极大成功，每年都会炮制出数千万辆小汽车。这些小汽车排出的废气污染了空气、土壤和水；那些还在不断扩张的高速公路和普通道路系统，已经使乡村伤痕累

---

① Max Boas and Steve Chain. *Big Mac: The Unauthorized Story of* McDonald's. New York: E. P. Dutton, 1976.

② Al Gore. *An Inconvenient Truth: The Planetary Emergency of Global Warming and What We Can Do About It.* New York: Rodale Press, 2006.

第七章 理性的非理性：挤在"幸福大道"上

累。我们不要忘了，每年还有成千上万的人死于车祸，而因车祸受伤的人更多。正是汽车的广泛使用促进了快餐业的发展，而快餐店（包括各种快餐分店以及免下车窗口）的性质又促使越来越多的人使用汽车。

六、同质化：巴黎也没有区别

麦当劳化的另一个非理性的后果，就是日益同质化。在美国甚至在世界的任何其他地方，你都可能发现以同样方式提供的同样的产品。特许经营在美国的扩张，意味着在不同地区之间和不同城市之间，人们很难找到多大不同[1]。即使是从全球的范围来看，进行全球旅行的游客现在看到的也是相同、熟悉而非相异的东西。现在美国人在异国他乡也越来越有可能发现美国快餐连锁店和其他麦当劳化场景。

而且，今天在很多国家，饭店老板正在以麦当劳快餐店的模式来经营本地菜肴。游客可能会因巴黎有如此之多的美国快餐店而惊讶不已，但他们可能更感到惊讶的是巴黎的本地菜肴也采用了快餐的形式，例如快餐化的新月形羊角面包（croissant）。很多人认为，法国人视新月形羊角面包为国粹，绝对不会以理性化的方式来制作与销售它，但事实恰恰相反。[2] 这种分店在法国的扩张，意味着很多巴黎人已经愿意为了速度与效率而牺牲品质。并且你可能会问，

---

[1] 在许多地区，相当正宗的民族餐馆同时在增加。
[2] "The Grand Illusion." *The Economist*, June 5, 1999.

社会的麦当劳化（第9版）

如果巴黎人的新月形羊角面包都可以臣服并转变为快餐食物，那么还有什么食物会是安全的呢？

美国快餐食物与各国本土快餐食物的快速扩张，导致各地之间越来越缺少多样性。面对这种扩张过程，那些渴望新奇且多样化体验的人，即使没有彻底地感到挫败，也会受到极大的限制。现在，这种统一性与可预测性，已经取代了一些人所渴求的多样性与新奇性。

从总体上看，麦当劳化组织在创造新而不同的产品方面，长期以来一直非常失败。请回想前文提到的这个领域中克洛克的杰作呼啦汉堡的失败。不过，麦当劳化系统反倒十分擅长用极易复制的、十分光亮的新店面设计或产品包装，来销售内容没有多少差异的产品与服务。例如，麦当劳快餐店会为其平淡无奇的汉堡换上漂亮的包装，并在不同地方营造相似的狂欢气氛，从而把它销售给人们。这一点也已经扩散到麦当劳化的其他行业中。例如，捷飞络润滑油公司及其模仿者们向人们销售的，仍然只不过是换机油和加润滑油的服务工作。

各种麦当劳化的特许经营店之间的商品和服务越来越没有什么差异或不同；同样，在线销售网络和邮购商品广告目录也没有时间和季节性变化。专栏作家埃伦·古德曼（Ellen Goodman）在初秋时节就收到了圣诞购物目录，因此她感慨道："一个全国性邮购市场的形成，导致了一种完全不考虑季节或地区差异的商品购物目录。正是在去你家的路上，它们度过了假期，得以被运送和在化学

第七章　理性的非理性：挤在"幸福大道"上

上成熟起来。……我拒绝那么快就进入秋天。"[1]当然，这是在电子目录出现之前写的——更不用说在线消费网站了，而现在在这种网站上，无论何时你都能够找到你想要的产品。

毫无疑问，在线消费网站的产品与服务最具多样性。然而，由于其中的大部分产品与服务仍是由麦当劳化公司使用标准化技术生产的，因此这些产品与服务本身就已经被麦当劳化了。不过，互联网是如此巨大、如此多样化，在其中可以找到最独一无二的、非麦当劳化的产品与服务。在易贝网上就可以找到很多独特的产品，而在诸如 Etsy 之类的买卖双方直接配对的 P2P 网站上更是如此。在 Etsy 网站上，你可以找到手工制品和个人酿制的各种酒，以及独一无二的工厂制造产品——它们已被生产了至少 20 年。就在不久前，你甚至可以在这个网站上购买到价值 25 万美元的老式茶壶。

这使我们想到我在《内容空洞的全球化》（*The Globalization of Nothing*）一书中所提到的"内容充实"（something）和"内容空洞"（nothing）两个概念[2]。"内容充实"是指诸如产品、网站等等社会形式富有独特内容或实质，如上文提到的价值 25 万美元的老式茶壶。"内容空洞"则是指那些回避任何独特内容的社会形式。其例子不仅包括麦当劳快餐店的汉堡，也包括一美元店抛售的大批量生产的茶壶。

---

[1] Ellen Goodman. "Fast-Forwarding Through Fall." *Washington Post,* October 5, 1991. 这里还存在另一种非理性。通过购物目录来购物的人，发现他们的订单常常推迟发货，甚至他们收不到货。纽约大都市区商业促进局主管说："网购存在的最大问题，就是不能及时发货以及送货迟到。"参见：Leonard Sloane. "Buying by Catalogue Is Easy: Timely Delivery May Not Be." *New York Times,* April 25, 1992.

[2] George Ritzer. *The Globalization of Nothing*, 2nd ed. Thousand Oaks, CA: Sage, 2007.

网店中抛售的那些东西，当然具有极大的多样性。然而，虽然其中的一些商品满足"内容充实"的界定，但其中的绝大多数商品是"内容空洞"的。而且，这些网店本身也变得越来越雷同，给消费者提供的都是些相似的产品目录、相似的议价方式（参见第四章）。换言之，这些网店本身也越来越接近于"内容空洞"的界定。

七、无人性化：在快餐店被蒙骗

我认为麦当劳化是非理性的，因此最终是不合理的。而我这样认为的一个重要的理由就是麦当劳化具有无人性化（dehumanizing）的趋势。尽管麦式工作岗位已经无人性化，但我在这里主要讨论麦当劳化系统特别是快餐店对于顾客的无人性化。

1. 快餐店：就像在一个猪饲料槽中吃食

在快餐店，就餐者在一种"流水线"上就餐，被还原为一种匆匆就餐的自动机器，而从就餐体验中或从食物本身得不到任何满足感。这就是一种无人性化。对这样的就餐来说，其唯一的好处就是高效、快速。有人对那些在华盛顿特区麦当劳快餐店就餐的典型就餐者进行了这样的描述：他们"没精打采地快速吃完，然后很快忘记自己到底吃了什么"[①]。甚至有些消费者感觉自己在就餐时，就像养殖场流水线上的动物一样被喂食。数年前的《周六夜现场》（*Saturday Night Live*）节目就已经指出了这一点，该节目对一个名为

[①] www.washingtonpost.com/lifestyle/magazine/whos-lovin-it/2011/08/12/gIQAoOVRuJ_story.html.

第七章　理性的非理性：挤在"幸福大道"上

"汉堡与啤酒"的小型快餐连锁店进行了嘲讽。在这出滑稽短剧中，一些年轻的管理人员知道有一家快餐店开张了，于是决定到那里去吃午饭。当他们进入快餐店时，他们的脖子上被套上了围兜。然后，他们看到一个类似于猪饲料槽的东西，里面放满了红辣椒，一个女服务员不断从桶中舀出新的物料加满这个饲料槽。顾客们弯下腰，把他们的头伸到槽中，沿着槽边走边吃红辣椒，似乎在做"高层商业决策"。他们每个人都需要不断抬起头来，呼吸空气，并从一个共用的"啤酒盆"中舔食啤酒。在吃完"饭"后，他们"微醉"着支付账单。由于他们的脸上到处都是红辣椒，因此他们在"用水冲洗"后才离开快餐店。最后，这些年轻的管理人员从快餐店出来，因为快餐店要关闭半个小时，以便"用水冲洗干净"。《周六夜现场》嘲讽的显然是这样一种事实，即快餐店往往把顾客当作低等动物来对待。

快餐店还通过使互动和交往变得统一和一致的脚本等，使消费者（以及员工）无人性化。"人际互动与统一性、一致性天生就是对立的，二者本不可兼容。因此，那种大众化地生产的人际互动，可能会侵蚀消费者，使之成为无人性的动物，而不管这种程式化的互动是外显且公然的安排，还是内隐且巧妙的安排。"[①] 换言之，当预制的互动模式替代了那种真诚、自发的人类关系时，无人性化就会发生。加菲尔德对迪士尼世界的批评，提供了另一种对顾客进行无人性化的例子："实际上我相信在迪士尼世界中有真正有趣的、真正有想象力的事情，但我看到的完全是挤出来的、模铸的、文明设计的梦幻品牌——也就是说，毫无梦幻之感。……从把人们引导

[①] Robin Leidner. *Fast Food, Fast Talk: Service Work and the Routinization of Everyday Life.* Berkeley: University of California Press, 1993, p. 30.

到景点的围栏和绳索,到员工那种冷淡的、程序化的《复制娇妻》(*The Stepford Wives*,1975年拍摄的电影)式的举止,到强迫症式地强制清洁地面,再到娱乐本身变得完全被动化,所有这些都表明,迪士尼世界事实上恰恰是梦幻的敌人。"① 可见,迪士尼世界并不是创造性的,也不是充满想象力的,事实上,它产生的是一种无创造性的、无想象力的,最终也是无人性的经验。

快餐店以及其他一些麦当劳化环境,也使人们之间的互动最小化。员工与顾客之间的关系,已经在很大程度上消失了。因为员工往往兼职,常常只干数个月时间,所以哪怕是一个常客也很难与员工建立起个人关系。那种顾客非常了解饭店服务人员或地方"经济小吃店"厨师的时代,已经一去不复返了。现在快餐店等场所中的员工,越来越不可能预先知道和了解你是谁,以及你可能要点什么菜。而雷·奥尔登堡(Ray Oldenburg)所说的那些"伟大的好地方",诸如本地咖啡馆和酒馆等,将很快被淹没在快餐店的海洋中。② 在快餐店,员工与顾客之间的互动时间也非常短暂。柜台下单、上菜与付钱这些互动所花的时间非常少。员工与顾客都显得十分匆忙——顾客忙于吃他们的饭,而员工忙于接受下一位顾客的下单③。事实上,顾客与柜台人员之间根本就没有时间进行互动。在免下车窗口,这种情况有过之而无不及。在这里,由于服务的快速和

---

① Bob Garfield. "How I Spent (and Spent and Spent) My Disney Vacation." *Washington Post/Outlook,* July 7, 1991.

② Ray Oldenburg. *The Great Good Place.* New York: Paragon, 1987.

③ 但是,有些顾客则不符合"不在此逗留"这种一般性规则的要求,一些退休人员往往将麦当劳快餐店作为一种社交中心,特别是他们在这里吃早餐或喝咖啡之时更是如此。某些麦当劳快餐店甚至允许老年人在店里玩填格子游戏。

第七章　理性的非理性：挤在"幸福大道"上

各种物理障碍，员工与顾客的距离显得更加遥远。

在快餐店，顾客之间的关系在很大程度上也被斩断了。虽然麦当劳快餐店的某些广告使人们认为情况并非如此，但是那种人们把就餐当作聚会的日子，那种把在自助餐厅喝咖啡或吃饭当作寻求社会交往的机会的日子，在很大程度上已经离我们远去了。因为快餐店实际上并不鼓励人们在就餐的同时进行这样的社会交往。星巴克似乎是一个例外，但是正如我们在第四章中所指出的，这种关于星巴克是个例外的看法并不正确，那更可能是一个神话。

在某些情况下，快餐店试图限制顾客在店中就餐的时间。事实上，在2014年年初，纽约有一家麦当劳快餐店的经理嫌弃有些老年顾客在其店中待的时间太长却不购买足够多的食物，叫来了警察。现在店中还立起了一块标牌，告知顾客"请勿磨磨蹭蹭。我们有30分钟进食时间限制"。[1]

2. 家庭：厨房成了加油站

快餐店对家庭也产生了消极的影响，特别是对所谓的在家用餐产生了很大的影响[2]。快餐店并不利于那种长时间的、休闲的、充满交谈的就餐。而且，因为有了快餐店，年轻人更可能与朋友一起外出就餐，而把家中其他成员抛在一边，让他们自己在家用餐或在另一个时间用餐。当然，免下车窗口又进一步减少了在家一起用餐的可能性。那些在汽车上边狼吞虎咽边赶到另一个地方去的家庭，很

---

[1] Sarah Maslin Nir. "The Food May Be Fast, but These Customers Won't Be Rushed." *New York Times*, January 28, 2014.

[2] William R. Mattox Jr. "The Decline of Dinnertime." *Ottawa Citizen,* April 30, 1997.

社会的麦当劳化（第9版）

难有高质量的"就餐时间"。

一位杂志专栏作家则对全家在外就餐进行了如下描述：

> 那些在上校饭店吃晚饭、坐在塑料椅子上摇摇晃晃的家庭，在拿起炸得金黄的鸡腿之前会祷告吗？——即使饭店已经安排好了。当小孩记起他忘记了要泡椒，并快步穿过拥挤的人群去柜台要时，父亲会问他今天做了什么吗？母亲会觉得这样的环境有利于她问她那温顺可爱的小女儿是否已经掌握了某个法语动词的第三种变化形式吗？或者，是否当整个家庭不在这样的场合而是在家中就餐，并一边啃食着冷冻熟食和用微波炉加热的食品一边看电视时问她，效果更好？①

现在，人们已经越来越担心家庭解组问题，而快餐店也许是导致家庭解组的罪魁祸首。而家庭的衰落反过来又为快餐店创造了现成的顾客。

实际上，现在在家用餐与去快餐店就餐并没有那么大区别。很早以前，人们就已经表现出不在家中吃早餐与午餐的趋势。现在，人们似乎也越来越不在家中吃晚餐了。甚至人们在家中用餐的方式，也已经完全不同于以前了。在家中，人们按照快餐模式，可以有很多种选择，如对这种食物可以直接"啃食"，或作为"补充能量之用"，对那种食物则做成小吃吃着玩，而不是按正餐方式就餐。还有，当我们在家中时，往往会认为在吃饭的同时不做点什

---

① Nicholas von Hoffman. "The Fast-Disappearing Family Meal." *Washington Post*, November 23, 1978, p.C4.

第七章 理性的非理性：挤在"幸福大道"上

似乎是无效率的，于是我们可能边吃饭边看电视、玩电脑游戏、发短信或用推特聊天；家庭成员甚至各自为营，端着饭菜到自己的电脑边边吃边玩。[1]诸如《幸运之轮》(*Wheel of Fortune*)之类的晚餐时间电视节目的喧闹声（更别说其中的诱惑了）、智能手机的"嗡嗡""哔哔"声，以及为了收发短信而导致的注意力的分散等等，都可能使家庭成员之间难以在一起互动交流了。我们需要确定我们是否真的能够承受失去共同就餐这一最基本习惯的代价："如果共同就餐不再属于我们，那么我们将不得不开辟新的途径来确保我们成为一个家庭。值得我们考虑的是，就餐所提供的共享、共处的乐趣，是否真得值得放弃。"[2]

除了计算机与智能手机以外，破坏家庭共同就餐的另一种关键技术，则是微波炉以及用这种微波技术烹饪的食品[3]。不久前《华尔街日报》的一项民意测验显示，微波炉是深受人们喜爱的家用产品（当然，今天人们最喜爱的肯定是智能手机和笔记本电脑）。一位消费研究者说："有了微波炉，快餐似乎也没有那么快了，因为在家中你根本用不着排队。"在一般情况下，用微波技术做饭，消费者的等候时间不会超过10分钟，而在过去，人们常常要花半个小时或一个小时来做饭。当然，对速度的强调必然导致质量的下降，但人们似乎并不介意："我们现在已经不再如从前那样对食物那么挑

---

[1] www.nytimes.com/2009/05/27/dining/27text.html? pagewanted=all; www.dailymail.co.uk/news/article-049255/Switch-TVs-computers-improve-family-life-say-experts.html.

[2] Margaret Visser. "A Meditation on the Microwave." *Psychology Today* 23 (December 1989): 38–42.

[3] 同上注，p. 38。

剔了。"① 微波烹饪的速度以及各种微波制作的食物,使家庭成员可以在不同的时间与地方吃饭。由于有了诸如荷美尔"完全"微波餐与"儿童料理"(类似于冷冻食品)这样的微波餐,甚至连小孩都能够"热熟"他们的饭。其结果是,"家庭餐的质量以及人们赋予它们的安全、康乐之情感,可能一去不复返了。因为此时的食物是被'热熟'的或'用微波炉加热而成的',而不是真正烹饪而成的"②。微波烹饪技术还在不断发展。例如,当放入微波炉中的食物变熟时,盖在食物上的塑料条会变蓝,表明可以吃了。现在,那种塑料条甚至可以直接把烹饪信息传送给微波炉。"随着烹饪变得如按下一个按钮那么简单,厨房最后可能会变成一种类似于加油站的东西。家庭成员进'站'去,按一个按钮,加满'油',然后离开。我们再也不用做清洁工作了,吃完后只需要把塑料盒子扔掉就可以了。"③麦当劳化对家庭生活的威胁,不仅限于在家用餐。例如,现在有人建议,繁忙与劳累的父母用不着在晚间给他们的孩子讲故事或读书,他们可以让孩子听录音带。④

在电子信息时代,特别是随着个人电脑和智能手机的出现,人们在吃饭过程中一边吃一边玩手机,对在家用餐的威胁越来越大。很多人发现自己在吃饭时很难不理睬手机发出的信息提示,至少会看一眼来电者是谁、短信或电子邮件的内容是什么。

---

① "The Microwave Cooks Up a New Way of Life." *Wall Street Journal,* September 19, 1989.

② Margaret Visser. "A Meditation on the Microwave." *Psychology Today,* 23 (December 1989): 38-42.

③ 同上注,p. 42。

④ Peggy Gisler and Marge Eberts. "Reader Disagrees With Advice for Mom Too Tired to Read." *Star Tribune*(Minneapolis), July 3, 1995.

3. 高等教育：麦当劳式教学、麦当劳式大学与慕课

现代的大学在各个方面皆成为非理性之所。麦当劳化的影响十分明显，例如，教师与学生之间的关系日益类似于快餐店员工与顾客之间的关系。如果教师的上课"服务"达不到学生的要求，那么学生可以随意抱怨甚至粗暴地对待教师而毫无愧疚之感。因为学校变得日益具有工厂的氛围，所以学生与教职人员之间的关系受到阻碍。学生可能感觉自己就像科层组织和电脑加工生产而成的机器人，或者就像快速穿过一家肉类加工厂生产流水线的肉牛。换言之，在这种背景下接受教育，就是一种无人性化的经历。

大学的"庞大"——数量众多的同学、非个人化的大宿舍以及大班教学等——使学生难以相互了解。大班教学以及课时的严格限制，使学生个人实质上完全不可能与教授接触（网络在线教学也是如此）。在很多情况下，学生可能更熟悉主持讨论环节的研究生助手。学生完全受制于成绩评分这种量化的教学措施，而成绩评分可能完全通过机器阅卷的、以多项选择题为主的一系列考试来完成，然后成绩会被张贴在黑板上。学生可能觉得自己就是一个沿着信息提供与学位授予的教育生产流水线运动并被注入知识的物体。教师则可能得不到终身教职而更像兼职雇员（"在麦当劳式大学"中的"麦当劳式教师"）[1]，大学以及大学生们往往可能把他们视为临时性的服务人员。

---

[1] Doug Mann. "Will You Have Fries With Your Metaphysics? The McDonaldization of Higher Learning May Make People Feel Good, but It Is Death to Education." *London Free Press* (Ontario), February 19, 2005; Dennis Hayes. "Diploma? Is That With Fries?" *The Times Educational Supplement*, June 10, 2005.

社会的麦当劳化（第9版）

而各种技术的进步正在导致教育走向更严重的非理性。由于自主学习网络课程[①]、远程学习、计算机教学以及教学仪器的进步，师生之间原本已经少得可怜的互动进一步减少。自主学习网络课程根本就没有教师指导，这使教育的无人性化达到一种终极状态：不仅仅取消了人类教师，更是根本消除了师生之间的互动。有一位历史学家说："你自己自主地上一门网络课程，与有一个能够回答你的问题、响应你的要求的教师在教室中给你呈现不同的观点并且引导你思考问题相比，完全是两回事。"[②] 很多人认为，美国大学教育甚至高中教育的未来，就是一种相对新的在线教育系统——"大规模开放在线教育"——的扩张，这种系统产生的将是海量的慕课（MOOCs）。慕课不同于其他大多数形式的在线教育的地方，在于世界上几乎任何地方的学生都可以观看这些教师（常常是有名的国际性学术明星）讲课，并且可以与这些教师及其教学助手互动。在大多数情况下，学生上慕课不需要付费——尽管未来可能需要付费，因为很多相关组织是以利润为导向的。慕课具有下列四大要素或特征：

• 设计目的是招徕巨量的学生（早期很多课程曾经拥有10万名以上的学生）。

• 是由传统大学甚至是精英名校（如斯坦福大学）开设的，但面向所有人开放。

---

① Tamar Levin. "Online Enterprises Gain Foothold as Path to a College Degree." *New York Times*, August 25, 2011.

② 同上注，p.A18。

第七章 理性的非理性：挤在"幸福大道"上

• 只通过在线网络提供，世界上的任何人只要有能够上网的电脑或智能手机就可以观看。

• 当然，主要的功能是教育或学习。

慕课背后的一些想法可以追溯到20世纪60年代。第一门慕课开设于2008年，但在2011年慕课的发展获得了重大突破，该年斯坦福大学有三门慕课上网，每门慕课都分别在世界各国吸引了10万名以上的学生。有一家公司名叫Coursera，它声称自己拥有2 500万名学生（在线学习者或课程用户），开设有2 000门课程，到2017年年中与之合作的大学"伙伴"达到149个[①]，而不仅仅是收录了斯坦福大学的慕课。今天还有很多其他的公司（如Udacity、edX）和大学提供慕课。人们普遍认为慕课正在迅速扩张，并在很多方面改变了高等教育。其中一个重要的促进因素，就是传统的高等教育费用日益高昂，而慕课可以较低的成本让更多的学生获得教育（1名教师可以教10万名以上的学生）。慕课使用的是先进的现代技术，不仅抛弃了传统的、相当原始的面对面的小课堂互动，也放弃了学生最多不过数百人的个人大型讲座，而这些都是传统大学教育的特点。

普林斯顿大学的米奇·杜内伊（Mitch Duneier）教授在2012年开设了一门慕课，讲授社会学概论，并通过Coursera公司提供给全世界范围内的4万名学生[②]。与参与这些早期课程的其他人一样，

---

① http//about.coursera.org.

② Tamar Lewin. "College of the Future Could Be Come One, Come All." *New York Times*, November 19, 2012.

杜内伊教授对该课程的各个方面进行了思考。与其他大多数早期慕课一样，只有不到 5% 的学生最终完成了这门课程并参加了考试。不过，也算是有大量的学生参与了这门课程。他发现："在 3 周内我获得的关于我的社会学思想的反馈信息，比我以前整个教学生涯所获得的都要多。"[①] 他通过一个在线讨论和视频聊天室，以及世界各地（如尼泊尔加德满都）组成的研究小组，因此也即通过全球性的交流而获得了这些反馈信息。杜内伊还高兴地发现，他可以讨论十分敏感的社会学话题，比如街上的商贩缺少公共厕所等话题——这是其著名的社会学著作《人行道》（*Sidewalk*）[②] 所涉及的一个话题。尽管慕课取得了这些成果，但它却面临日益激烈的批评。特别是学生完成率低，教师因慕课对工作岗位产生威胁而反对，这似乎使慕课日益走下坡路。而杜内伊本人也放弃了参与慕课。

慕课所面对的一个根本批评，就是其起到了进一步促使高等教育麦当劳化的作用。慕课这种教学方式，确实很难避免麦当劳化。传统的教育场景本身已经日益高度麦当劳化，而慕课系统中的教育存在更高程度的麦当劳化。为什么呢？

虽然在每个新学期都可以对每门慕课进行革新，但是也存在一种明显的趋势，那就是每门课程都形成了一种脚本以供重复使用，每个新学期都是对其进行轻微的修正。为了使对学生的评估考核具有可预测性，详细的规定或标准化的评分系统会被创造出来，提供给学生和被用于对学生的评估。这种规定越标准化和越详细，无论

---

① Tamar Lewin. "College of the Future Could Be Come One, Come All." *New York Times*, November 19, 2012.

② Mitchell Duneier. *Sidewalk*. New York: Farrar, Straus and Giroux, 2000.

第七章　理性的非理性：挤在"幸福大道"上

是对教师还是对学生而言，不确定性的空间和创造的空间都越小。慕课可能会发展成一种预先打包的系统，包括一系列教学短片（通常是不超过 8 分钟或 12 分钟的教学视频）、嵌入的数个问题和即时（且自动的）反馈设置。另外，为了与电影、电视或互联网中存在的类似产品竞争，慕课将被要求产生越来越高的价值。一旦那些公司投入巨量的金钱用于技术开发，以及改进慕课的质量，那么这些公司也会倾向于重复地使用这些慕课，以使自己的投资回报最大化。还有，慕课越来越有可能被录像或录音等等，而后来的每个学期，每个班级观看的都可能只不过是录像。即使那些精英名校（如斯坦福大学）和学术明星（如杜内伊教授）拒绝慕课使用录像代替直播，至少在目前，这些精英名校和学术明星的直播慕课，也可能被录像和保存下来，供那些二流、三流大学有偿使用。那么对那些使用这种录像的慕课班级来说，学术场景与教学内容都具有高度的可预测性。虽然一些互动要素可以被添加到任何预先录制的慕课中，但是它已经丧失了直播慕课的那种有限的自发性。

很多麦当劳化系统（包括慕课）的效率，是通过使用无人性化技术取代人类技术而得到提高的。就慕课而言，这一点明显体现于用电脑打分的考试取代了由导师打分的主观论文考试。在麦当劳化系统中，通过产消一体化，效率得到了提高；而这一点在慕课中体现为通过"让学生（消费者）工作"，从而提高效率。无论是一般而言的教育，还是具体而言的慕课，都有一种强烈的趋势，那就是让教育系统中的"消费者"即学生完成以前由教师在其他环境中完成的工作。例如，慕课的教师不可能回应成千上万的在线评论和问题。相反，通过使用"众包"（一种产消一体化机制）让学生来投票，就可以把某个问题或评论往上顶或者向下沉。根据学生的投票，教师可以只强调那些众人认为重要的问题，因此不是由教师而是由整个班的学生来完成确定哪个问题或评论更重要的工作。[1] 在播放教学视频之后，大部分教学过程留给学生自己完成或由其通过面对面互动、在线小组互动或者其他形式的互动来完成。其中最明显的例子，就是评价打分过程。在一个有 10 万名甚至更多学生的班级中，教师不管有多少助手，都不可能做到亲自给每名学生打分。因此，很多打分工作由学生自己来完成，这使学生变成生产－消费者。例如，每名学生的考卷或论文，都由另外 5 名学生来评阅，他们给出的分数的平均分，就是这名学生的成绩。

慕课主要的非理性就是其倾向于限制（即使不是消除）那些处于教育过程中心的人类过程。加里·威尔金森（Garry Wilkinson）撰写了一本关于英国教育的书，在书中他应和了我的一些看法，并指出必须关注日常的、面对面的教育活动，而不是只有发展大规模的教育系统——如慕课——才能创造有意义的教育经验[2]。正如他所指出的，关键在于寻找各种途径，"让孩子与教育工作者共同参与，共享'优秀和卓越'并获得回报"[3]。在我看来，解决之道在于强调日常教育活动，不仅使之成为关注的中心，而且使我们发现教育的

---

[1] Tamar Lewin. "College of the Future Could Be Come One, Come All." *New York Times*, November 19, 2012.

[2] Gary Wilkinson. "McSchools for McWorld? Mediating Global Pressures With a McDonaldizing Education Policy Response." In George Ritzer, ed., *McDonaldization: The Reader*, 3rd ed. Thousand Oaks, CA: Sage, 2010: 149–157.

[3] 同上注，p. 157。

第七章　理性的非理性：挤在"幸福大道"上

真正奇妙之处，就在于优秀的教师找到新的和有吸引力的方式来教育学生。从这种观点看，慕课存在的问题，就是其使教育完全走向了相反的方向，强调创造一种新的教育系统而不是在传统的、日常面对面的教育系统中工作。在传统的教育系统中，优秀的教师与学生总是会共同参与，寻找各种具体问题的答案。而慕课缺乏这种直接接触和互动，并且当课题主要是以录像教学时，教师与学生之间很少有甚至根本没有机会参与创造性的互动活动。

　　与慕课有关的其他各种非理性之处，不仅体现在完成慕课的学生比例非常小，还体现在其他方面。一种非理性，就是创建基于网络的课程并使其具有学生从电影、录像和在线网站那里获得的那种产品的价值，存在诸多困难（虽然有一位教师已经想出"如何制作 Power Point 舞蹈"）[1]。另一种非理性，就是在现实课堂教学中的好教师，并不一定能够成为可以很好地借助电脑和网络作为教学中介的好教师（他们在网络教学方面接受的培训很少，没有多少经验）。对很多教师来说，要实现这样的转型即使不是不可能的，也相当困难。然而，也有一些教师能够熟练掌握和运用这些中介，并成为教学的超级明星，赚取巨额薪水，甚至成为慕课公司的股东。[2] 这些教师甚至可能会逆转精英名校注重和强调教师出版教材并给其报酬的历史趋势，并大大削弱传统教师的教学能力。还有就是正如上文所指出的，慕课还存在评估成千上万的学生的表现的问题。即使教师有许多助手并让学生相互评估，这项工作也仍然足以压垮一门慕

---

[1] Tamar Lewin. "Students Rush to Web Classes, But Profits May Be Much Later." *New York Times*, January 7, 2013.

[2] 同上注。

课的教师。

然而，有待确定的是，学生如何通过慕课获得学位，大学又如何收取学费和其他费用，并如何最终从这项昂贵的事业中赚取利润①。就后二者而言，风险资本似乎认为自然会赚钱，因为它们正在向慕课投入数百万。那么我们又要担心的是由资本家控制的教育系统的性质与质量。最后，我们还需要关注的是，慕课是否将导致一种更加垂直分化的教育系统。一方面，欠发达国家中的学生以及美国社区学院、二三流学院和大学中的学生，将有机会获得精英教育和精英课程，因此使教育民主化，降低教育的不平等。例如，一位哈佛大学教授开设了一门慕课课程，将供凤凰大学招收的 13 万名学生收看。②但另一方面，那些欠发达国家和二三流教育机构中的学生，将越来越依赖慕课和类似的大批量教育提供模式（例如，在线教育网站 Udemy 允许教授开设自己的在线课程）。相对而言，发达国家中的学生，特别是发达国家精英名校中的学生，则会继续获得更昂贵、更高效的面对面的教育。

目前，哈佛商学院似乎想在这两个领域齐头并进。它试图不让课程慕课化以保持其精英地位和 MBA 项目。但是，它又增设了一种 MBA 预科在线课程项目"HBX"（即哈佛商学院在线 MBA 项目）。③但是，没有这种精英项目的二三流学院和大学不太可能在这两个领域齐头并进，而更有可能日益偏重于提供慕课和其他在线课程。

---

① Tamar Lewin. "Students Rush to Web Classes, But Profits May Be Much Later." *New York Times*, January 7, 2013.
② 同上注。
③ Jerry Useem. "B-School, Disrupted." *New York Times*: *Sunday Business*, June 1, 2014.

第七章 理性的非理性：挤在"幸福大道"上

4. 医疗：病人只是一个数字

对医生来说，伴随着理性化过程而来的是一系列的无人性化影响。其中最重要、最严重的影响，就是控制权从医生手中转移到理性化的结构与组织手中。在过去，医生个人对自己的工作具有很大程度的控制权，医生面临的主要控制是行业、同辈控制，以及病人的需求和要求的控制。随着医疗的理性化，医生受到的外部控制日益增加，其控制权日益被转移到外部社会结构与组织手中。医生不仅更可能被这些外部社会结构与组织控制，而且更可能被那些本身并非医生的行政官僚控制。现在，医生控制他们的工作的能力正在丧失。其结果是很多医生日益对工作不满，感受到很大程度的异化，一些医生甚至转而加入诸如美国医生和牙医联盟之类的工会组织，寻求工会的保护。① 从病人的角度看，医疗的理性化也导致了很多非理性。医院对效率的追求，使病人感觉自己就像一种医疗生产流水线上的产品。医院增加可预测性的各种努力，也可能导致病人不能与医生和其他医疗人员保持个人关系，因为医院的理性化规则与规制，导致医生以完全相同的方式对待所有的病人。住院病人在医院中，不是可以定期见到同一护士，而是会见到不同的护士。当然，结果就是护士永远不能了解他们的作为独立个体的病人。

另一种更严重的无人性化就是只在医院工作的"住院医生"的出现（至少在美国如此），他们绝对只在医院工作。现在，住院病人不再去看他们的私人医生（即使仍然有自己的私人医生），而更可能被住院医生诊治，但病人以前可能从来没有见过这些医生，他

---
① www.uapd.com.

们也与这些医生没有任何个人关系。① 医院对可计算性的强调所造成的一种结果，就是病人可能感觉自己不像一个病人，而更像一个系统中的成员。医疗系统对时间最少化与利润最大化的追求，可能导致病人享受到的医疗质量下降。与医生一样，病人也更容易受到更大规模的结构与组织的限制，这些结构与组织对病人来说，可能是那么陌生、冷漠和无法理解。最后，病人更可能与使用医疗仪器的技师和非个人化技术打更多交道。事实上，病人由于可以从药店购买到越来越多的医疗仪器设备，因此可以自我检测，进而切断了与医生和技师的个人接触。

这种理性化导致的最终的非理性，就是医疗质量的下降和病人健康状况的恶化，这是一种出乎预料的意外后果。由于日益强调降低成本与攫取更高的利润，日益理性化的医疗系统可能降低医疗健康保健的质量，这一点对社会中最贫困的人口的影响更为明显。正是医疗健康保健的理性化，使得一些人更容易患病或者病情恶化，甚至死亡。现在，人们的健康水平从总体上看出现了下降的趋势。医疗保健系统不断地理性化，到底将会导致何种结果，也许只有将来才能有最终的定论。既然医疗保健系统会不断理性化，那么医疗人员与病人都应学习如何控制理性的结构与制度，以减轻它们的非理性后果。

然而，从 2014 年起实施的美国《平价医疗法案》（"奥巴马医保"）的效果还有待确定。这是一个集权化和官僚化的系统，因此人们非常担心它会导致与医疗保健的麦当劳化有关的非理性的急剧

---

① Kris Hundley. "The Inpatient Physician." *St. Petersburg Times*, July 26, 1998.

第七章　理性的非理性：挤在"幸福大道"上

增加。特朗普和其他共和党领导人曾承诺要取消《平价医疗法案》。然而，到 2017 年中期，他们的努力失败了，《平价医疗法案》仍在实施。尽管在美国的许多地区，由于医疗保险公司没有参与或由于它们退出了该方案，出现了医疗资金紧张、费用不断增加和患者选择不足等情况，但《平价医疗法案》仍在实施。《平价医疗法案》是否会改变，如果会改变那么如何改变，以及它的非理性到底是什么，还有待观察。

八、无人性化的死亡：在医疗仪器和陌生人之间死去

还有，正如第四章所讨论的，人的死亡过程也出现了无人性化。现在人们在死亡时，越来越有可能无亲人在场，死亡时身边都是一些无关之人（出生时也可能是这样）："一个重症监护病人可能越来越不是一个人，而是那些咨询专家的棘手挑战。……他只不过是一个案例……小他 30 岁的医生，也可直呼其名。情况好一点的，也只不过是叫他所患病症之名或他所在的床号。"[1]

在菲利普·阿里耶斯（Philippe Aries）看来，这种无人性化是现代世界"放逐死亡"的过程的一部分[2]。舍温·B.努兰（Sherwin B. Nuland）是这样描述我们对死亡进行理性化的需要的："最近数代人已经在现代医院中……创造了现代性的死亡模式……在这里，

---

[1] Sherwin B. Nuland. *How We Die: Reflections on Life's Final Chapter.* New York: Knopf, 1994, p. 149.

[2] Philippe Aries. *The Hour of Our Death.* New York: Knopf, 1981.

死亡可能就是对那枯萎的机体进行掩盖、清洁，最后包裹起来实施现代化的葬礼。我们现在不仅可以否认死亡的威力，也可以否认自然本身的威力。"[1] 同样，让·鲍德里亚（Jean Baudrillard）探讨了"由人专门设计的死亡"，认为它与"专门设计的出生"很相似，即"不惜一切地使死亡流水线化——化殓妆，低温冷藏，或者把它置于适当的条件下，补妆，'设计它'，无情无义地对待它，视之如尘土，如自然的、细菌学上的或放射性的废物。完全根据……国际市场营销法则，来对死亡的装饰进行'设计'"[2]。与医院和医生对死亡拥有越来越大的控制权密切相关的是，非人类技术在死亡过程中发挥的作用日益变大。技术已经模糊了生死界限，例如，虽然一个人已经脑死亡，但技术却可以保持其心脏继续跳动。医疗人员也越来越依靠技术来决定何时宣布一个人已经死亡是可以接受的。有什么比在医疗仪器而非亲友的包围之下孤独地死去更无人性呢？

当我们问在生命尽头人们希望如何死去时，大多数人会做出这样的回答：快速、没有痛苦、亲友围在旁边。而他们最担心的就是在医院、在仪器上孤独而痛苦地死去。[3] 对于因为使用大量非人类技术而导致死亡过程出现无人性化特征这一现象，努兰做了如下描述：

不断蜂鸣和尖叫的监视器，发出嘶嘶声的呼吸机与活塞床垫，闪烁的彩色电子信号，所有这些全副武装的技术，是剥夺我们有权

---

[1] Sherwin B. Nuland. *How We Die: Reflections on Life's Final Chapter.* New York: Knopf, 1994.

[2] Jean Baudrillard. *Symbolic Exchange and Death.* London: Sage, 1976/1993, p. 180.

[3] Nancy Gibbs. "Rx for Death." *Time*, May 31, 1993.

第七章　理性的非理性：挤在"幸福大道"上

希望获得的宁静的诡计之基础，并把我们与不愿意让我们孤独地死去的那些人隔离开来。通过这种方式，那些本来应给我们希望的生物技术，实际上夺走了我们的希望，并使那些当我们临终时应坐在我们旁边的人失去完全属于他们的最后零星的记忆。[1]

九、麦式工作岗位的非理性：只需要把袋子递出

麦式工作岗位在本质上是非理性的，包括在这种岗位上的人都会以一种高效率的方式完成他们的工作。高效率地工作可能是十分让人满意的事情。它不仅在总体上是高效率的，在本书第三章和第五章所描述的那些具体层面也是高效率的。例如，为了降低成本，就对工作程序进行简化。简化的产品比起那些高度复杂的产品来，更容易处理。让麦式工作岗位上的员工十分喜欢的是，把顾客安排在麦当劳化环境中并让其工作，这样就减少了对他们的需要（不过这也可能使他们中的一些人失去工作）。相反，效率低下会使员工感到沮丧，使他们的工作更加困难，例如不得不处理组织得不好的任务。员工缺乏效率，可能导致顾客愤怒，这些顾客可能会因为员工的效率低下而变得难以应付。

然而，强调高效率会导致各种不合理之处，当效率达到越来越高的水平时更是如此。一方面，高效率往往建立在如汉堡王的生产流水线之类的系统之上。但另一方面，效率越高，工作的节奏往往

---

[1] Sherwin B. Nuland. *How We Die: Reflections on Life's Final Chapter.* New York: Knopf, 1994, p. 254.

越快（参见下文）。在不涨工资的情况下，麦式工作岗位员工却要被迫不断加快工作节奏。这反过来又使他们更没有时间思考，更别说在工作时发挥他们的创造性了。因此，麦式工作岗位员工感觉他们的工作无法让他们实现自我。结果就是，他们的雇主无法获得以前员工的工作创造性所带来的好处。

从那些从事麦当劳式工作的人的角度看，强调可计算性并没有什么本质上的错误。强调那些能被量化的东西，对员工来说可以更容易地知道他们需要做什么，他们离完成任务还有多远，他们还要做多少，等等。相反，越是模糊的质性的措施，使这样的评估越是困难。如果使用质性的标准，员工就难以知道他们的工作做得是否足够好、是否足够快等等。很多从事麦当劳式工作的人，都希望以量化测量而非模糊的质性标准为基础，来判断自己到底做得如何。

与强调高效率一样，强调可计算性的非理性，往往与工作速度和步骤相关。强调可计算性往往会导致系统"越快越好"。我们已经讨论了在麦当劳吃汉堡的速度有多快，汉堡王招待顾客的速度和顾客进店出店的速度有多快，在Domion's顾客的消费速度有多快（参见第五章）。这类强调给了麦式工作岗位员工极大的压力，而这样的压力又往往会导致他们所生产的产品和提供的服务质量下降。例如，顾客可能点的是麦香鱼汉堡，但员工拿给顾客的可能是巨无霸汉堡，或者一个汉堡可能缺少必要的泡菜片。这不仅意味着对顾客而言产品和服务的质量下降，也意味着强调速度所导致的质量下降可能威胁到员工——他们可能会承受谴责，甚至会因为工作质量差而被解雇，顾客还可能因此感到愤怒。

第七章 理性的非理性：挤在"幸福大道"上

　　也与可计算性一样，从麦式工作岗位的员工的角度看，可预测性也没有任何问题。最终，可预测性意味着员工知道人们对他们的预期和期待是什么，当他们在工作岗位上时知道自己该做什么。例如，麦式工作岗位上的员工遵守的脚本，使他们与顾客的互动变得更加轻松和容易，而不需要自己在每次与顾客打交道时寻找新的话题。同样，参与同样的活动，无数次地遵循和重复同样的步骤，工作起来会更加轻松。例如，对那些在烤箱边工作的员工来说，遵循预先规定的一系列步骤烤制一个汉堡，比每次都采用新的或不同的技术来烤制一个汉堡要容易得多。同样，看着同样的时间表和使用同样的原材料来生产一种产品或提供一种服务也要容易很多。甚至穿统一的制服，遵循能够穿什么不能够穿什么的规定，也比每天都要考虑穿什么去上班要轻松得多。麦式工作岗位上的员工可能乐于看到的是，可预测性意味着工作中的不愉快甚至危险更少。在麦当劳化环境中，消费者往往与员工一样具有可预测性。其结果就是，如果顾客获得了他们所预期的，他们就可能礼遇员工，不会威胁员工。否则，他们就可能辱骂员工，甚至对员工进行身体攻击。

　　从麦式工作岗位的员工的角度看，可预测性的非理性，就是日复一日、一个小时接一个小时地说同样的内容、参与同样的活动，以及提供同样的产品和服务，这真的让人十分厌倦、无聊。面对这种令人麻木的例行公事，可能有些员工会表示喜欢甚至欢迎，但更多的员工可能会辞职并寻找更有趣的工作。这往往导致麦当劳化环境中员工的流动率很高，而这本身就是那些理性系统的非理性。而

341

过高的员工流动率导致的非理性，包括有能力的员工的流失、不断变动的员工导致的工作混乱、总要对新员工进行培训，以及新员工需要时间来学习和适应与工作岗位相关的规程。

上文所述的理性与非理性，都源于麦当劳化组织对其员工施加的控制。对组织而言，控制其员工（特别是那些低层员工）是理性的，运用控制来提高效率、可计算性和可预测性也是理性的。通过监督管理人员来实施控制，或者利用非人类技术来实施控制，甚至威胁使用非人类技术取代员工来实施控制，对组织而言都是理性的。然而，存在一个微妙的平衡。适当而充分的控制会给组织和它的大多数员工带来积极结果，但过度的控制可能会导致上文提及的各种非理性。过度的控制还可能导致很多员工产生异化感、对工作的不满，甚至是对管理和组织的怨恨。而这反过来又可能导致员工工作速度更慢、效率更低、在工作过程中暗中破坏，甚至集体组织起来（即工会化），最严重时也许会集体辞职[1]。实际上，美国快餐行业员工的流动率在所有行业中最高，每年接近300%[2]。这意味着快餐行业的员工平均只干四个月就会走人，在一年之内整个快餐行业的劳动力队伍大约会全部更换三次。

尽管这类工作是十分简单且重复的工作，使招收新的员工顶

---

[1] 有的学者则不同意这种看法，认为麦当劳化的"员工很少表示对这种极度的程式化有什么不满"。参见：Robin Leidner. *Fast Food, Fast Talk: Service Work and the Routinization of Everyday Life*. Berkeley: University of California Press, 1993, p. 134. 但是这并不能表明，麦当劳化社会中的人就接受了这是他们工作的不可避免的一部分，也许他们只是习惯了这种过程而已，习惯之并不等于接受之。

[2] 有的人估计流动率为200% ~ 250%；参见：Jerry Newman. *My Secret Life on the McJob: Lessons From Behind the Counter Guaranteed to Supersize Any Management Style*. New York: McGraw-Hill, 2007, p. 167.

第七章　理性的非理性：挤在"幸福大道"上

替辞职者相对容易，但是过高的流动率对组织和员工而言都并非好事。从组织的角度看，显然大多数员工越稳定越好。如果员工的流动率过高，那么人事成本特别是招聘与培训成本会大幅增加。另外，对组织而言，不能利用员工的技能进行简单重复的工作，那就是非理性的。如果工作更复杂、更需要技能，组织就会为找到符合要求的员工支付更多的钱，同时也应从员工身上获得更多的回报。

正如在一个麦当劳化系统中成为一个顾客会多少面临种种无人性化一样，在这样的系统中工作也会面临无人性化。例如，任职于麦式工作岗位的员工，需要处理一系列的"麦当劳式任务"。在麦当劳快餐店，这种任务有很多，其中之一就是所谓的 HBO——"递出袋子"。[①] 不断重复地做这种简单的麦当劳式任务，显然不需要人的全部技能。受雇于麦式工作岗位的那些人，大多不得不完成这类麦当劳式任务，且会感觉因为他们的工作性质而被无人性化（他们也确实被无人性化了）。

在快餐店中的麦当劳式工作还有一些特征，也会导致工作的无人性化。例如，正如顾客不可能与员工建立关系一样，员工也不可能与顾客建立完全正式的、完全人性的关系。快餐店中的员工还受到极大的限制而不能建立其他潜在的关系。因为他们往往在这种岗位上仅仅待几个月，因此彼此之间也不太可能建立让人满意的个人关系。在岗位上受雇的时间越长，就越有利于促进更长期关系的建立；工作越稳定的员工，也越有可能在工作数个小时或数周之后就

---

① www.washingtonpost.com/lifestyle/magazine/whos-lovin-it/2011/08/12/gIQAoOVRuJ_story.html.

建立关系。快餐店和其他麦当劳化环境中的工作岗位的暂时性和兼职特征，也会阻碍员工之间建立个人关系。

众所周知，汽车生产装配流水线会在极大程度上使流水线上日复一日地工作的工人的生活无人性化。正如我们（在第六章）所看到的，亨利·福特虽然觉得他自己不会做生产流水线上的这种重复性的工作，但认为大多数人的心智能力和抱负有限，所以非常适合从事这样的工作。福特说："我一直未能发现重复性的劳动会对一个人造成任何伤害。……哪怕是最彻底的研究，也没有发现一例这种工作会扭曲或伤害人的心智的个案。"[1] 然而其雇员的缺勤率、迟到率和流动率是如此之高，这足以证明这种生产流水线的破坏性。更一般地说，大多数人似乎都发现生产流水线工作具有高度的异化影响。有一名工人是这样描述生产流水线的："我整个夜班都只能站在2～3英尺的范围内活动。只有当生产流水线停下来时，一个人才有停下来的时间。每辆车的每个单元我们大致要做32项工作，一个小时要完成48个单元，一天要干8个小时。32乘以48再乘以8。算一下，这就是我一天要按那个按钮的次数。"[2]

另一名工人也做出了类似的评论："有什么好说的？一辆车来了，我就焊；一辆车来了，我就焊；一辆车来了，我就焊。一小时101次。"还有一些人对这项工作的性质进行了颇有讽刺意味的评价："有很多不同的油漆车间……你紧紧地夹住彩色软管，颜料流出并喷射。夹住，流出，喷射；夹住，流出，喷射，打哈欠；夹

---

[1] Henry Ford. *My Life and Work*. Garden City, NY: Doubleday Page, 1922, pp. 105, 106.
[2] Studs Terkel. *Working*. New York: Pantheon, 1974, p. 159.

第七章 理性的非理性：挤在"幸福大道"上

住，流出，喷射，搔发痒的鼻子。"① 还有一名工人归纳出他感觉到的无人性化："有时我觉得自己就像一个机器人。你按下一个按钮，然后你一直这样按按钮。你成了一个一个机械螺母。"② 异化不仅会影响那些在汽车生产流水线上工作的人，也会影响各种广泛环境中的人，至少会影响根据生产流水线原则建立起来的组织中的人③。在我们已经麦当劳化的世界中，对我们中的很多人以及很多不同的环境来说，流水线都会产生影响。肉类加工行业（这是一个高度依赖快餐业提供的生意的行业）存在的需要，至少是无人性化（在非人的条件下进行非人的工作）程度日益增加的原因之一。工人被贬低或还原为动物屠宰流水线上快速转动的齿轮。他们不得不完成重复性的、需要体力的任务，如切割那些可能还没有完全死去的动物。

十、数字网站：去人性化和其他的非理性

正如本书多次指出的，各种网络销售平台、网上商店中并没有顾客可以联系和沟通的人类雇员，所以网络上的无人性化显然达到了某种高度。顾客只能与非人类的、非个人化的网站打交道。当然，还有很多作为麦当劳化结果的、更高程度的无人性化的例子，如大屠杀和集中营等。在网络上，由于不存在个人接触与互动，因

---

① Barbara Garson. *All the Livelong Day*. Harmondsworth, UK: Penguin, 1977, p. 88.
② Studs Terkel. *Working*. New York: Pantheon, 1974, p. 175.
③ 相关文献回顾参见：George Ritzer and David Walczak. *Working: Conflict and Change*, 3rd ed. Englewood Cliffs, NJ: Prentice Hall, 1986, pp. 328-372.

此不会发生某人死亡的情况，但是由于人们与越来越多的"哑巴"、无人的网上商店进行互动，所以网上商店中的互动具有高度的无人性化，且其程度正在变得越来越高。照此逻辑发展下去，下一步将是消费者的机器人与网上商店的机器人进行互动，并在此过程中使数字世界完全无人性化。

除了与无人网上商店打交道存在的无人性化外，数字世界对人际互动来说还存在其他各种非理性的后果。我在这里主要讨论这种非理性，并不是说完全否定通过数字世界进行互动给我们带来的诸多好处，例如打破各种障碍、扩大交往范围等等。许多人并不愿意通过放弃这些优势来应对这些非理性。数字世界存在的非理性包括：

• 人们"已经如此习惯于数字联系的便捷性，以致一旦断网，他们就会感到焦虑、迷失、无依无靠"[1]。

• 数字世界可能导致诸如计划和关注细节等"明智的、敏感的"行动的减少。

• 尽管各种在线活动使人愉悦，但让人忧虑的是，人们特别是年轻人逐渐有了不合理的期待，希望可以进行不间断的和即时的娱乐，他们永远不会无聊。

• 能够在线同时处理多任务的能力有许多好处，但其可能导致经常这样做的人的注意范围缩小。

• 在线生活也会带来许多不同的压力，诸如信息过载、选择过

---

[1] Mary Chayko. *Superconnected: The Internet, Digital Media & Techno-Social Life*. Thousand Oaks, CA: Sage, 2017, p. 178.

第七章　理性的非理性：挤在"幸福大道"上

多，以及总是害怕错过重要的事情。

- 当我们遇到紧急情况时，数字技术特别是智能手机确实特别有用，但它们也可能导致越来越多的事件逐渐被视为紧急情况。
- 人们在使用数字技术的同时，又可能过度依赖甚至沉迷于这种技术。
- 花在网上的时间过长，会对人们的心理和身体产生不利影响。

十一、应对非理性：金丝笼、橡胶笼或铁笼？

人们可以做些什么来应对这种日益麦当劳化的世界？特别是人们应如何应对其存在的诸多非理性？解决这些问题的答案，至少部分在于人们对麦当劳化的态度。很多人认为麦当劳化的世界是一个"金丝笼"（velvet cage）。对这些人来说，麦当劳化不是一种威胁，而是使他们进入了极乐世界。而韦伯关于理性化的铁笼的比喻，则认为理性化是一种冷酷无情的过程，会给我们带来极度的不适。但是，有很多人喜欢甚至呼吁麦当劳化，支持其不断扩张和渗透。对很多生于麦当劳化的世界、长于麦当劳化的世界的人来说，他们当然会持有这样的立场，也特别愿意接受这种立场。在他们看来，麦当劳化的社会是唯一能够代表和体现他们的良好品位和高质量标准的世界。他们失去了想象一个有更多选择和选项的世界的能力。他们已经喜欢上他们生活的各个层面所具有的可预测性。他们喜欢和欣赏这样一种非个人化的世界，甘于与人类和非人类机器人进行互动。他们试图回避（至少是在他们的世界中已经麦当劳化的那部分中）密切的人际接触。而这样的人在整个人口中所占的比例很大，而且还在不断扩大。

与许多其他情况一样，对许多人特别是那些在数字世界中出生和长大的人而言，网站在许多方面都是一个终极的金丝笼。对渴望非个人世界的人来说，尤其如此。如果他愿意，他就可以抛弃"令人厌烦和低效的人类接触"，通过互联网满足大部分的生活需要，度过许多时光。如果一个人知道如何使用数字系统，那么数字系统可以高度可预测的方式运行。诚然，互联网上的消费者和用户可能有无限多的选择，但他们也可能选择忽略和无视其中的许多选择。在特朗普时代的政治气候中，一个很好的例子就是，许多人只选择那些支持他们观点的网站（和电视频道）。对面临无限选择的消费者来说，他们也可能做出类似的决定，将注意力集中在一个或几个网站上。而更有可能的是，人们可以使用机器人来简化面对各种网站和无限选项时做出决策的过程。因此，互联网提供了（太多的）选择和选项，但它也提供了麦当劳化的方法，使人们的选择简单化并指引其方向。

而对另外很多人来说，麦当劳化是一个"橡胶笼"（rubber cage），笼子的栅条可以伸缩，笼中之人有足够的手段和方式逃离这个笼子。这类人并不喜欢麦当劳化的某些维度或层面，但是发现了它十分吸引人的其他维度或层面。与那些视自己处于金丝笼中的人一样，这类人可能喜欢麦当劳化系统和服务的高效、快速、可预测和非个人化。这类人可能很忙，因此愿意获得高效的麦当劳化就餐服务以及其他服务。但是，他们也承认麦当劳化的代价，因此试

第七章 理性的非理性：挤在"幸福大道"上

图逃离它。也就是说，他们可能把食用快餐所节约的时间，用于进行其他非理性化的活动。

这些人往往是这样的人，即他们在周末或假期，会以老式的方式去露营并进入大自然；他们会去爬山、探索洞穴、钓鱼、狩猎，而不借助现代精密的装备；他们也会去博物馆观看展览；他们入住的是那些传统的酒店、客栈以及附赠早餐的旅店。这些人会把电话答录机的回复语音创造性地设置成"对不起，不在家，当你听到这段话时，不要伤我的心"等等，从而使他们的电话答录机人性化。①不过，虽然笼子的栅条似乎是橡胶的，但他们仍然待在笼子中。例如，一家出售预先录制的幽默信息的公司，已经为那些喜欢给电话答录机设置创造性回复语音的人，设计好了理性化的逃跑路线。因此，人们可以从这家公司购买一台机器，这台机器可以模仿演员亨弗莱·鲍嘉（Humphrey Bogart）回复这样的信息："在世界上所有的电话答录机中，你必须打这一台。"②同样，对很多人来说，在家做饭现在包括使用面包机，这种机器虽然烤不出好吃的面包，但"可以做除涂黄油以外的所有事情"③。

互联网显然就是这样一种橡胶笼。一方面，它是一个笼子，在其中人们花掉大量的时间并发现自己难以从中抽身出来。另一方面，笼子中又存在无限的选择。不过，这些选择终究是在互联网这个橡胶笼的背景中发生的。当然，人们确实拥有能够掰开这个笼子的栅条的能力，无论什么时候，只要他们想要离开互联网，他们就

---

① Vic Sussman. "The Machine We Love to Hate." *Washington Post Magazine*, June 14, 1987.
② 同上注。
③ Tanya Wenman Steel. "Have Time to Bake? What a Luxury!" *New York Times*, February 8, 1995.

可以离开，甚至直接关掉电脑、手机等——但愿不会这样。

第三种人则认为这个麦当劳化的笼子是铁制的。尽管笼子坚不可摧，但是如果这种人并不会因此完全臣服，那么他们可能会感到被麦当劳化过程深深地冒犯，只不过他们认为逃出笼子的办法极少。与第二种人不同，第三种人认为即使找到逃生路线，也只能提供暂时的延缓，不久就又会落入麦当劳化的控制之下。他们与韦伯——以及与我——一样，充满悲观，认为前景黑暗，认为未来是"冰冷黑暗和永远无法突破的极夜"[1]。这些人是麦当劳化最严厉的批评者，认为自己在现代社会中越来越没有立足之地[2]。

有些人也是这样把互联网看作一个他们无法逃脱的铁笼。许多人即使不依赖互联网，也越来越迷上互联网，对他们而言，逃离互联网似乎是不可想象的。例如，虽然我担心互联网上的生活具有奴役和控制的性质，但我能够通过 WhatsApp 或者 Skype 等网络电话 App 与我在新加坡的子女和孙辈同时进行语音和视频交流，而且这是免费的，真是奇妙。而我以往所知道和使用的其他非数字化通信方式，远不能让我如此满意。传统的邮政信件根本不能进行音频和视频交流，而且速度慢、费用高。传统的打电话费用就更高了，而且无法视频交流。所以，如果我想和我在新加坡的家人进行有

---

[1] 马克斯·韦伯的话，转引自：Hans Gerth and C. Wright Mills, eds. *From Max Weber*. New York: Oxford University Press, 1958, p. 128.

[2] 这里的三分法并没有穷尽所有可能的类型。麦当劳化系统还可以被视为一种"猴架"（供孩子们攀爬玩耍的架子）。从这种视角看，铁笼只不过是一种游乐设施，在其中游乐的人想要它成为什么，它就是什么。所以，人们只要愿意，就可以认为它是金丝做的、橡胶做的或者铁做的笼子。这种看法当然有其优点，但可能高估了人类的力量。笼子无论是用金丝做的、橡胶做的还是铁做的都是一种结构，因此它们及其支持者们常常能够抵制修正它们的意图。参见：Jay Klagge. "Approaches to the Iron Cage: Reconstructing the Bars of Weber's Metaphor." *Administration & Society* 29 (1997): 63–77.

第七章　理性的非理性：挤在"幸福大道"上

意义的联系，那么我肯定选择通过 WhatsApp 或其他基于互联网的系统。

十二、结论

　　那些认为麦当劳化正在制造一种金丝笼或橡胶笼的人，不太可能看到有必要采取更多的行动（如果有的话）来处理它的各种非理性（他们甚至可能并不认为那是非理性的）。正是那些把它视为铁笼的人，才最有可能采取行动来应对其非理性。毕竟，对大多数人来说，被关在这样一个笼子里是一件让人愤怒的事情。本书以前的数个版本，都详细讨论了群体、组织以及个人所采取的，用以应对与麦当劳化相关的那些问题的行动。本书本版删去了这部分内容，部分原因是篇幅的限制，但主要的原因是这些行动似乎已经急剧衰落了。我在前几版中提到的那些团体和组织大多已经衰落了，力量越来越微弱。那些能够表明许多人意识到与麦当劳化相关的非理性的证据，也越来越少。那些从个人层面应对麦当劳化及其非理性的行动更是越来越少。麦当劳化似乎越来越深入、越来越根深蒂固，大多数人似乎已经没有任何兴趣采取任何实质性的措施来反对它。

　　然而，麦当劳化及其诸多的非理性，特别是由其铁笼性质导致的那些非理性，必须受到抵制。因为，若无反制的力量，在无其他变数的情况下，铁笼的栅条就可能变得越来越粗、越来越强大。其结果就是，与麦当劳化相关联的那些问题可能会越来越严重，影响范围越来越广泛。面对韦伯所说的铁笼以及他所担忧的未来将被"冰冷黑暗和永远无法突破的极夜"支配的可能景象,我希望我们至少应思考一下 20 世纪中前期英国诗人狄兰·托马斯(Dylan Thomas)写给日渐暮年且昏沉的父亲的诗句:"不要温顺地走进那长夜……对着光明渐逝,吼吧,大吼吧。"[①]

[①] 该语句摘自:The Poems of Dylan Thomas, copyright © 1952 by Dylan Thomas.

参考文献

本参考文献不包括脚注所引文献,并且只列出了对本书而言最重要的文献。这些文献大体包括三类。其一是马克斯·韦伯的著述,特别是其关于理性化的著述。其二是拓展和修正韦伯最初理论的新韦伯主义的著述。其三是与社会的麦当劳化各个维度或层面相关的研究著述。

一、马克斯·韦伯的著述

Economy and Society: An Outline of Interpretive Sociology, edited by Guenther Roth and Claus Wittich, translated by Ephraim Fischoff et al. Berkeley: University of California Press, 1978.

General Economic History, translated by Frank H. Knight. Mineola, NY: Dover, 1927/2003.

The Protestant Ethic and the Spirit of Capitalism, new introduction and translation by Stephen Kalberg, 3rd Roxbury ed. Los Angeles: Roxbury, 2002.

The Rational and Social Foundations of Music. Carbondale: Southern Illinois University Press, 1921/1958.

The Religion of China: Confucianism and Taoism. New York:

Macmillan, 1916/1964.

The Religion of India: The Sociology of Hinduism and Buddhism. Glencoe, IL: Free Press, 1916–1917/1958.

"Religious Rejections of the World and Their Directions." In H. H. Gerth and C. W. Mills, eds., *From Max Weber: Essays in Sociology.* New York: Oxford University Press, 1915/1958, pp. 323–359.

"The Social Psychology of the World Religions." In H. H. Gerth and C. W. Mills, eds., *From Max Weber: Essays in Sociology.* New York: Oxford University Press, 1915/1958, pp. 267–301.

二、新韦伯主义的著述

Rogers Brubaker. *The Limits of Rationality: An Essay on the Social and Moral Thought of Max Weber.* London: Allen & Unwin, 1984.

Randall Collins. *Weberian Sociological Theory.* Cambridge, UK: Cambridge University Press, 1985.

Randall Collins. "Weber's Last Theory of Capitalism: A Systematization." *American Sociological Review* 45 (1980): 925–942.

Arnold Eisen. "The Meanings and Confusions of Weberian 'Rationality.'" *British Journal of Sociology* 29 (1978): 57–70.

Harvey Greisman. "Disenchantment of the World." *British Journal of Sociology* 27 (1976): 497–506.

Harvey Greisman and George Ritzer. "Max Weber, Critical Theory and the Administered World." *Qualitative Sociology* 4 (1981): 34–55.

Jurgen Habermas. *The Theory of Communicative Action*. Vol. 1, *Reason and the Rationalization of Society*. Boston: Beacon, 1984.

Jason A. Josephson-Storm. *The Myth of Disenchantment: Magic Modernity and the Birth of the Human Sciences*. Chicago: University of Chicago Press, 2017.

Stephen Kalberg. "Max Weber." In George Ritzer, ed., *The Blackwell Companion to Major Social Theorists*. Oxford, UK: Blackwell, 2000, pp. 144–204.

Stephen Kalberg. *Max Weber's Comparative Historical Sociology*. Chicago: University of Chicago Press, 1994.

Stephen Kalberg. "Max Weber's Types of Rationality: Cornerstones for the Analysis of Rationalization Processes in History." *American Journal of Sociology* 85 (1980): 1145–1179.

Stephen Kalberg. "The Rationalization of Action in Max Weber's Sociology of Religion." *Sociological Theory* 8 (1990): 58–84.

Donald Levine. "Rationality and Freedom: Weber and Beyond." *Sociological Inquiry* 51 (1981): 5–25.

Arthur Mitzman. *The Iron Cage: An Historical Interpretation of Max Weber*, with a new introduction by the author, preface by Lewis A. Coser. New Brunswick, NJ: Transaction Books, 1985.

Wolfgang Mommsen. *The Age of Bureaucracy*. New York: Harper & Row, 1974.

George Ritzer. "Professionalization, Bureaucratization and Rationalization: The Views of Max Weber." *Social Forces* 53 (1975): 627–634.

George Ritzer and Terri LeMoyne. "Hyperrationality." In George Ritzer, ed., *Metatheorizing in Sociology*. Lexington, MA: Lexington Books, 1991, pp. 93–115.

George Ritzer and David Walczak. "Rationalization and the Deprofessionalization of Physicians." *Social Forces* 67 (1988): 1–22.

Guenther Roth and Reinhard Bendix, eds. *Scholarship and Partisanship: Essays on Max Weber*. Berkeley: University of California Press, 1971.

Lawrence Scaff. *Fleeing the Iron Cage: Culture, Politics, and Modernity in the Thought of Max Weber*. Berkeley: University of California Press, 1989.

Wolfgang Schluchter. *The Rise of Western Rationalism: Max Weber's Developmental History*, translated, with an introduction, by Guenther Roth. Berkeley: University of California Press, 1981.

Mark A. Schneider. *Culture and Enchantment*. Chicago: University of Chicago Press, 1993.

Alan Sica. Weber, *Irrationality and Social Order*. Berkeley: University of California Press, 1988.

Ronald Takaki. *Iron Cages: Race and Culture in 19th-Century America*, rev. ed. New York: Oxford University Press, 2000.

参考文献

三、关于麦当劳化社会各层面的著述

Mark Alfino, John Caputo, and Robin Wynyard, eds. *McDonaldization Revisited.* Westport, CT: Greenwood, 1998.

Benjamin Barber. *Consumed: How Markets Corrupt Children, Infantilize Adults, and Swallow Citizens Whole.* New York: Norton, 2007.

Benjamin Barber. *Jihad vs. McWorld.* New York: Times Books, 1995.

Zygmunt Bauman. *Modernity and the Holocaust.* Ithaca, NY: Cornell University Press, 1989.

Daniel Bell. *The Coming of Post-industrial Society: A Venture in Social Forecasting,* special anniversary edition, with a new foreword by the author. New York: Basic Books, 1999.

Max Boas and Steve Chain. *Big Mac: The Unauthorized Story of McDonald's.* New York: E. P. Dutton, 1976.

Aaron Bobrow-Strain. *White Bread: A Social History of the Store-Bought Loaf.* Boston: Beacon Press, 2012.

Daniel J. Boorstin. *The Image: A Guide to Pseudo-Events in America,* with a new foreword by the author and an afterword by George F. Will, 25th anniversary edition. New York: Atheneum, 1987.

Pierre Bourdieu. *Distinction: A Social Critique of the Judgment of*

Taste. Cambridge, MA: Harvard University Press, 1984.

Alan Bryman. *Disney and His Worlds.* London: Routledge, 1995.

Alan Bryman. "The Disneyization of Society." *Sociological Review* 47 (1999): 25–47.

Alan Bryman. *The Disneyization of Society.* London: Sage, 2004.

Deborah Cameron. *Good to Talk? Living in a Communication Culture.* London: Sage, 2000.

Mary Chayko. *Superconnected: The Internet, Digital Media and Techno-Social Life.* Thousand Oaks, CA: Sage, 2017.

Simon Clarke. "The Crisis of Fordism or the Crisis of Social Democracy?" *Telos* 83 (1990): 71–98.

Ben Cohen, Jerry Greenfield, and Meredith Mann. *Ben & Jerry's Double-Dip: How to Run a Values-Led Business and Make Money, Too.* New York: Fireside, 1998.

Stanley Cohen and Laurie Taylor. *Escape Attempts: The Theory and Practice of Resistance to Everyday Life*, 2nd ed. London: Routledge, 1992.

Greg Critser. *Fat Land.* Boston: Houghton Mifflin, 2004.

Thomas S. Dicke. *Franchising in America: The Development of a Business Method, 1840–1980.* Chapel Hill: University of North Carolina Press, 1992.

Robert Dirks. *Come & Get It: McDonaldization and the Disappearance of Local Food From a Central Illinois Community.*

参考文献

Bloomington, IL: McLean County Historical Society, 2011.

John Drane. *After McDonaldization: Mission, Ministry, and Christian Discipleship in an Age of Uncertainty.* Grand Rapids, MI: Baker Academic, 2008.

John Drane. *The McDonaldization of the Church.* London: Darton, Longman, and Todd, 2001 (a 2008 edition was published by Smyth & Helwys, Macon, GA).

John Drane. *The McDonaldization of the Church: Consumer Culture and the Church's Future.* London: Smyth and Helwys Publishers Inc., 2012.

Donna Dustin. *The McDonaldization of Social Work.* Farnham, Surrey, UK: Ashgate, 2008.

Richard Edwards. *Contested Terrain: The Transformation of the Workplace in the Twentieth Century.* New York: Basic Books, 1979.

Morten G. Ender. *American Soldiers in Iraq: McSoldiers or Innovative Professionals?* New York: Routledge, 2009.

Charles Fishman. *The Wal-Mart Effect: How the World's Most Powerful Company Really Works—And How It's Transforming the American Economy.* New York: Penguin, 2006.

Marshall Fishwick, ed. *Ronald Revisited: The World of Ronald McDonald.* Bowling Green, OH: Bowling Green University Press, 1983.

Stephen M. Fjellman. *Vinyl Leaves: Walt Disney World and America.* Boulder, CO: Westview, 1992.

James T. Flink. *The Automobile Age*. Cambridge, MA: MIT Press, 1988.

Henry Ford. *My Life and Work*. Garden City, NY: Doubleday, Page, 1922.

Thomas L. Friedman. *The Lexus and the Olive Tree*, rev. ed. New York: Farrar, Straus, Giroux, 2000.

Thomas L. Friedman. *The World Is Flat: A Brief History of the 21st Century*. New York: Farrar, Strauss, Giroux, 2005.

Herbert J. Gans. *The Levittowners: Ways of Life and Politics in a New Suburban Community, with a new preface by the author*. New York: Columbia University Press, 1967/1982.

Barbara Garson. *All the Livelong Day: The Meaning and Demeaning of Routine Work*, rev. and updated ed. New York: Penguin, 1994.

Steven L. Goldman, Roger N. Nagel, and Kenneth Preiss. *Agile Competitors and Virtual Organizations: Strategies for Enriching the Customer*. New York: Van Nostrand Reinhold, 1995.

Richard E. Gordon, Katharine K. Gordon, and Max Gunther. *The Split-Level Trap*. New York: Gilbert Geis, 1960.

Roger Gosden. *Designing Babies: The Brave New World of Reproductive Technology*. New York: Freeman, 1999.

Harold Gracey. "Learning the Student Role: Kindergarten as Academic Boot Camp." In Dennis Wrong and Harold Gracey, eds.,

参考文献

Readings in Introductory Sociology. New York: Macmillan, 1967.

Allen Guttmann. *From Ritual to Record: The Nature of Modern Sports.* New York: Cambridge University Press, 1978.

Jeffrey Hadden and Charles E. Swann. *Prime Time Preachers: The Rising Power of Televangelism.* Reading, MA: Addison-Wesley, 1981.

Jerald Hage and Charles H. Powers. *Post-Industrial Lives: Roles and Relationships in the 21st Century.* Newbury Park, CA: Sage, 1992.

David Harvey. *The Condition of Postmodernity: An Enquiry Into the Origins of Cultural Change.* Oxford, UK: Basil Blackwell, 1989.

Dennis Hayes and Robin Wynyard, eds. *The McDonaldization of Higher Education.* Westport, CT: Bergin & Garvey, 2002.

Dennis Hayes, ed. *Beyond McDonaldization: Visions of Higher Education.* London: Routledge, 2017.

Elif Izberk-Bilgin and Aaron Ahuvia. "eBayization." In George Ritzer, ed., *McDonaldization: The Reader,* 3rd ed. Thousand Oaks, CA: Sage, 2010.

Bridgett Jackson. *Drive Thru Teachers: The McDonaldization of the Classroom Teacher.* Suwanee, GA: Faith Books and More, 2012.

Kathleen Jamieson. *Eloquence in an Electronic Age: The Transformation of Political Speechmaking.* New York: Oxford University Press, 1988.

Robert Kanigel. *One Best Way: Frederick Winslow Taylor and the Enigma of Efficiency.* New York: Viking, 1997.

Joe L. Kincheloe. *The Sign of the Burger: McDonald's and the Culture of Power*. Philadelphia: Temple University Press, 2002.

Aliza Kolker and B. Meredith Burke. *Prenatal Testing: A Sociological Perspective*. Westport, CT: Bergin & Garvey, 1994.

William Severini Kowinski. *The Malling of America: An Inside Look at the Great Consumer Paradise*. New York: William Morrow, 1985.

Jon Krakauer. *Into Thin Air*. New York: Anchor, 1997.

Ray Kroc. *Grinding It Out*. New York: Berkeley Medallion Books, 1977.

Corby Kummer. *The Pleasures of Slow Food: Celebrating Authentic Traditions, Flavors, and Recipes*. San Francisco: Chronicle Books, 2002.

Raymond Kurzweil. *The Age of Intelligent Machines*. Cambridge, MA: MIT Press, 1990.

Fred "Chico" Lager. Ben & Jerry's: *The Inside Scoop*. New York: Crown, 1994.

Frank Lechner and John Boli, eds. *The Globalization Reader*, 2nd ed. Oxford, UK: Blackwell, 2004.

Robin Leidner. *Fast Food, Fast Talk: Service Work and the Routinization of Everyday Life*. Berkeley: University of California Press, 1993.

John F. Love. *McDonald's: Behind the Arches*, rev. ed. New York:

参考文献

Bantam Books, 1995.

Stan Luxenberg. *Roadside Empires: How the Chains Franchised America.* New York: Viking, 1985.

Jean-François Lyotard. *The Postmodern Condition: A Report on Knowledge.* Minneapolis: University of Minnesota Press, 1984.

Frank Mankiewicz and Joel Swerdlow. *Remote Control: Television and the Manipulation of American Life.* New York: Time Books, 1978.

Joseph A. Micheli. *The Starbucks Experience: 5 Principles for Turning Ordinary Into Extraordinary.* New York: McGraw-Hill, 2007.

Jessica Mitford. *The American Way of Birth.* New York: Plume, 1993.

Ian I. Mitroff and Warren Bennis. *The Unreality Industry: The Deliberate Manufacturing of Falsehood and What It Is Doing to Our Lives.* New York: Oxford University Press, 1993.

Lisa Napoli. Ray and Joan: *The Man Who Made the McDonald's Fortune and the Woman Who Gave It Away.* New York: Dutton, 2016.

Jerry Newman. *My Secret Life on the McJob: Lessons From Behind the Counter Guaranteed to Supersize Any Management Style.* New York: McGraw-Hill, 2007.

Sherwin B. Nuland. *How We Die: Reflections on Life's Final Chapter.* New York: Knopf, 1994.

Lauren L. O'Toole. "McDonald's at the Gym? A Tale of Two Curves." *Qualitative Sociology* 32 (2009): 75–91.

Martin Parker and David Jary. "The McUniversity: Organization, Management and Academic Subjectivity." *Organization* 2 (1995): 319–337.

Stacy Perman. *In-N-Out Burger.* New York: Collins Business, 2009.

Thomas J. Peters and Robert H. Waterman. *In Search of Excellence: Lessons From America's Best-Run Companies.* New York: Harper & Row, 1982.

Neil Postman. *Amusing Ourselves to Death: Public Discourse in the Age of Show Business.* New York: Viking, 1985.

Neil Postman. *Technopoly: The Surrender of Culture to Technology.* New York: Knopf, 1992.

Peter Prichard. *The Making of McPaper: The Inside Story of USA TODAY.* Kansas City, MO: Andrews, McMeel and Parker, 1987.

Stanley Joel Reiser. *Medicine and the Reign of Technology.* Cambridge, UK: Cambridge University Press, 1978.

Ester Reiter. *Making Fast Food: From the Frying Pan Into the Fryer,* 2nd ed. Montreal: McGill-Queen's University Press, 1997.

George Ritzer. "The McDonaldization of Society." *Journal of American Culture* 6 (1983): 100–107.

George Ritzer. *Expressing America: A Critique of the Global Credit Card Society.* Newbury Park, CA: Sage, 1995.

George Ritzer. *The McDonaldization Thesis.* London: Sage, 1998.

参考文献

George Ritzer. "McDonaldization: Chicago, America, the World" (Special issue). *American Behavioral Scientist* 47 (October 2003).

George Ritzer. *The Globalization of Nothing*, 2nd ed. Thousand Oaks, CA: Sage, 2007.

George Ritzer. *Enchanting a Disenchanted World: Revolutionizing the Means of Consumption*, 3rd ed. Thousand Oaks, CA: Sage, 2010.

George Ritzer, ed. McDonaldization: *The Reader*, 3rd ed. Thousand Oaks, CA: Sage, 2010.

George Ritzer. "Prosumption: Evolution, Revolution or Eternal Return of the Same?" *Journal of Consumer Culture* (2014): 3–24.

George Ritzer. "Prosumer Capitalism." *Sociological Quarterly* 56 (2015): 413–445.

George Ritzer and Nathan Jurgenson. "Production, Consumption, Prosumption: The Nature of Capitalism in the Age of the Digital 'Prosumer.'" *Journal of Consumer Culture* 10, No. 1 (2010): 13–36.

George Ritzer, Paul Dean, and Nathan Jurgenson. "The Coming of Age of the Prosumer" (Special issue). *American Behavioral Scientist* 56, No. 4 (2012): 379–398.

George Ritzer and David Walczak. "The Changing Nature of American Medicine." *Journal of American Culture* 9 (1987): 43–51.

Roland Robertson. *Globalization: Social Theory and Global Culture*. London: Sage, 1992.

Chris Rojek. *Ways of Escape: Modern Transformations in Leisure and Travel*. London: Routledge, 1993.

Michael Ruhlman. *Grocery: The Buying and Selling of Food in America*. New York: Abrams, 2017.

Eric Schlosser. *Chew on This: Everything You Don't Want to Know About Fast Food*. Boston: Houghton Mifflin, 2007.

Eric Schlosser. *Fast Food Nation*. Boston: Houghton Mifflin, 2001.

Howard Schulz. *Pour Your Heart Into It: How Starbucks Built a Company One Cup at a Time*. New York: Hyperion, 1997.

Charles E. Silberman. *Crisis in the Classroom: The Remaking of American Education*. New York: Random House, 1970.

John Simmons. *My Sister's a Barista: How They Made Starbucks a Home Away From Home*. London: Cyan Books, 2005.

Bryant Simon. *Everything but the Coffee: Learning About America From Starbucks*. Berkeley: University of California Press, 2009.

Peter Singer. *Animal Liberation*, 2nd ed. New York: New York Review of Books, 1990.

Alfred P. Sloan Jr. *My Years at General Motors*. Garden City, NY: Doubleday, 1964.

Barry Smart, ed. *Resisting McDonaldization*. London: Sage, 1999.

C. Christopher Smith, John Pattison and Jonathan Wilson-Hartgrove, *Slow Church*. Downers Grove, IL: Inter Varsity Press, 2014.

Morgan Spurlock. *Don't Eat This Book: Fast Food and the Supersizing of America*. New York: Putnam, 2005.

参考文献

Brad Stone. *The Upstarts: How Uber, Airbnb, and the Killer Companies of the New Silicon Valley Are Changing the World.* New York: Hachette, 2017.

Frederick W. Taylor. *The Principles of Scientific Management.* New York: Harper & Row, 1947.

John Vidal. McLibel: *Burger Culture on Trial.* New York: New Press, 1997.

James L. Watson, ed. *Golden Arches East: McDonald's in East Asia.* Stanford, CA: Stanford University Press, 1997.

David Wood. "Swift and Sure: McJustice for a Consumer Society." *Criminal Justice Matters* 91 (2013): 10–11.

Shoshana Zuboff. *In the Age of the Smart Machine: The Future of Work and Power.* New York: Basic Books, 1988.

社会的麦当劳化（第9版）

索 引

为了节省纸张、降低图书定价，本书制作了电子版索引，用手机扫描下方二维码，即可获取。

译后记

乔治·瑞泽尔的《社会的麦当劳化》一书，在马克斯·韦伯关于理性化及其非理性后果的思想基础上，探讨了麦当劳快餐店诸原则不仅支配了实体世界，也广泛渗入了数字世界，从而指出社会日益麦当劳化的命题在数字时代照样成立。在今天的网络化世界中，无论是借助互联网进行的生产与消费行为，还是网络平台经营者本身和网络消费者，都遵循理性化的逻辑，追求高效率、可计算性、可预测性和控制，并由此导致了线上和线下之理性的非理性后果，包括对消费者而言的低效率、高费用、虚情假意、健康与环境风险、同质化、无人性化等等。作者还指出，数字化时代的麦当劳化更加严重，已经根深蒂固；但人们还是应对麦当劳化的非理性后果进行抵制，以免韦伯所说的"铁笼"过于强大而再也不可抗拒。

本书的翻译和出版得到了中国人民大学出版社盛杰女士的大力支持，对此译者谨表谢忱！本书涉及众多的食物、公司、电影、电视节目、网络技术等名称，囿于水平与经验，译文若有不确之处，译者文责自负。

本书的翻译分工如下：

姚伟：前言，索引，全书通校。

贾西贝：第一章。

陈鹏宇：第二章。

李娜：第三章。

贺平：第四章。

孙石洋：第五章。

潘成：第六章。

李淼：第七章。

译者

2022 年春于科大花园

The McDonaldization of Society: Into the Digital Age, 9e by George Ritzer

Copyright © 2019 by SAGE Publications, Inc.

Simplified Chinese edition © 2023 by China Renmin University Press.

All Rights Reserved. No part of this book may be reproduced or utilized in any form or by any means, electronic or mechanical, including photocopying, recording, or by any information storage and retrieval system, without permission in writing from the publisher.

世哲出版社为本书在美国、英国、新德里首次出版的出版社，简体中文版由世哲出版社授权出版。

图书在版编目（CIP）数据

社会的麦当劳化：第9版/（美）乔治·瑞泽尔（George Ritzer）著；姚伟等译. -- 北京：中国人民大学出版社，2023.3
ISBN 978-7-300-31259-0

Ⅰ.①社… Ⅱ.①乔… ②姚… Ⅲ.①社会学—研究 Ⅳ.① C91

中国版本图书馆 CIP 数据核字（2022）第 250982 号

社会的麦当劳化（第9版）
[美]乔治·瑞泽尔（George Ritzer） 著
姚伟 等 译
Shehui de Maidanglaohua

出版发行	中国人民大学出版社		
社　　址	北京中关村大街 31 号	邮政编码	100080
电　　话	010-62511242（总编室）	010-62511770（质管部）	
	010-82501766（邮购部）	010-62514148（门市部）	
	010-62515195（发行公司）	010-62515275（盗版举报）	
网　　址	http://www.crup.com.cn		
经　　销	新华书店		
印　　刷	北京昌联印刷有限公司		
规　　格	145 mm×210 mm　32 开本	版　次	2023 年 3 月第 1 版
印　　张	11.875 插页 1	印　次	2025 年 4 月第 2 次印刷
字　　数	241 000	定　价	59.00 元

版权所有　侵权必究　　印装差错　负责调换